Claudia Schmidt, Gernot Hahn

# Herausforderung Pädophilie

Beratung, Selbsthilfe, Prävention

Psychiatrie Verlag

**Gernot Hahn,** Dr. Dipl. Sozialpädagoge und Dipl. Sozialtherapeut, leitet die Forensische Ambulanz im Klinikum am Europakanal Erlangen. Schwerpunkt seiner Arbeit ist die Begleitung und ambulante Nachsorge vormals im Maßregelvollzug untergebrachter, straffällig gewordener Menschen. Er hat sich in einem längerfristigen Forschungsprojekt mit den Schutzfaktoren rückfallfreier Sexualstraftäter beschäftigt

**Claudia Schmidt,** Dipl. Psychologin und Psychologische Psychotherapeutin, leitete die Psychotherapeutische Fachambulanz in Nürnberg, die auf die therapeutische Behandlung von Menschen, die Sexual- oder Gewaltstraftaten begangen haben, spezialisiert ist. Daneben ist die Einrichtung eine Anlaufstelle für Menschen, die nach ihrer eigenen Einschätzung gefährdet sind, eine Sexualstraftat zu begehen, und Hilfe suchen. Sie ist seit 2021 in eigener Praxis tätig.

Claudia Schmidt, Gernot Hahn

# Herausforderung Pädophilie

## Beratung, Selbsthilfe, Prävention

Psychiatrie Verlag

Claudia Schmidt, Gernot Hahn
Herausforderung Pädophilie
Beratung, Selbsthilfe, Prävention
3., vollständig überarbeiteteAuflage 2023
ISBN Print 978-3-96605-230-6
ISBN PDF 978-3-96605-244-3

**Bibliografische Information der Deutschen Nationalbibliothek**
Die Deutsche Nationalbibliothek verzeichnet diese Publikation
in der Deutschen Nationalbibliografie;
detaillierte bibliografische Daten sind im Internet über
http://dnb.d-nb.de abrufbar.

**Hinweis**

Bei den in diesem Buch angegebenen therapeutischen Verfahren, Hinweisen zur medikamentösen Behandlung und bei den einzelnen Übungen und praktischen Anwendungsmöglichkeiten haben die Autoren den aktuellen wissenschaftlichen Stand berücksichtigt. Autoren und Verlag können aber keine Garantie für die Vollständigkeit und Wirksamkeit der Inhalte geben.
Aus rechtlichen Gründen müssen sie auch Betroffene darauf hinweisen, dass die Verantwortung für einen sicheren Umgang mit einer pädophilen Ausrichtung beim Leser liegt. Wenn bei Ihnen Zweifel oder Unsicherheiten entstehen, Sie nicht sicher abschätzen können, ob es ggf. zu Straftaten kommen könnte, nehmen Sie bitte Kontakt zu einer der Beratungs- bzw. Therapiestellen auf, die am Ende des Buches genannt werden.

Alle Arbeitsmaterialien stehen im Internet zum Download zur Verfügung unter:
https://psychiatrie-verlag.de/product/herausforderung-paedophilie-2/


Lektorat: Karin Koch, Köln
Umschlagkonzeption und -gestaltung: Michael Schmitz, www.grafikschmitz.de,
Arnbruck unter Verwendung eines Fotos von samuelschalch / photocase.com
Typografiekonzeption: Iga Bielejec
Satz: Psychiatrie Verlag
Druck und Bindung: Plump Druck & Medien, Rheinbreitbach

*Es ist nicht genug zu wissen – man muss auch anwenden.*
*Es ist nicht genug zu wollen – man muss auch tun.*
Johann Wolfgang von Goethe

# Downloadmaterialien

## Arbeitsblätter für Selbsthilfe und Therapie



## Exkurse als Infoblätter



## Ehrenkodex für Pädophile

# Gesetzliche Regelungen im Internet

Alle bundesdeutschen Gesetze sind im Internet auf der Seite des Bundesministeriums für Justiz und Verbraucherschutz zu finden: www.gesetze-im-internet.de

Im Kontext des Buches sind folgende Abschnitte und Paragrafen des Strafgesetzbuches (StGB) relevant:

**Abschnitt 13:** Straftaten gegen die sexuelle Selbstbestimmung

§ 174 Sexueller Missbrauch von Schutzbefohlenen
§ 176 Sexueller Missbrauch von Kindern
§ 176a Sexueller Missbrauch von Kindern ohne Körperkontakt mit dem Kind
§ 176b Vorbereitung des sexuellen Missbrauchs von Kindern
§ 176c Schwerer sexueller Missbrauch von Kindern
§ 176d Sexueller Missbrauch von Kindern mit Todesfolge
§ 176e Verbreitung und Besitz von Anleitungen zu sexuellem Missbrauch von Kindern
§ 180 Förderung sexueller Handlungen Minderjähriger
§ 182 Sexueller Missbrauch von Jugendlichen
§ 184b Verbreitung, Erwerb und Besitz kinderpornografischer Inhalte
§ 184c Verbreitung, Erwerb und Besitz jugendpornografischer Inhalte
§ 184e Veranstaltung und Besuch kinder- und jugendpornografischer Darbietungen
§ 184l Inverkehrbringen, Erwerb und Besitz von Sexpuppen mit kindlichem Erscheinungsbild

**Abschnitt 2:** Die Tat

§ 20 Schuldunfähigkeit wegen seelischer Störungen
§ 21 Verminderte Schuldfähigkeit

**Abschnitt 3:** Rechtsfolgen der Tat

§ 63 Unterbringung in einem psychiatrischen Krankenhaus
§ 64 Unterbringung in einer Entziehungsanstalt

**Weitere relevante Paragrafen**

§ 203 Verletzung von Privatgeheimnissen (Schweigepflicht für Ärzte, Therapeuten, Berater usw.)
§ 138 StGB Nichtanzeige geplanter Straftaten (Offenbarungspflicht)
§ 34 StGB Rechtfertigender Notstand (Offenbarungsbefugnis für Ärzte, Therapeuten, Berater usw.)

# Geleitwort zur ersten Auflage

Claudia Schwarze und Gernot Hahn äußern sich zu einem Thema, das in der Öffentlichkeit in den letzten Jahren eher Abscheu als Interesse ausgelöst hat. Die meisten Menschen wollen mit Pädophilie nichts zu tun haben und möglichst niemandem begegnen, »der sich dafür interessiert«. Pädophilie wird häufig kurzerhand mit sexuellem Missbrauch von Kindern gleichgesetzt, und Menschen, die sich selbst als pädophil bezeichnen, müssen oft damit rechnen, in Zukunft gemieden zu werden.

In diesem Band wird mit einfachen und verständlichen Worten das Phänomen einer sexuellen Vorliebe und ihrer Bedeutung für die Betroffenen, ihre Angehörigen und für die Kinder, die zum Ziel dieser Vorliebe werden, erklärt. Es wird sehr deutlich, dass in den meisten Fällen die Betroffenen sich durchaus bewusst sind, dass sie ihre Vorliebe nicht ohne Schaden für die Kinder ihres Begehrens ausleben können und deshalb in einem deprimierenden Dilemma leben.

Das Buch wendet sich zunächst an die Betroffenen selbst, denen Ratschläge zur Selbsthilfe gegeben, aber auch Möglichkeiten der Therapie aufgezeigt werden. Zum Teil werden sehr pragmatische Hilfen zur Selbsteinschätzung und für die Selbsthilfe angeboten. Immer wieder kommen auch Betroffene selbst zu Wort. Es wendet sich an alle, die bisher nichts Sachliches zu diesem Thema gefunden haben, aber auch an Therapeuten, die bisher nicht direkt mit der Behandlung der mit Pädophilie verbundenen Störungen zu tun hatten. Die Autorin und der Autor können das, weil sie seit Jahren mit Betroffenen arbeiten: sowohl im Kontext von gerichtlichen Auflagen zur Therapie, aber auch mit Menschen, die aus eigener Initiative therapeutische Hilfe suchen. In einem Kapitel des Buches wird außerdem das Projekt, das »Kein Täter werden« heißt, vorgestellt. Es wendet sich an Menschen, die eine pädophile Neigung verspüren, ohne Täter werden zu wollen. Dieses Projekt kann inzwischen an elf Standorten in Deutschland Betroffenen anonym Hilfe anbieten. In einfacher und für alle lesbarer Form wird Wissen auf dem neuesten Stand der Forschung und der therapeutischen Professionalität vermittelt, aber auch den Betroffenen ermöglicht, sich dazu zu äußern. Ein Buch, das im besten Sinn des Wortes der Aufklärung dient. Ich gratuliere den Autoren zu diesem gelungenen Werk!

*Prof. em. Dr. Wolfgang Berner, ehemaliger Leiter des Instituts für Sexualforschung und Forensische Psychiatrie in Hamburg*

# Vorwort zur zweiten Auflage

Die Rückmeldungen zur ersten Auflage haben uns ermutigt, eine aktualisierte Auflage zu veröffentlichen. Seit Erscheinen des Buchs haben wir zahlreiche Zuschriften von Betroffenen, Angehörigen, Therapeutinnen und Therapeuten erhalten, die uns gezeigt haben, dass der Bedarf an verlässlichen Informationen groß ist und das Buch eine erste Orientierung bietet. Kolleginnen und Kollegen aus dem Sozial- und Gesundheitswesen haben uns berichtet, dass sie durch die Lektüre des Buches für die Thematik sensibilisiert wurden und nun eine Grundlage für eine differenzierte Beratung und Vermittlung gefunden haben. Wir wurden von Angehörigen kontaktiert, deren Familienmitglied sich in Haft oder in einem aktuell laufenden Strafverfahren befand und bei denen Fragen zu Therapiemöglichkeiten und -methoden entstanden waren. Vereinzelt wird unser Buch auch als Lektüre für den Therapieeinstieg verwendet, Therapeutin und Klient lasen das Buch parallel und haben darauf aufbauend Therapieinhalte und -ziele formuliert. Damit ist das Buch in der Praxis angekommen, was uns sehr freut.

Für die zweite Auflage haben wir einige neue Publikationen und Aspekte berücksichtigt, sodass das Buch aktuell bleibt.

Unser Dank gilt allen, die sich mit unserem Fachbuch beschäftigt haben und uns ihre Erfahrungen mitgeteilt haben. Wir sehen das als Teil eines lebendigen Diskurses zu einem schwierigen Thema. Unser Ziel ist dabei, ein zufriedenstellendes Leben für Betroffene zu ermöglichen und sexuellen Missbrauch von Kindern zu verhindern.

*Claudia Schwarze und Gernot Hahn*

# Vorwort zur dritten Auflage

In den vergangenen sieben Jahren seit Erscheinen der Erstauflage dieses Buches und besonders seit der Veröffentlichung der zweiten Auflage 2019 haben sich einige Änderungen im Feld der Behandlung, Begleitung und Selbsthilfe pädophiler Menschen ergeben. Wir haben die wichtigsten Aspekte im Bereich der therapeutischen Strategien, Überlegungen zur weiblichen Pädophilie und die Änderungen im neuen Klassifikationssystem ICD-11 in die dritte Auflage eingearbeitet, um so der weiterhin erfreulich hohen Nachfrage nach unserem Fachbuch für Beratung, Therapie, Selbsthilfe und Prävention gerecht zu werden. Ebenfalls haben wir das Literaturverzeichnis und den Serviceteil des Buchs aktualisiert, sodass Sie hier die aktuellen Daten finden. Nach wie vor erreichen uns Anfragen und Rückmeldungen aus der Beratungs- und Therapiepraxis in Deutschland, Österreich und der Schweiz, sowohl von Betroffenen als auch von Angehörigen und Fachkräften. Diese Rückmeldungen bestärken uns in unserer Auffassung, dass unsere Zielsetzung, ein zufriedenstellendes Leben für Betroffene zu ermöglichen und sexuellen Missbrauch von Kindern zu verhindern, durch unser Fachbuch unterstützt und ermöglicht werden kann. An dieser Stelle bedanken wir uns bei denen, die uns mit Feedback oder fachlichen Hinweisen bei der Vorbereitung der dritten Auflage unterstützt haben.
Ein Wort noch zur Frage gendergerechter Sprache: Im Feld der Arbeit mit pädophilen Menschen treffen wir zumeist auf männliche Betroffene. Wir haben dennoch versucht, einen Weg für eine gendergerechte Sprache zu finden, und haben den gesamten Text dort, wo es sinnvoll erscheint, entsprechend angepasst. An einzelnen Stellen haben wir es bei der rein männlichen Benennung belassen, ebenso bei den enthaltenen O-Tönen aus Betroffenenperspektive. Wir hoffen, dass das Buch für Sie auch in der aktuellen Auflage gut lesbar sein wird.

*Claudia Schmidt, geb. Schwarze, und Gernot Hahn*

# Einleitung

»Lieben Sie Kinder mehr, als Ihnen lieb ist?« Vielleicht haben Sie die Anzeigenkampagne des Präventionsnetzwerks »Kein Täter werden« in der Zeitung oder im Fernsehen gesehen und sich gefragt: Ist das nicht unnormal? Schon die Vorstellung, Kinder als Sexobjekte, das geht gar nicht! Aber vielleicht war da auch die leise Frage: Wie ist das eigentlich bei mir, fühle ich mich von Kindern sexuell angesprochen? Oder mein Vater, mein Bruder, mein Sohn?

Pädophilie ist eines der emotional am stärksten aufgeheizten Themen in unserer Gesellschaft und wird gleichzeitig tabuisiert. Dabei sind diese problematisierten sexuellen Interessen an Kindern gar nicht so selten, schätzungsweise 203.000 Männer (Dombert u. a. 2015) in Deutschland sind betroffen. Die Gesellschaft nahm lange Zeit erst dann pädophile Menschen wahr, wenn diese straffällig geworden waren. Häufig folgten dann ausschließlich rechtliche Sanktionen: Haftstrafen, Therapieweisungen, Berufsverbote. Erst seit wenigen Jahren besteht auch ein Interesse an der Lebenslage, in der sich Menschen mit einer Pädophilie befinden. Was bedeutet es, sich sexuell von Kindern angesprochen zu fühlen? Welche Konsequenzen ergeben sich daraus für die Betroffenen? Welche Unterstützung brauchen sie? Wie kann man ihnen helfen? Wie können Straftaten verhindert werden?

Unser Anliegen ist es, mit diesem Buch erste Antworten auf diese Fragen zu geben. Wir wollen aufklären, pädophilen Menschen Mut machen, sich Hilfe zu suchen, und psychosozial Tätigen zeigen, wie diese Hilfe aussehen kann. Vielleicht arbeiten Sie in einer Beratungs- oder Therapieeinrichtung und möchten sich einen Überblick über dieses Thema verschaffen, da Sie in Ihrer Arbeit immer wieder damit in Berührung kommen. Vielleicht interessieren Sie sich aber auch für das Thema, weil eine nahestehende Person Ihnen anvertraut hat, dass sie »auf Kinder steht«. Es ist ein Buch entstanden, das sich sowohl an Betroffene als auch an Angehörige und Fachleute im psychosozialen Feld wendet. In welcher Rolle Sie sich auch befinden, wir möchten das vorhandene Wissen zusammenfassen, Hintergründe vermitteln, Material für Beratung, Begleitung und Selbsthilfe zur Verfügung stellen und damit konkrete Schritte für einen verantwortlichen Umgang mit dem Thema Pädophilie erleichtern.

Letztlich geht es um die Frage, wie Menschen mit einer pädophilen Ausrichtung umgehen können und wie man sie dabei unterstützen kann, sich und Kinder davor zu schützen, die eigenen Sehnsüchte auszuleben. Neben fachlichen Informationen möchten wir mit diesem Buch aber auch vermitteln, dass

- sich niemand seine sexuellen Vorlieben aussucht und somit niemand Schuld trägt an der eigenen pädophilen Ausrichtung;
- »pädophil sein« nicht gleichzusetzen ist mit »Täter sein«;
- eine gesellschaftliche Auseinandersetzung mit dem Thema Pädophilie möglich, sinnvoll und wichtig ist, um eine Isolation der Betroffenen zu vermeiden und Präventionsarbeit überhaupt erst möglich zu machen;
- es für die Betroffenen und ihre Angehörigen besser ist, mit diesem Thema nicht allein zu bleiben, sondern Scham- und Schuldgefühle zu überwinden;
- es auch mit einer pädophilen Ausrichtung möglich ist, ein zufriedenes Leben zu führen.

Wir selbst arbeiten seit Jahrzehnten im Bereich der Behandlung und Begleitung von Menschen, die eine Sexualstraftat begangen haben. Immer wieder kommen aber auch Klienten und Klientinnen zu uns, die noch nicht straffällig geworden sind und es auch nicht werden wollen. Wir haben die spezielle Situation dieser Menschen kennengelernt, ihre Ängste, ihre Scham, ihre Verunsicherung, ihre Einsamkeit, aber auch ihre Hoffnung und ihren Lebenswillen. Die Erfahrungen aus diesen Begegnungen haben uns dazu bewogen, dieses Buch zu schreiben.

Dafür haben wir mit vielen unserer pädophilen Klienten gesprochen und sie nach den wichtigen Punkten für ein solches Buch gefragt. Zudem hat sich eine fruchtbare Zusammenarbeit mit den in 2016 Verantwortlichen der Internetseite www.suh-ev.de entwickelt. Das damals im deutschsprachigen Raum einmalige Angebot für Betroffene hat sich inzwischen zu einem Verein entwickelt und ist unter www.suh-ev.de zu finden. Unser besonderer Dank gilt Max und New-Man, die aus Sicht der Betroffenen unsere Beiträge kritisch gelesen, Anregungen gegeben und damit viel zum Gelingen des Buches beigetragen haben. Mit ihren persönlichen Erfahrungen ergänzen sie die einzelnen Kapitel des Buches. Unser Dank gilt auch den Menschen, die uns bei der Konzeption unterstützt haben, uns inhaltliche Anregungen gegeben haben und uns ermutigt haben, dieses Buch zu schreiben: Fritjof von Franqué, Miriam Kolter, Clarissa Leipert, Vanessa Mankus, Manfred Prescher, Eckhart Heidemann, Joachim S. sowie Karin Koch für das geduldige Lektorat und die gute Zusammenarbeit.

So hoffen wir, nicht nur den aktuellen Wissensstand verständlich zusammenzufassen, sondern auf die psychischen Folgen für die Betroffenen hinzuweisen, Anregungen für einen konstruktiven Umgang mit der Pädophilie zu geben und Möglichkeiten der Unterstützung für die Betroffenen aufzuzeigen. Damit wollen wir all denjenigen zur Seite stehen, die – ob als Betroffene, als Angehörige oder als unterstützende Fachleute – sexuelle Übergriffe auf Kinder verhindern wollen. In diesem Sinn ist das Buch eine Anleitung zur Prävention wie zur Selbsthilfe. Es soll unterstützen, verantwortlich mit sich und seinen Mitmenschen umzugehen.

Dieses Buch ist allerdings keine Behandlungsanleitung und ersetzt auch keine Psychotherapie, wie sie z. B. von niedergelassenen Psychotherapeutinnen und Psychotherapeuten oder speziellen Ambulanzen angeboten wird. Es kann aber bei der Klärung der Frage helfen, ob weitere Unterstützung, Hilfe und Therapie notwendig sind. Die Downloadmaterialien können sowohl der eigenen Auseinandersetzung mit den pädophilen Interessen dienen als auch in der Beratungs- und Therapiearbeit eingesetzt werden, um erste Fragen zu beantworten und Bewältigungsmöglichkeiten aufzuzeigen. Je ein Kapitel haben wir ausschließlich den Angehörigen und den Betroffenen gewidmet, um sie zu ermutigen, diese Auseinandersetzung zu führen.

Der Umgang mit sexuellen Interessen an Kindern ist eine große Herausforderung. Für Beratende, Therapeuten und Therapeutinnen heißt das häufig, sich mit den eigenen Vorurteilen und Emotionen auseinanderzusetzen, um sich diesem Thema und den Klienten professionell und wertschätzend zuwenden zu können. Für die Betroffenen heißt das, Mut und Kraft aufzubringen, um sich die pädophile Ausrichtung einzugestehen und damit leben zu lernen, ohne sich permanent schlecht zu fühlen oder als »Kinderschänder« – auch wenn es niemals zu Handlungen kam. Jede Person, die mit diesem Schicksal lebt, ohne es auszuleben, verdient großen Respekt und Unterstützung durch das unmittelbare Umfeld und die Gesellschaft.

# Was ist Pädophilie?

In der Öffentlichkeit taucht der Begriff der Pädophilie meist nur im Zusammenhang mit sexuellem Missbrauch und Forderungen nach härterer Bestrafung der übergriffigen Männer und Frauen auf. Aber nicht jeder, der ein Kind missbraucht hat, ist pädophil und nicht jeder mit einer pädophilen Ausrichtung missbraucht Kinder. Was also versteht man unter Pädophilie?

## Viele Bezeichnungen mit wichtigen Unterschieden

Der Begriff Pädophilie leitet sich aus den griechischen Wörtern »pais« für Kind oder Knabe und »philia« für die freundschaftliche Liebe ab. Erstmals wurde die Bezeichnung von dem deutsch-österreichischen Psychiater Krafft-Ebing (1840 – 1902) in seinem 1886 erschienenen Standardwerk »Psychopathia Sexualis« verwendet. Mit Pädophilia Erotica beschrieb er damals das sexuelle Interesse an Kindern vor der Pubertät. Dieses Interesse sei zeitlich überdauernd und ausschließlich bzw. überwiegend auf Kinder bezogen. Diese Definition wird in der Sexualwissenschaft noch heute weitgehend so verwendet.

MAX Pädophilie bedeutet für mich, Kinder zu lieben und zu schätzen, ihnen nicht von oben herab, sondern auf ihrer Augenhöhe begegnen zu wollen. So weit, so gut. Aber sie bedeutet auch, verschiedene Mädchen sexuell zu begehren, von intimen oder romantischen Kontakten zu ihnen zu träumen, sie mir zu wünschen. Ich kannte die sexuelle Anziehung Mädchen gegenüber schon lange, bevor ich dies als Pädophilie benennen konnte. Ich fand das störend. Meine gesamte Sexualität empfand ich als »zu viel«. Ich dachte, das wäre bei anderen Männern genauso, es würde nur niemand drüber reden aus Angst, als pädophil abgestempelt zu werden. Als sich meine Neigung immer stärker bemerkbar machte, begann ich diese Gefühle zu fürchten und lehnte sie ab. Ich wollte sie nicht. Am liebsten hätte ich sie irgendwie ausgeschaltet. Wenn ich den Kontakt zu einem Mädchen mal frei von sexueller Erregung und Gedankenflut erlebte, dann rührte mich das sogar zu Tränen vor Freude!

Dann kam die Erkenntnis, dass ich pädophil bin. Und damit kam die Panik. Ich musste mich regelmäßig selbst fragen und überprüfen, mir selbst bestätigen, dass ich keine Kinder schädigen, geschweige denn vergewaltigen wollte. Ich wollte doch nur ein wenig sexuell mit ihnen spielen! Auf der Ebene von Doktorspielen. War das denn so schlimm? Das zerriss mir das Herz, und ich brauchte erst die Therapie und zwei Jahre Zeit, um es wieder zusammenzuflicken. x

**NEWMAN** Pädophilie ist für mich mittlerweile einfach eine sexuelle Veranlagung und ein wesentlicher Teil meiner sexuellen Identität. Ich habe mir das nicht ausgesucht. Ich kann inzwischen erkennen, dass ich an dieser Veranlagung keine Schuld trage. Aber ich muss und kann lernen, mit ihr umzugehen – und das ein Leben lang. x

Es existieren im Zusammenhang mit der Pädophilie viele weitere Begriffe. Wir wollen diese hier kurz erklären.

**Pädophilie** Hiermit wird eine sexuelle Ausrichtung auf die Altersgruppe der vorpubertären Kinder bezeichnet. Zusätzlich kann die geschlechtliche Orientierung unterschieden werden. Man spricht entweder von homosexueller, heterosexueller oder bisexueller Pädophilie oder man umschreibt dies mit: auf Jungen, Mädchen oder Jungen und Mädchen orientiert.

Ferner wird unterschieden zwischen einem ausschließlichen primären Typus, einer sogenannten Kernpädophilie, bei der sich das sexuelle Interesse ausschließlich auf Kinder richtet, und einem nicht ausschließlichen sekundären Typus, bei dem sexuelle Gefühle auch durch erwachsene Personen ausgelöst werden können.

**Hebephilie** Dieser Begriff bezeichnet das sexuelle Interesse an Kindern mit frühpubertären Körpermerkmalen. Damit sind Kinder gemeint, bei denen die beginnende Geschlechtsreifung, z. B. an dem einsetzenden Wachstum von Schambehaarung, Brust, Hoden und Penis zu erkennen ist. Das Interesse an frühpubertären Mädchen wird Parthenophilie, das an Jungen Ephebophilie genannt.

Das sexuelle Interesse an spätpubertären Kindern bzw. Jugendlichen mit bereits fortgeschrittener Geschlechtsreifung fällt unter keinen dieser Begriffe, wir kommen darauf im Zusammenhang mit der »Knabenliebe« im antiken Griechenland zurück (siehe nächste Seite).

Ob jemand eine pädophile oder hebephile Ausrichtung oder beides hat, lässt sich nicht am Alter des Kindes festmachen. Da die körperliche Entwicklung individuell unterschiedlich verläuft, setzt auch die Pubertät eines Kindes zu keinem bestimmten Zeitpunkt ein. Entscheidend ist, welche Körpermerkmale der Jungen oder Mädchen als sexuell erregend empfunden werden. Um dies herauszufinden, kann die Tanner-Skala genutzt werden (siehe Abbildung 1), die Sie auch in den Downloadmaterialien des Buches finden. Das Stadium I entspricht dabei der vorpubertären Entwicklung, die für das pädophile Interesse kennzeichnend ist. Die Stadien II (frühe Pubertät) und III (Peripubertät) geben die hebephilen sexuellen Interessen wider. Die Entwicklungsstadien IV (Spätpubertät) und V werden als sexuelles Interesse an erwachsenen Personen zusammengefasst.

**ABBILDUNG 1** **Die Tanner-Skala** (nach Mönig u. a. 2012)

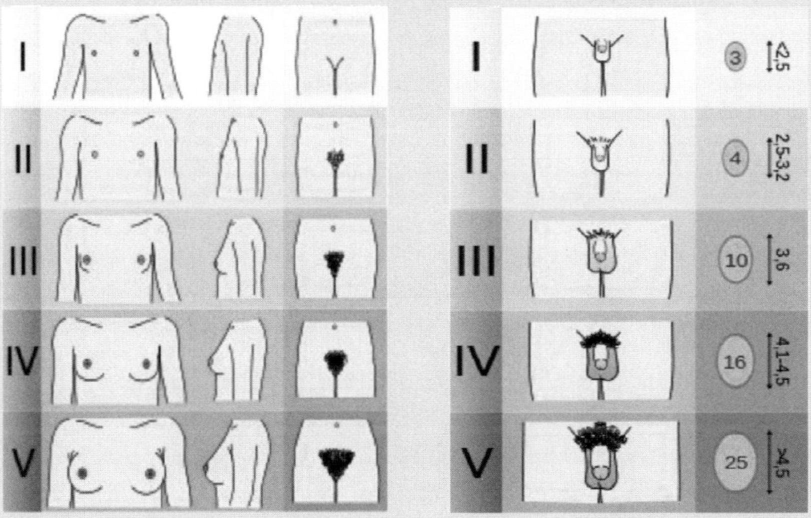


**Päderastie** Manchmal wird noch die historische Bezeichnung »Päderastie« verwendet. Damit wurde im alten Griechenland eine bestimmte Form sexueller Beziehung zwischen einem Mann (Päderast) und einem geschlechtsreifen Jugendlichen beschrieben (siehe Exkurs). Eine solche Beziehung hat nichts mit dem sexuellen Interesse an Kindern vor der Pubertät (Pädophilie) oder mit gerade beginnender Pubertät (Hebephilie) gemein. Die Unterscheidung ist wichtig, weil diese antike Vorstellung zuweilen als Argument für das Ausleben von pädophilen Interessen benutzt wird.

### Antikes Griechenland: Beziehungen zwischen Männern und Jungen

Es existiert seit den 1970er-Jahren eine Pädophilenbewegung, die sich für die Legalisierung von sexuellen Kontakten zwischen Erwachsenen und Kindern bzw. die Herabsetzung des Schutzalters einsetzt. Diese argumentiert häufig mit der im alten Griechenland praktizierten »Knabenliebe«. Der Autor Hans Licht bemerkt dazu: »Eines vor allem darf man nie vergessen, [...], nämlich dass es sich dabei niemals um Knaben, wie wir das Wort meist gebrauchen, das heißt um unmündige Kinder handelt, sondern stets um geschlechtsreife Knaben, das heißt um solche, die die Pubertät hinter sich haben« (zitiert nach Bange 2007, S. 11). Auch im alten Griechenland gab es Gesetze gegen Kindesmissbrauch, die sexuelle Handlungen mit nicht geschlechtsreifen Kindern unter Strafe stellten (S. 12).

Die Anbahnung einer päderastischen Beziehung wurde durch den erwachsenen Mann initiiert, indem er mit Geschenken um den Jungen warb. Auch zum Erhalt der Beziehung wurden regelmäßig Geschenke eingesetzt, sodass derartige Beziehungen aufgrund des Geld- und Zeitaufwands der aristokratischen Schicht vorbehalten waren.

Ein zentraler Aspekt der päderastischen Beziehung bestand in dem pädagogischen Anspruch, den Jungen zu männlicher Tugend und sittlicher Tadellosigkeit zu erziehen und ihn so an gesellschaftliche Ideale heranzuführen (Reinsberg 1989, S. 170 f.). Sexuelle Handlungen waren zwar in jeder Epoche des antiken Griechenlands Bestandteil päderastischer Beziehungen, jedoch war das akzeptierte Ausmaß einem gesellschaftlichen Wandel unterzogen. Platon beispielsweise sprach sich eher für sexuelle Enthaltsamkeit in päderastischen Beziehungen aus.

Zwischen der gesellschaftlichen Akzeptanz und der Realität der praktizierten sexuellen Kontakte zwischen Mann und Jungen gab es zudem einen großen Unterschied. Akzeptiert waren gelegentliche Kontakte in Form von Schenkelverkehr, die den Jungen nicht demütigen und dem Mann zur Befriedigung dienen sollten. In der Realität fanden vermutlich auch andere Sexualpraktiken statt. Ließ der Junge sich z. B. auf Analverkehr ein, war er gar selbst sexuell erregt oder gelangte zur sexuellen Befriedigung, so verhielt er sich unehrenhaft und galt als Stricherjunge. Die Prostitution war damals zwar legal, jedoch gesellschaftlich geächtet (Reinsberg 1989).

Betrachtet man die historischen Beschreibungen der pädosexuellen Kontakte in der Antike genauer, so wird recht schnell deutlich, dass diese keine gleichberechtigten Beziehungen zwischen Erwachsenen und Jugendlichen, geschweige denn Kindern waren. Nicht nur das Alter der Jungen wird in der

Argumentation der heutigen Pädophilenbewegung ausgespart, sondern auch die Einseitigkeit dieser sexuellen Kontakte zwischen Jungen und Männern.

**Pädosexualität** Die Bezeichnung »Pädosexualität« wird häufig mit »Pädophilie« gleichgesetzt. Es gibt aber einen entscheidenden Unterschied: Pädosexualität bezieht sich ausschließlich auf das Verhalten, meint also sexuelle Handlungen mit einem Kind. Die meisten Menschen, die ein Kind missbrauchen, sind jedoch nicht pädophil. Sie stillen ihr Bedürfnis nach Nähe oder sexueller Befriedigung im Kontakt mit Kindern, obwohl sie in ihren sexuellen Fantasien von gleichaltrigen Frauen bzw. Männern träumen. Die pädosexuellen Handlungen entstehen häufig aus Unsicherheit gegenüber Erwachsenen, Frustration oder Einsamkeit.

Umgekehrt verhält sich der größte Teil der pädophil ausgerichteten Menschen nicht pädosexuell. Sie sehnen sich zwar nach sexuellen Beziehungen mit Kindern, aber sie begehen keine sexuellen Übergriffe. Entscheidend für die Einschätzung, ob eine pädophile Ausrichtung vorliegt, sind also die Fantasien, die sexuell erregend sind und bei der Masturbation zum Orgasmus führen. Leider gibt es um den Begriff der Pädosexualität etwas Verwirrung, weil er selbst in wissenschaftlichen Veröffentlichungen nicht immer gleich verwendet wird, meistens gilt jedoch die hier beschriebene Bedeutung.

**MAX** Ich bin hetero-pädophil, nicht ausschließlich. Jungen mag ich als Kinder schon auch, aber sexuell finde ich sie keineswegs attraktiv. Vorpubertäre Mädchen wecken in mir Schutzinstinkte, aber auch das Gefühl sexueller Anziehung. Ich hatte nie die Idee, Macht ausspielen zu wollen oder eine partnerschaftliche Beziehung mit einem Kind einzugehen. Dagegen träumte ich immer von intensiven und dauerhaften Freundschaften. Im sexuellen Bereich sehne ich mich nach eher zärtlichen Kontakten, sexualisierten Spielen, niemals nach hartem Sex. Ich habe mich aber auch schon in gleichaltrige Frauen verliebt und fühlte mich zu ihnen sexuell hingezogen. x

**NEWMAN** Meine sexuelle Orientierung liegt zu 100 % auf dem weiblichen Geschlecht. Bezogen auf das Alter werde ich vorwiegend von sportlichen Mädchen zwischen circa fünf bis zehn Jahren angesprochen. In vielleicht 20 % der Fälle finde ich auch erwachsene Frauen, vorzugsweise mit zierlichem Körperbau, sexuell anziehend. Da ich aber ohne chemische Hilfsmittel mit keiner Frau schlafen kann, betrachte ich mich als kernpädophil. x

Die Bezeichnung Pädophilie beschreibt also ein sexuelles Interesse. Pädophile Personen werden durch den Anblick kindlicher Körper sexuell erregt, ihre Wünsche nach Liebe und Sexualität richten sich ausschließlich oder zu einem gewissen Teil auf Kinder. Die sexuelle Ausrichtung sagt jedoch nichts über das sexuelle Verhalten dieser Person aus. Man sieht einem Menschen auch nicht an, ob er pädophil veranlagt ist oder nicht. Nur derjenige selbst kann sagen, was er fühlt und denkt. Begeht jemand einen sexuellen Übergriff auf ein Kind, so kann man daraus noch nicht schließen, dass die Person eine pädophile Ausrichtung hat. In den meisten Fällen spielen andere Gründe eine Rolle, warum sie sich Kindern sexuell genähert hat.

Wie bei heterosexuellen oder homosexuellen Menschen sagt allein die sexuelle Ausrichtung auf Kinder nichts über den Charakter oder die moralischen Werte einer Person aus. Pädophile Menschen haben auch keinen stärkeren Sexualtrieb als andere und interessieren sich nicht wahllos für jedes Kind. Manche unserer Klienten waren unsicher, ob sie wirklich pädophil sind, weil sie nicht – wie es das Klischee erwarten lässt – jedes Kind auf der Straße als potenzielles Sexobjekt begutachten und auch nicht immer beim Spielen mit Kindern eine Erektion haben. Das ist normal und vergleichbar mit dem Erleben nicht pädophiler Personen, die ebenfalls nur bestimmte Frauen bzw. Männer sexuell attraktiv finden.

Es gibt nicht den »typisch Pädophilen«. Die Betroffenen sind ebenso verschieden wie alle anderen Menschen auch. Dementsprechend ist auch die Wertung und Gewichtung von Sexualität und emotionaler Nähe in einer Beziehung zu einem Kind sehr unterschiedlich. Es gibt pädophile Menschen, die sich in das Wesen des Kindes verlieben und ihre sexuellen Gefühle zum Schutz des Kindes nicht ausleben; »einige haben flüchtige Kontakte mit vielen Kindern, andere wollen – mal fürsorgliche, mal manipulative – langfristige Partnerschaften; viele sind rücksichtsvoll gegenüber Kindern, andere üben Zwang, sehr wenige Gewalt aus; einige bedienen sich des mafiös strukturierten freien Markts, der die verbotenen Sexualitäten, nicht nur die mit Kindern, brutalisiert (Kinderpornos, Kindertausch, Kinderprostitution); andere, eine unbekannte Zahl, vielleicht sogar die meisten Pädophilen, sind lebenslang oder über lange Perioden hinweg abstinent, belassen ihre Wünsche in der Phantasie und führen mit großem seelischem Aufwand ein verzichtreiches Leben« (Schmidt 1999, S. 133).

# Ist Pädophilie eine Krankheit?

In der Wissenschaft wird Pädophilie nur dann als eine psychische Störung angesehen, wenn sie bei der betroffenen Person Leiden verursacht oder sie die sexuellen Interessen ausgelebt hat. Dementsprechend ist sie als Diagnose in die zwei gängigen Klassifikationssysteme aufgenommen worden. Ziel dieser Klassifikationssysteme ist die Verständigung zwischen Ärzten, Therapeuten und anderen psychosozialen Berufsgruppen. Jeder soll dasselbe unter einem Begriff wie Depression oder Angststörung oder auch Pädophilie verstehen. Dazu bedarf es möglichst genauer Kriterien, um einen psychischen Zustand als Krankheit bezeichnen zu dürfen.

**ICD-10** Im ICD-10 ist die Pädophilie unter dem Oberbegriff »Störung der Sexualpräferenz« gefasst. Darunter versteht man von der Norm abweichende Sexualpraktiken oder sexuelle Vorlieben, die entweder bei der Person selbst oder in deren Umfeld Leiden verursachen. Pädophilie beschreibt die »sexuelle Präferenz für Kinder, die sich zumeist vor oder im frühen Stadium der Pubertät befinden. Manche Pädophile haben nur an Mädchen, andere nur an Knaben Interesse. Wieder andere sind sowohl an Mädchen als auch an Knaben interessiert« (Dilling u. a. 2008). Diese Veranlagung muss »anhaltend und vorherrschend« sein, um als psychische Störung bezeichnet zu werden.

**ICD-11** Im ICD-11 gibt es im Vergleich zum ICD-10 eine entscheidende Veränderung: Jetzt wird ausschließlich das Interesse an vorpubertären Kindern als Pädophilie bewertet. Das sexuelle Interesse an Kindern in der frühen Pubertät (Entwicklungsstadium II nach Tanner) fällt unter die sogenannte Hebephilie und wird nicht als Krankheit angesehen. Damit erfolgte eine Angleichung an die Kriterien des DSM-5.

**DSM-5** Im DSM-5 (Falkai u.a. 2020) wird die Pädophilie unter dem Oberbegriff »Paraphile Störung« eingeordnet. Dieser Begriff ist mit sexueller Präferenzstörung gleichzusetzen. Im DSM-5 wird von einer pädophilen Störung gesprochen, wenn

- über einen Zeitraum von mindestens sechs Monaten intensive sexuell erregende Fantasien, sexuell dranghafte Bedürfnisse oder Verhaltensweisen wiederkehren, die sexuelle Handlungen mit einem präpubertären Kind (i. d. R. 13 Jahre oder jünger) beinhalten;
- die Person das sexuell dranghafte Bedürfnis auslebt oder die sexuell dranghaften Bedürfnisse oder Fantasien ein deutliches Leiden oder zwischenmenschliche Schwierigkeiten verursachen;

- die Person mindestens 16 Jahre alt und mindestens fünf Jahre älter als das Kind ist.

In jedem Fall wird Pädophilie nur dann als Krankheit oder psychische Störung bewertet, wenn die Person selbst unter der sexuellen Präferenz leidet oder sie die Gedanken, Fantasien oder dranghaften Bedürfnisse ausgelebt hat. Wenn also jemand durch kindliche Körper sexuell erregt wird, aber selbst kein Problem damit hat, und wenn er seine Sexualität ausschließlich in der Fantasie und Selbstbefriedigung auslebt und niemanden schädigt, dann werden diese abweichenden sexuellen Interessen nicht als Krankheit und auch nicht als behandlungsbedürftig definiert. Eine hebephile Ausrichtung wird im Übrigen nie als psychische Krankheit bewertet.

**MAX** Ob Pädophilie für mich eine Krankheit ist? Einerseits nein: Es ist in meinen Augen eine sexuelle Ausrichtung unter vielen, ohne Krankheitswert. Andererseits ja: Sie hat meinen Lebensentwurf ähnlich zerstört, wie es eine Amputation getan hätte. Zwar kann man auch mit einem Arm oder Bein mehr oder weniger glücklich leben, aber es ist schwieriger. Und für viele, insbesondere für ausschließliche Pädos, bedeutet die Neigung tatsächlich eine Amputation eines wichtigen Aspekts des Lebens: entweder sexuelle und romantische Erfüllung praktisch aufzugeben oder Kindern wehzutun. x

**NEWMAN** Pädophilie eine Krankheit? Es kommt darauf an. Pädophilie an sich ist für mich mittlerweile genauso eine sexuelle Ausrichtung wie die auf Erwachsene und somit keine Krankheit. Wenn aber entweder der Betroffene selbst körperlich oder seelisch leidet, z. B. selbstmordgefährdet ist, oder ein Opfer durch sexuellen Missbrauch leidet, dann wird hierdurch diese sexuelle Veranlagung in meinen Augen zur Krankheit. Diese Definition gilt meiner Meinung nach auch für jede andere Paraphilie. x

Ob eine sexuelle Vorliebe als Krankheit oder psychische Störung definiert wird, hängt sehr von gesellschaftlichen Normen ab. Gerade im Bereich Sexualität hat sich die Beurteilung dessen, was »normal« oder »abnormal« ist, stark geändert. Am Beispiel der Homosexualität zeigt sich, wie groß die Unterschiede in der Bewertung zwischen den Kulturen sind. Während in Europa homosexuelle Handlungen legal sind, stehen diese in Afrika und Asien häufig noch unter Strafe. Selbst wenn Homosexualität legal ist, kann sie noch – wie sich in Russland jüngst zeigte – ein derartiges gesellschaftliches Tabu sein, dass Betroffene mit weitreichenden Konsequenzen rechnen müssen. Auch in Deutschland hat die schrittweise Legalisierung erst in jüngster Zeit stattgefunden. Zwar wurde 1973

Homosexualität legalisiert, aber erst 1994 der § 175 StGB (Strafbarkeit sexueller Handlungen zwischen männlichen Personen) endgültig abgeschafft und damit das Schutzalter von 18 auf 14 Jahren herabgesetzt, so wie es für heterosexuelle Handlungen schon lange gilt. In Österreich wurde dieser Legalisierungsprozess 1971 eingeleitet, wobei die Angleichung des Schutzalters erst 2002 stattfand. In der Schweiz dagegen stehen homosexuelle Handlungen schon seit 1942 nicht mehr unter Strafe, das Schutzalter wurde aber auch hier erst 1990 dem der heterosexuellen Handlungen angeglichen. Homosexualität wurde außerdem im ICD bis 1992 und im DSM bis 1973 als psychische Störung aufgeführt.
Vor diesem Hintergrund ist damit zu rechnen, dass auch im Bereich der Pädophilie die Frage des Krankheitswertes zukünftig anders beantwortet werden wird. Schon jetzt wird dies in der Fachwelt diskutiert. Eine mögliche Aufhebung des Krankheitsbegriffs ist jedoch nicht gleichzusetzen mit der Aufhebung der Strafbarkeit sexueller Handlungen mit Kindern. Das gilt es unbedingt zu trennen! Das Verbot sexueller Handlungen mit Kindern bleibt zu deren Schutz in jedem Fall notwendig, selbst dann, wenn Pädophilie nicht mehr als Krankheit gesehen werden sollte.

## Wie viele Menschen sind betroffen?

Bis heute gibt es keine genauen Angaben über den Prozentsatz der pädophilen Menschen in den deutschsprachigen Ländern. Schätzungen sind aufgrund der Tabuisierung in der Gesellschaft und der z. T. unterschiedlichen Definitionen grob und fehleranfällig. Außerdem wird in den meisten Untersuchungen selten die Unterscheidung zwischen vor- und frühpubertären Körpermerkmalen der Kinder oder zwischen ausschließlichem und nicht ausschließlichem Pädophilietyp gemacht.
In einer anonymen Umfrage berichteten 0,3 – 4 % der befragten Männer von sexuellen Fantasien mit Kindern und Jugendlichen (Mokros 2012); in einer anderen Studie dagegen ergaben sich für pädophile Interessen Prävalenzraten von 4 – 6 % (Dombert u. a. 2015). Wenn man allerdings den für die Diagnose einer pädophilen Störung notwendigen Leidensdruck oder das pädosexuelle Verhalten mit einbezieht, so leiden nur 0,1 % unter einer ausschließlichen und 0,6 % unter einer nicht-ausschließlichen Pädophilie (ebd.).
Schätzungen zur Prävalenz von pädophilen Frauen fehlen fast völlig (Seto 2018, S. 72). In der Literatur finden sich vorwiegend Einzelfallstudien und Befunde aus nicht kontrollierten Studien. In einer repräsentativen Studie

aus Finnland (Baur u. a. 2016) berichteten 0,4 % der knapp 4000 Frauen ein sexuelles Interesse an Kindern unter zwölf Jahren. Inwiefern diese Interessen der Diagnose einer Pädophilie entsprechen, blieb unbeantwortet. Tozdan u. a. (2022) zeigten in einer Onlinebefragung von Frauen, die sexuelle Interessen für Kinder unter 14 Jahren beschrieben, dass 60 % die Diagnose einer Pädophilie nach ICD-11 erfüllen würden.

Sexueller Missbrauch von Kindern durch Frauen ist weiterhin ein sehr starkes Tabu in der Gesellschaft. Das führt dazu, dass es nicht nur den geschädigten Kindern schwerfällt, übergriffige Handlungen durch die Mutter oder andere Frauen als solche zu bewerten, sich anderen gegenüber zu offenbaren und die Taten anzuzeigen. Auch unter professionellen Personen in Kindergarten, Schule, Jugendamt, Arzt- und Psychotherapiepraxen gibt es häufig einen »blinden Fleck«. In den bisherigen Untersuchungen blieb eine systematische Analyse der straffällig gewordenen Frauen aus. Damit bleibt die Frage offen, ob die bekannt gewordenen Missbrauchshandlungen von Frauen auf eine pädophile Ausrichtung zurückzuführen sind oder nicht. Aus diesem Grund kann man aus dem bislang bekannten Wissen über sexuellen Kindesmissbrauch durch Frauen keinerlei Schlussfolgerung zur Prävalenz von pädophilen Interessen oder gar einer pädophilen Störung bei Frauen ziehen. In anonymen Internetforen bekennen einige wenige Frauen, sich von Kindern sexuell angezogen zu fühlen. In einer kanadischen Onlineumfrage gaben 0,8 % der Frauen an, sexuelle Fantasien mit Kindern unter zwölf Jahren zu haben (Joyal u. a. 2015), und in einer amerikanischen Onlinebefragung gaben 1,5 % der Frauen an, sich von kleinen Kindern sexuell angezogen zu fühlen (Wurtele u. a. 2014). Es bleibt zu hoffen, dass wir in den nächsten Jahren mehr systematische, anonyme und repräsentative Befragungen und damit mehr Wissen zu pädophilen Frauen, deren Erleben und Erfahrungen haben werden.

Zusammenfassend ist zu sagen, eine pädophile sexuelle Präferenz lässt sich nicht an den tatsächlichen sexuellen Kontakten festmachen, sondern zeigt sich vor allem in den Fantasien während der Selbstbefriedigung und den Bildern und Videos, die ein Mensch zur sexuellen Erregung bevorzugt.

Therapeutische Fachkräfte und ihre Klienten können mithilfe des Sexualpräferenz-Männchens (Ahlers u. a. 2008, siehe Abbildung 2) das sexuelle Erleben hinsichtlich der Fantasien, bevorzugter sexuell erregender Bilder und der Verhaltensweisen näher betrachten.

Die prozentualen Angaben werden abschließend zur Übersicht in einen Kreis eingezeichnet (siehe Abbildung 3). So hat beispielsweise ein Klient von uns angegeben, dass er bei der Selbstbefriedigung zu 25 % Handlungen mit

**ABBILDUNG 2** Das Sexualpräferenz-Männchen (nach Ahlers u. a. 2008)

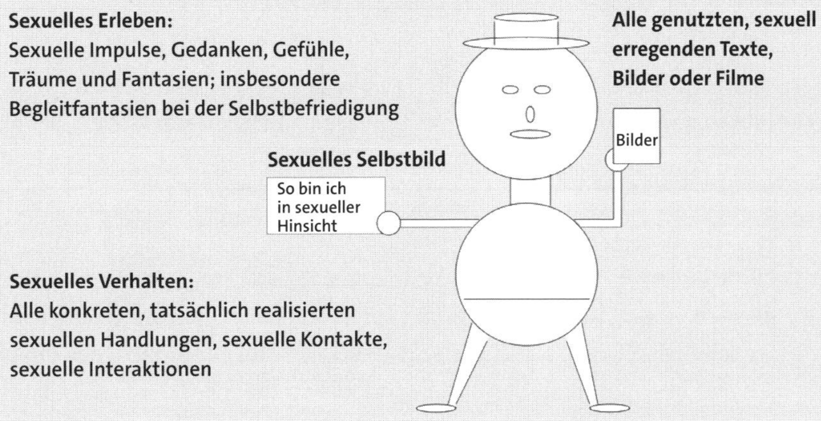


vorpubertären Jungen und zu 25 % mit männlichen Jugendlichen fantasiert, jedoch auch zur Hälfte mit erwachsenen Frauen, insbesondere mit seiner Partnerin.

Die Tanner-Skala (siehe S. 21) kann wie das Sexualpräferenz-Männchen nur

**ABBILDUNG 3** Beispielhafte Benennung sexueller Fantasien durch einen Klienten

zur ersten Orientierung dienen und nicht zur abschließenden Diagnose. Sollte Bedarf an einer Diagnose bestehen, ist die fachkundige Abklärung durch einen Arzt und/oder eine Psychotherapeutin notwendig, wozu dann auch die Ergebnisse der Sexualpräferenz-Männchen herangezogen werden können.

# Die Frage nach den Ursachen

»Warum bin ich so? Wie kommt es, dass ich ausgerechnet auf Kinder stehe?« Diese Frage stellt fast jeder unserer Klienten und nicht wenige fragen weiter: »Ich hatte doch eine gute Kindheit, habe nichts Schlimmes erlebt, wie kommt es, dass ausgerechnet ich pädophil bin?«
Die wissenschaftlichen Erkenntnisse zur Entstehung der Pädophilie sind überschaubar. Das liegt zum einen daran, dass das Interesse an einer solchen Forschung erst in den letzten Jahren aufkam, da Pädophilie lange ein gesellschaftliches Tabuthema war. Zum anderen ist die menschliche Sexualität ein äußerst schwieriges und komplexes Forschungsthema.

## Sexualität – eine Annäherung

Der Mensch ist ein soziales Wesen. Sexualität spielt dabei eine wesentliche Rolle. Sie dient nicht nur der Fortpflanzung, sondern auch zur Darstellung und zum Erhalt der Machtposition, zur Stressreduktion und zum Erhalt von sozialen Bindungen. Sexualität wird daher neben Nahrungsaufnahme, Schlaf und Erhalt der körperlichen Unversehrtheit zu den physiologischen Grundbedürfnissen gezählt, deren Befriedigung das erste Ziel eines jeden Menschen ist. Als zentrale Kraft spielt die Libido, die psychische Energie des Begehrens, in allen Altersstufen eine zentrale Rolle. Sie leitet uns zu sexuellen Lüsten, die Glück und Freude versprechen. Sexualität begleitet uns von der Geburt bis zum Tod.
Es ist also klar, dass Sexualität sich in unserem Leben nicht einfach »wegmachen« oder ignorieren lässt. Sie gehört zum Menschsein dazu, ist Teil einer jeden Persönlichkeit und kann nicht losgelöst vom Rest der Person betrachtet werden. Die Sexualität, die wir im Laufe unseres Lebens entwickeln, ist ein Teil unserer Identität. Die Impulse für die Entwicklung unserer sexuellen Identität kommen – neben den angeborenen Wurzeln – aus der Gesellschaft. Kulturelle Prägungen bestimmen die eigenen sexuellen Normen und Werte, also das, was erlaubt ist und erwartet wird.
Die meisten Menschen orientieren sich in ihren sexuellen Wünschen und ihrem Verhalten an diesem vorgegebenen, durch Erziehung vermittelten

Rahmen. Die Wahl des sexuellen »Objekts« des sexuellen Begehrens ist dabei höchst individuell: Ob sich eine Person durch große oder kleine, weibliche oder männliche, ältere, gleichaltrige oder ganz junge Partner oder Partnerinnen angesprochen fühlt, hängt davon ab, was sie in ihrem Leben als akzeptabel und befriedigend erlebt hat. In diesem Sinn ist die sexuelle Identität ein Produkt der genetischen Anteile und der durch die Umwelt vermittelten Erfahrungen und Lernprozesse. Das gilt für pädophile Menschen genauso wie für alle anderen.

Mit Sexualität ist nicht allein das Berühren der Genitalien oder das Erleben eines Orgasmus gemeint, sondern auch Zärtlichkeiten, wie Küsse, Streicheln, Umarmungen, die von erotischen Gefühlen begleitet sind.

Sexuelles Erleben und Verhalten kann in drei Dimensionen beschrieben werden (Beier & Loewit 2008):

**Die Lustdimension** Ziel ist das Erleben von Erregung und Lust als positivem Gefühlszustand.

**Die Fortpflanzungsdimension** Ziel ist die Fortpflanzung als Lebewesen.

**Die Beziehungsdimension** Ziel ist die Erfüllung grundlegender Bedürfnisse nach Nähe, Geborgenheit, Sicherheit, Vertrauen und Angenommensein, auch Dominanz- und Machtaspekte spielen eine Rolle.

Diese drei Funktionen von Sexualität sind eng miteinander verwoben. Die Bedeutung jeder einzelnen Dimension ist jedoch von Person zu Person verschieden und kann sich auch im Laufe des Lebens ändern. So können einzelne Personen Sexualität in erster Linie als Lustgewinn empfinden, es ist ihnen weitgehend egal, mit wem sie diese Lust erleben. Andere wiederum erleben in der Sexualität vorwiegend die Nähe zu einem geliebten Menschen; Zärtlichkeiten befriedigen sie mehr als ein vergleichsweise kurzer Orgasmus. Bei den meisten Menschen ist das sexuelle Erleben das Ergebnis eines relativ ausgewogenen Zusammenspiels aus Lust-, Beziehungs- und – je nach Lebensphase – Fortpflanzungsdimension.

Diese grundsätzliche Bedeutung von Sexualität gilt für pädophile Menschen in gleicher Weise. Eine Reduktion ihrer Sexualität auf die reine Lustdimension und die Vorstellung, sie würden Kinder nur als Objekte zur Befriedigung ihrer sexuellen Begierde sehen, wird ihnen in keiner Weise gerecht. Auch bei pädophilen Menschen bleibt sexuelles Erleben ein Zusammenwirken aus Lust und Beziehungswunsch. Auch bei ihnen sind die jeweiligen Dimensionen unterschiedlich stark ausgeprägt. Gleichzeitig dürfen sie aber das Bedürfnis nach einer sexuellen Beziehung mit einem Kind nicht ausleben, weil sie ihm damit schaden. Es bleibt ein lebenslanges Dilemma, das ein Betroffener auf www.suh-ev.de so beschreibt: »Wenn man einen Menschen liebt, dann möchte man sich auch sexuell mit ihm vereinigen. Sexualität ist somit im Normalfall ein natürlicher Ausdruck von Liebe zwischen zwei Menschen. [...] Bei der Pädophilie funktioniert dies aber so nicht. Es ist genau andersherum: Liebe und Sexualität schließen sich hier aus. Dieses tragische Dilemma wird für immer unlösbar bleiben. Wenn ich ein Kind ernsthaft von ganzem Herzen liebe, dann muss ich auf das Ausleben meiner Sexualität verzichten. Dieser Anspruch ist hoch und nur wenige von uns können ihn konsequent erfüllen. Aber nur so hat man die Chance, trotz seiner pädophilen Ausrichtung ein aufrichtiger Mensch zu bleiben, der von sich behaupten kann, dass er Kinder wirklich liebt. [...] Aber auch der bewusste Verzicht auf Sex kann ein Ausdruck von Liebe sein, vielleicht sogar ein noch höherer, weil er wesentlich schwerer zu erfüllen ist. Wir Pädophilen müssen uns entscheiden: Liebe oder Sex? Wollen wir ein Kind wirklich lieben oder wollen wir nur unsere sexuellen Bedürfnisse an ihm befriedigen? Wenn ich ein Kind aufrichtig liebe, dann muss ich bereit sein, das Wohl des Kindes über meine sexuellen Bedürfnisse zu stellen. [...] Echte Liebe hat nichts mit oberflächlicher und kurzzeitiger Lustbefriedigung zu tun. Eine Liebe, in der ich nur meine eigenen Bedürfnisse sehe, verdient diesen Namen nicht. Wahre Liebe wünscht sich das Beste für den anderen und möchte, dass es ihm gut geht.«

**NEWMAN** Meine sexuelle Identität ist die eines erwachsenen heterosexuell-kernpädophilen Mannes, der nicht stark genug auf Frauen steht, um damit irgendwas »Sinnvolles« anfangen zu können. Was ich sexuell könnte, das darf und will ich nicht, und was ich dürfte, das kann ich nicht. Sexualität ist für mich daher etwas Belastendes, Traurigmachendes. »Schönste Nebensache der Welt«? Leider nicht für mich. x

## Einige Erklärungsansätze

Bevor wir einige Erklärungsansätze vorstellen, wollen wir ganz deutlich sagen: Zum jetzigen Zeitpunkt sind die Ursachen für eine pädophile Ausrichtung weitgehend unklar. Zwar haben wissenschaftliche Untersuchungen einige interessante Zusammenhänge ergeben, keine der daraus abgeleiteten Hypothesen konnte aber bisher durch weitere Untersuchungen derart bestätigt werden, dass sich daraus eine klare Entstehungstheorie entwickelt hätte, die allseits akzeptiert würde. Wie die meisten Phänomene menschlichen Daseins gibt es

wohl nicht den einen Grund, der zu einer stabilen pädophilen Ausrichtung führt. Wahrscheinlich ist ein Zusammenspiel von psychischen, sozialen und biologischen Faktoren.
Trotz der unzureichenden und nicht eindeutigen Wissenslage möchten wir einige Erklärungsansätze vorstellen, weil wir aus den Gesprächen mit Betroffenen und ihren Angehörigen wissen, dass es oft unbefriedigend ist, mit dieser Frage nach dem »Warum« im leeren Raum zu stehen. Um Anregungen für eine individuelle Antwort auf diese Frage zu finden, ist es für Betroffene wie auch für die psychosozialen Berufe wichtig, diese Erklärungsansätze zu kennen.

## Psychoanalytische Erklärungsansätze

Das bekannteste Modell der psychosexuellen Entwicklung stammt von Sigmund Freud. Er unterscheidet sechs Entwicklungsstadien, denen jeweils spezifische Grundthemen zugeordnet sind. Frühe psychoanalytische Erklärungsansätze gehen davon aus, dass bei pädophilen Menschen die psychosexuelle Entwicklung auf einem kindlichen Niveau stehen geblieben oder verzögert verlaufen ist. Als Auslöser für diese Entwicklungsstörung werden präödipale und ödipale Konflikte gesehen, die nicht angemessen überwunden werden konnten. Die ödipale Phase umfasst circa das vierte bis sechste Lebensjahr, in der laut Freud Themen wie das eigene Geschlecht, Sexualität und Geschlechterrollen im Vordergrund stehen. Die psychosexuelle Entwicklungsaufgabe des Kindes besteht in der Neudefinition seiner Rolle gegenüber Mutter und Vater. Das Erkennen von Geschlechterunterschieden geht mit Verunsicherung und Ängsten einher sowie mit Rivalitätsgefühlen gegenüber dem gleichgeschlechtlichen Elternteil. Bei der Abwehr bestimmter Ängste (Kastrationsangst) oder Beziehungswünsche (Ödipuskomplex) können Störungen, sogenannte Perversionen, in Form von sexuellen Abweichungen entstehen.
Der Ablösung des Kindes von der Mutter kommt dabei eine wesentliche Bedeutung in der psychosexuellen Entwicklung zu. Treten in der Umwelt und infolgedessen in der Sozialisation eines Menschen Störungen auf, etwa weil die Mutter auf selbstständige Verhaltensweisen des Kindes durch Einengung, Kontrolle oder auch Überbehütung reagiert, oder weil sich das Kind der Zuwendung, Liebe und Sorge der Mutter nicht sicher sein kann, kann es in späteren Lebensphasen zu Störungen in der Identitätsentwicklung und Entwicklung der sexuellen Orientierung kommen. Die Paraphilie oder Perversion sorgt für eine Stabilisierung, indem sie die im Bereich der Sexualität bestehenden Unsicherheiten, Ängste und Konflikte zwar nicht dauerhaft beheben,

aber vorübergehend entlasten kann. Anders gesagt: Die Entwicklung einer sexuellen Präferenzstörung kann auch als Reparaturergebnis einer defizitären seelischen Entwicklung aufgefasst werden, ohne die Betroffene umfassendere Leidenszustände und psychische Störungen entwickeln würden.

In der späteren psychoanalytischen Theorie erfüllt die abweichende sexuelle Orientierung die Funktion, eine in der Kindheit entstandene Lücke der Persönlichkeitsentwicklung zu füllen. Danach begegnet der pädophile Erwachsene im Kontakt mit dem Kind sich selbst in der ödipalen Entwicklungsphase. Dieses »Sich-selbst-Erkennen« schließt die sexuelle Identität ein, sodass Kinder als erotische Beziehungspartner wahrgenommen werden. Die pädophile Liebe zu einem Kind kann somit als Liebe zu sich selbst im Kindesalter verstanden werden.

Psychoanalytikerinnen und Psychoanalytiker selbst haben diese Erklärungsansätze stark hinterfragt und kritisiert. So wurde z. B. die Entwicklung der kindlichen Sexualität als zu mechanistisch und biologistisch eingeschätzt. Aus diesem Grund fanden später Ergänzungen durch soziale Phänomene, z. B. Erziehungsverhalten, statt. Unerklärt blieb, dass viele pädophile Menschen auch über hetero- oder homosexuelle Orientierungen in Bezug auf erwachsene Partner verfügen.

Einen aktuellen Überblick zur psychoanalytischen Theorie hat unlängst Schinaia (2018) vorgelegt, dort finden sich neben klinischen Aspekten auch Beiträge zur kulturellen und gesellschaftlichen Dimension der Pädophilie.

## Lerntheoretische Erklärungsansätze

Nach der Lerntheorie wird menschliches Verhalten, also auch das sexuelle Verhalten, durch Prozesse der Konditionierung und Verstärkung erlernt. Es wird angenommen, dass die ersten sexuellen Erfahrungen mit Gleichaltrigen im Kindesalter dazu führen, dass sexuelle Erregung an kindliche Körper gekoppelt wird (klassische Konditionierung). Durch wiederholte Masturbation zu Fantasien, die diese ersten Erfahrungen beinhalten, wird die Verbindung zwischen sexueller Erregung und kindlichen Körpern verstärkt (operante Konditionierung).

Da die Konditionierungsprozesse in der Entstehung von Paraphilien empirisch nicht ausreichend belegt werden konnten (Franqué & Briken 2017), liegt der Fokus lerntheoretischer Erklärungen eher auf den sozialen Lernprozessen (Modelllernen). Gemeint sind damit Lernerfahrungen, die durch Beobachtung und Orientierung an Vorbildern angestoßen werden, z. B. durch das

Betrachten pädosexueller Handlungen in Medien oder bei anderen (stellvertretendes Modelllernen), durch eigene Erfahrungen als Opfer sexuellen Missbrauchs im Kindesalter (teilnehmendes Modelllernen) oder auch durch das bildliche Ausgestalten von pädophilen Impulsen im Kopf (symbolisches Modelllernen). Die auf solche Weise ausgelösten Fantasien werden wie oben beschrieben durch wiederholt damit gekoppeltes Orgasmuserleben verstärkt. Die Selbstzuschreibung als pädophiler Mensch (Selbstattribution) oder aber das Beschäftigen mit einzelnen Teilen der erregenden Fantasien (selektive Fokussierung) können ebenfalls verstärkend auf die pädosexuellen Fantasien wirken (Franqué & Briken 2017).

Eine weitere Intensivierung dieser Verbindung zwischen sexueller Erregung und kindlichen Körpern wird im Übergang zum jungen Erwachsenenalter angenommen. Wenn in dieser Phase die sexuellen Erfahrungen mit Gleichaltrigen ausbleiben oder diese mit Kränkungen und Enttäuschungen verbunden sind, wird die psychosexuelle Entwicklung blockiert. Die sexuellen Erfahrungen des Kindesalters mit der oben beschriebenen Kopplung zwischen Erregung und präpubertären Körpern wird weiter verstärkt. Der Lerneffekt kann entweder durch andauernde Masturbation zu entsprechenden Fantasien und Bildmaterial oder aber durch reale sexuelle Kontakte zu Kindern entstehen.

Da die meisten Menschen die ersten sexuellen Lustgefühle mit gleichaltrigen Kindern erleben, aber nicht alle eine pädophile Ausrichtung entwickeln, gehen die Lerntheoretiker davon aus, dass es bei manchen eine Veranlagung oder Empfänglichkeit für diese Lernprozesse gibt. Diese Empfänglichkeit wiederum kann unterschiedliche Gründe haben: eine schwache Eltern-Kind-Bindung, Vernachlässigung, eigene Missbrauchserfahrungen, einen starken Sexualtrieb oder eine erhöhte Aggressivität. Allerdings gibt es für die lerntheoretischen Annahmen zur Entwicklung einer pädophilen Ausrichtung bisher keine ausreichenden wissenschaftlichen, d. h. empirischen Belege.

## Missbrauch-Missbraucher-Zyklus

Es gibt empirische Zusammenhänge zwischen eigenem, erlebtem sexuellen Missbrauch und einer pädophilen Ausrichtung (Jespersen u. a. 2009; Heyden & Jarosch 2018). Männer, die selbst als Kind missbraucht wurden, zeigen in Untersuchungen eine höhere sexuelle Erregung beim Anblick von kindlichen Körpern als nicht missbrauchte Männer. Die Ursache hierfür ist allerdings unklar. Eine Hypothese lautet, dass ein erlebter Missbrauch die sozio-sexuelle Entwicklung so negativ beeinflusst, dass diese eher in eine pädophile

Ausrichtung oder antisozialem Verhalten mündet. Unbedingt zu beachten ist, dass die Untersuchungen in der Regel ausschließlich mit Personen durchgeführt wurden, die einen Kindesmissbrauch begangen haben. Hier fehlt also wieder einmal eine klare Unterscheidung zwischen pädosexuellem Verhalten und einer pädophilen Ausrichtung. Als gesichert gilt, dass der weitaus größere Teil der missbrauchten Jungen später keinen Missbrauch begeht und keine pädophilen Interessen entwickelt.

## Sozialisationstheoretische Erklärungsansätze

In der Forschungsarbeit von Claudia Bundschuh (2001) wurden zwanzig pädophile Männer zu ihrer Lebensgeschichte befragt. Die qualitative Auswertung der Interviews ergab drei Gruppen, die sich in der Entstehung ihrer pädophilen Interessen unterschieden. Der umfangreiche und komplexe Erklärungsansatz kann hier nur verkürzt und vereinfacht dargestellt werden.

**Verlaufsform 1** Die frühe Lebensgeschichte ist gekennzeichnet von fehlender Fürsorge und Betreuung. Oft ist die Herkunftsfamilie unvollständig, es besteht ein Klima der emotionalen Zurückweisung oder Nichtbeachtung. Es kommt zur Vernachlässigung oder auch Misshandlungen des Jungen. Das Kind erlebt durch den geringen sozialen Rückhalt häufig Angst-, Einsamkeits- und Ohnmachtsgefühle. Infolgedessen entwickelt es ein negatives Selbstbild und kaum Fertigkeiten zur Gefühlsregulation.

Im Grundschulalter erlebt das Kind, dass es mit seinen eingeschränkten sozialen Fertigkeiten kaum Anschluss bei Gleichaltrigen findet, die Anerkennung und soziale Integration außerhalb der Familie schlägt fehl. Auch in der Pubertät erfährt der Junge vorwiegend Zurückweisung, z. T. auch Gewalt, das negative Selbstbild und die geringen sozialen Fertigkeiten verstärken sich. Er nimmt sich als sozial unattraktiv wahr, entwickelt kein stabiles männliches Selbstbild und sieht sich nicht als adäquaten Partner von Erwachsenen. Diese Entwicklung führt zu einer generellen Distanz gegenüber Erwachsenen und zu einer Hinwendung zu Kindern und Jugendlichen. Ihnen gegenüber fühlt sich die Person »auf einer Augenhöhe«, männliche Versagensängste werden so vermieden. Im Kontakt mit Kindern werden sowohl die eigenen unbefriedigten kindlichen Bedürfnisse als auch das Erleben von Stärke und Dominanz als großer, erfahrener Freund des Kindes befriedigt.

Die Sexualität wird in dieser Entwicklung spätestens ab der Pubertät als Möglichkeit erlebt, emotionale und körperliche Nähe zu Kindern herzustellen. Teilweise ist das die erste positiv erlebte Erfahrung von Nähe. Die

Beziehungsqualität im Kontakt mit Kindern lässt sich im Erleben der betroffenen Männer nicht mit erwachsenen Partnern oder Partnerinnen herstellen. Erwachsenensexualität wird oft als »zu hart« und zu wenig zärtlich empfunden.

**Verlaufsform 2** Die frühe Lebensgeschichte ist durch förderliche Rahmenbedingungen gekennzeichnet. Allerdings kommt es z. B. durch Abwesenheit eines Elternteils zu unzureichender Berücksichtigung emotionaler Bedürfnisse. Zuwendung ist gekoppelt an die Erfüllung erwachsener Wünsche. Das Kind orientiert sich somit früh an der Erwachsenenwelt mit entsprechender Anpassung im Sozialverhalten (»frühreif«). Das Zurückstellen der kindlichen Wünsche zugunsten des erwachsenen Verhaltens führt zur Überforderung der kindlichen Persönlichkeit.

Im Grundschulalter erfährt das Kind eine Sonderrolle bei Gleichaltrigen. Da es altersentsprechende Umgangsformen nicht gelernt hat, wirkt es wie ein »kleiner Erwachsener«, der sich oft auch an ältere Führungspersonen bindet. Eigene kindliche Bedürfnisse und Anteile werden dabei weiterhin unterdrückt. In der Pubertät integrieren sie sich gut in soziale Strukturen außerhalb der Familie, passen sich dabei aber übermäßig an männliche Rollenerwartungen an.

Diese Entwicklung setzt sich fort, der innere Konflikt zwischen unerfüllten kindlichen Bedürfnissen nach Liebe, Anerkennung, Geborgenheit und der Anpassung an männliche Normen verstärkt sich. Diese Menschen haben zwar gleichaltrige und auch enge Sozialkontakte, orientieren sich jedoch in diesen Beziehungen stark an den Bedürfnissen des Partners. Sie verdrängen dabei eigene Bedürfnisse, und es entsteht in der Folge eine innere emotionale Distanz zu Erwachsenen.

Spätestens ab der Pubertät wird die Möglichkeit erlebt, emotionale und körperliche Nähe zu Kindern herzustellen. Dabei werden die eigenen, verdrängten kindlichen Anteile nicht nur sexuell, z. B. mit »Doktorspielchen«, sondern auch emotional, z. B. durch ausgelassenes Herumalbern, befriedigt.

**Verlaufsform 3** In der frühen Lebensgeschichte erleben diese Personen keine Entbehrungen oder Einschränkungen, sondern wachsen in einem Klima der Wärme, Zuneigung und Bestätigung auf. Es gibt ausreichend Raum für die Entwicklung kindlicher Interessen und Fähigkeiten. Im Grundschulalter gelingt es dem Jungen gut, sich in die Peergroup zu integrieren. Mithilfe innerfamiliärer männlicher Bezugspersonen eignet er sich typische männliche Verhaltensmuster an.

In der Pubertät findet sich in dieser Gruppe ein Bruch, z. B. durch Leistungsprobleme in der Schule, Verlusterfahrungen oder soziale Abwertung. Die

Selbstwahrnehmung verändert sich: Die Person erlebt sich zunehmend als hilflos und schwach, die Umwelt entsprechend als tendenziell bedrohlich. Das eigene, traditionelle Männlichkeitsbild wird stark hinterfragt, und es entwickelt sich dadurch eine extreme Verunsicherung bezüglich der Geschlechtsidentität.
Infolge der eigenen Rollenunsicherheit als Mann kommt es im jungen Erwachsenenalter zur Distanz gegenüber Gleichaltrigen als potenzielle Partner. Kinder werden dagegen als »ungefährlich« erlebt, im Kontakt zu ihnen erfährt der Mann sich trotz unsicherer Geschlechtsidentität als überlegen, stark und männlich. Sexualität wird als Demonstration von Macht empfunden und teilweise auch gewalttätig ausgeübt; dies entspricht der verinnerlichten sexuellen Dominanz des Mannes und stärkt das unsichere Männlichkeitsbild.
An diesem Erklärungsansatz ist vor allem die geringe Anzahl der untersuchten Personen zu kritisieren, auch zwischen Pädosexualität und Pädophilie bzw. ausschließlichem und nicht ausschließlichem Typus wird nicht ausreichend differenziert. Aufgrund dessen ist auch dieser Ansatz noch weit davon entfernt, ein schlüssiges Modell zu den Ursachen der Pädophilie zu liefern.

## Neurobiologische Erklärungsansätze

Sexuelles Erleben findet auf der Grundlage einer engen Verzahnung physiologischer und psychologischer Prozesse statt. Die Hirnforschung hat in den vergangenen zehn Jahren erste Hinweise gefunden, dass bei pädophilen Menschen andere emotional-kognitive Prozesse im Gehirn stattfinden. So zeigen sich Abweichungen in der Wahrnehmung und Bewertung der Reaktionen von Kindern. Kindliche Verhaltensweisen werden als sexuell-erotische Reize wahrgenommen. Solche abweichenden Aktivierungsmuster bzw. Hirnveränderungen bei pädophilen Personen konnten bislang im Bereich des frontalen und temporalen Kortex (zuständig für Verhaltenssteuerung und Gefühlsregulation), der Amygdala (zuständig für Gefühle) und des Hippocampus (zuständig für Erinnerungen und Emotionen) bestimmt werden (Wiebking & Northoff 2010). Weitere Befunde zeigen, dass Menschen mit einer Pädophilie verglichen mit nicht pädophilen Personen ein geringeres Volumen der weißen Substanz im Gehirn (Cantor u. a. 2008) oder häufigere Kopfverletzungen (Blanchard u. a. 2003) aufweisen. Außerdem scheinen häufiger hormonelle Dysbalancen während der Schwangerschaft und Störungen in den Neurotransmittern (Serotonin, Dopamin) aufzutreten (Tenbergen u. a. 2015). Eine überzeugende Integration dieser Einzelbefunde liegt derzeit noch nicht vor.

Als deutlich einschränkend ist festzuhalten, dass die Studienergebnisse sich meistens auf sehr kleine Stichproben mit weniger als zwanzig Teilnehmern beziehen, teilweise handelt es sich sogar um Einzelfallstudien. Außerdem ist problematisch, dass die Studienteilnehmer in der Regel Menschen waren, die wegen Kindesmissbrauch verurteilt wurden. Auch hier ist somit eine generelle Aussage zu den Ursachen der Pädophilie immer noch unzulässig, da bei den untersuchten Personen weder ausreichend zwischen pädophilen und nicht pädophilen Menschen unterschieden wurde noch zwischen pädophilen Menschen, die sexuell übergriffig wurden, und solchen, die sich in der Hinsicht nichts vorzuwerfen haben. Die neuere Forschung berücksichtigt diese Kritikpunkte zunehmend. So hat man kürzlich bei der Untersuchung des Hypothalamus (steuert das Sexualverhalten) festgestellt, dass zwar pädophile Menschen, die einen Kindesmissbrauch begangen haben, ein kleineres Volumen haben als eine nicht pädophile Kontrollgruppe. Zwischen der Gruppe der nicht pädophilen und der pädophilen Menschen ohne Kindesmissbrauch besteht jedoch kein Unterschied (Storch u. a. 2022). Dies unterstreicht, wie wichtig es ist, zwischen Kindesmissbrauch und pädophiler Ausrichtung zu unterscheiden.

## Genetische Erklärungsansätze

Die Forschungen zur Frage der Vererbung von Pädophilie sind recht übersichtlich und die Ergebnisse uneinheitlich. Erste Befunde belegen eine familiäre Häufung von pädophilen Interessen, wobei unklar bleibt, ob diese eher auf Umwelteinflüsse oder auf genetische Faktoren zurückgeht (Gaffney 1984). Eine groß angelegte und repräsentative Zwillingsstudie in Finnland (Alanko u. a. 2013) versuchte, diese Frage zu klären. Es wurde eine anonyme Befragung nach pädophilen bzw. hebephilen Interessen, Masturbationsfantasien und sexuellen Handlungen durchgeführt. In der Auswertung fiel eine etwas stärkere Häufung pädophiler Interessen und Masturbationsfantasien bei eineiigen Zwillingen im Vergleich zu zweieiigen Zwillingen auf. Dieser Zusammenhang ist jedoch so schwach, dass ein Einfluss genetischer Faktoren bei der Entstehung von Pädophilie derzeit nicht angenommen wird (Briken u. a. 2010).

Zusammenfassend lässt sich sagen, dass es eine abschließende und umfassende Erklärung zu den Entstehungsbedingungen einer pädophilen Ausrichtung bis heute nicht gibt. Durchgesetzt hat sich die Annahme, dass sowohl biologische, psychische und soziale Faktoren beteiligt sind. Die genauen Zusammenhänge, die Bedeutung sozialer Faktoren, deren Zusammenwirken mit psychischen

Verarbeitungs- und Lernprozessen sowie die Rolle genetischer Grundlagen sind jedoch weiter unklar.

**MAX** Ich vermute bei mir genetische Ursachen, da ich in meiner Verwandtschaft an verschiedenen Stellen Hinweise auf problematisches sexuelles Verhalten gefunden habe. Allerdings beinhaltet auch die Aufmerksamkeitsdefizitstörung (ADS) oft eine gewisse Affinität zu Jüngeren, da sie eine Entwicklungsverzögerung einschließt und viele ADS typische Symptome den Betroffenen ein kindliches Gemüt bescheren. Man kann behaupten, dass mehr als meine halbe Verwandtschaft eine ADS hat. Jetzt stellt sich die Frage, was Henne und was Ei ist: Neige ich aufgrund meiner ADS eher zu Kontakten zu Kindern und hat das zu der Fixierung geführt? Oder bin ich buchstäblich pädophil veranlagt und die ADS kam nur hinzu? Ich für meinen Teil denke, dass ich eine klare Disposition zur Pädophilie geerbt habe und dass meine ADS eher die letztendliche Ausprägung mitgeformt hat. Etwa, wie enorm viel Wert ich auf einen Umgang auf Augenhöhe lege, sowohl Kindern als auch Erwachsenen gegenüber. Es lässt sich nicht mit Sicherheit sagen, was nun welche Rolle gespielt hat. Aber ich empfinde es auch nicht als wichtig für mein Leben, das genau zuordnen zu können. **x**

**NEWMAN** Die Frage »Warum?«, »Warum gerade ich?« ist natürlich Teil des Verarbeitungsprozesses. Und jeder, dem das Schicksal »übel mitgespielt« hat, wird sie sich stellen. Aber ich habe da zwei interessante und, wie ich finde, befreiende Gegenfragen, die man sich vielleicht auch stellen sollte: »Warum nicht?« und »Warum jemand anderes?«
Ich finde, solange man mit diesen Warum-Fragen schwanger geht, fährt man wie im Kreisverkehr. Man macht zwar Strecke, aber kommt nicht vorwärts. Und wenn man den Kreisverkehr irgendwann wieder verlässt, ist man noch genauso pädophil wie bei der Einfahrt. Ich habe zwar Vermutungen, aber sie helfen mir keinen Schritt weiter. Und so wird es vielleicht auch vielen anderen gehen. Ich möchte jedem daher gerne raten: Dreh deine Runde, aber sieh zu, dass du dich schnellstmöglich wieder sinnvolleren Fragen zuwendest. **x**

Die Annahme, dass Pädophilie durch das Zusammenwirken biologischer, psychischer und sozialer Faktoren entsteht, heißt, dass Betroffene nur für sich selbst überlegen können, welche unterschiedlichen Faktoren in welcher Stärke in der eigenen Entwicklung relevant waren. Dabei können Beraterinnen und Therapeuten unterstützen, um wenigstens annähernd eine Antwort auf die drängenden Fragen »Woher kommt das?« oder »Warum gerade ich?« zu finden.

Die Feststellung, dass dieses Zusammenwirken nicht willentlich beeinflussbar ist, entlastet möglicherweise. Niemand sucht sich seine pädophilen Interessen aus! Sie sind den Betroffenen damit auch nicht zum Vorwurf zu machen.
In der Mehrzahl der wissenschaftlichen Untersuchungen wird von dem Beginn der pädophilen Präferenz in der Pubertät ausgegangen. So berichten viele, dass sie – zumindest im Nachhinein betrachtet – schon in der Pubertät bemerkt haben, dass sie sich in jüngere Mädchen oder Jungen verlieben, mit ihnen Zeit verbringen, sich ihnen nah fühlen. Oft wird das dann noch nicht als problematisch gesehen, weil man ja selbst noch jung und der Altersunterschied nicht so groß ist. Deutlicher wird es den meisten im frühen Erwachsenenalter, mit 19, 20 Jahren. Manche waren verwirrt, weil sie nicht wussten, wie sie das Interesse einordnen sollten, und sie wünschten, dass es wieder vergeht. Andere wiederum erzählen, dass sie es als normal erlebten, als zu sich gehörend. Eine dritte Gruppe schildert, dass sie versuchten, diese Empfindungen beiseitezuschieben, so als ob sie nicht existieren würden, oder aber sie versuchten, sich die Gefühle »schön« zu reden, sie als rein fürsorgliche Liebe, ohne erotische Anteile zu sehen. Wie sehr einem pädophilen Menschen seine sexuellen Interessen bewusst sind, hängt auch von seinen inneren Bewältigungsstrategien und der Bereitschaft zur Auseinandersetzung ab. Diese Bereitschaft wiederum wird durch die gesellschaftlichen Rahmenbedingungen und das persönliche Umfeld beeinflusst.

## Zum Weiterlesen

Cosimo Schinaia (2018): Pädophilie. Eine psychoanalytische Untersuchung. Gießen: Psychosozial-Verlag.

Thomas Stompe & Hans Schanda (2017): Sexueller Kindesmissbrauch und Pädophilie. 2. Aufl. Berlin: Medizinisch Wissenschaftliche Verlagsgesellschaft.

# Verlangen und Verhalten: Was ist strafbar?

Ist Pädophilie strafbar? Nein! Wünsche nach Sexualität, Liebe oder Beziehung mit Kindern sind nicht strafbar. Strafbar sind sexuelle Handlungen an Kindern. Sexuelle Handlungen meinen dabei nicht nur direkte Berührungen der Kinder zur sexuellen Befriedigung des Erwachsenen, sogenannte Hands-on-Delikte. Wenn eine Person ihr Geschlecht vor einem Kind entblößt, es überredet, sich auszuziehen, sich selbst zu berühren oder mit anderen sexuelle Handlungen durchzuführen, ihm pornografische Bilder oder Videos zeigt oder sich Aufnahmen von sexuellem Missbrauch an Kindern anschaut, so sind das alles Handlungen, bei denen es zwar nicht zu Berührungen zwischen dem Kind und Erwachsenen kommt, sogenannte Hands-off-Delikte, die aber dennoch strafbar sind.

Nur ca. knapp die Hälfte aller Sexualstraftaten an Kindern werden von Menschen mit einer pädophilen Ausrichtung begangen (Seto 2018, S. 9; Seto & Lalumière 2001, 2008). Erstaunlicherweise hat der andere Teil der Menschen, die Kinder missbrauchen, keine überdauernden pädophilen Interessen. Bei ihnen spricht man häufig von »Ersatztätern«. Damit ist gemeint, dass sie sexuelle Handlungen mit Kindern als Ersatzbefriedigung nutzen, statt sich erwachsenen Sexualpartnerinnen oder -partnern zuzuwenden, zu denen sie sich eigentlich hingezogen fühlen.

Glücklicherweise steigt in den letzten Jahren die Bereitschaft, sexuelle Übergriffe anzuzeigen, sodass das Verhalten der straffällig gewordenen Personen auch Konsequenzen nach sich zieht. Auf diese Weise kann die Verantwortung für das Handeln sowohl für den missbrauchenden Erwachsenen als auch für das geschädigte Kind wieder richtiggestellt werden. Für das Opfer kann dies eine Entlastung sein. Für die sexuell missbrauchende Person ist es eine Chance zur Verantwortungsübernahme und Auseinandersetzung mit ihrem Verhalten.

Kinder und Jugendliche werden bis zum Erreichen ihrer vollständigen körperlichen, geistigen und emotionalen Reife von der Gesellschaft geschützt. Dies gilt nicht nur für den Bereich Sexualität. So können z. B. Kinder erst ab dem 14. Lebensjahr (in der Schweiz ab dem 10. Lebensjahr) für ihr Verhalten juristisch zur Verantwortung gezogen werden. Sie dürfen erst ab dem 15. Lebensjahr arbeiten, ab dem 16. Lebensjahr Alkohol trinken oder einen Segelflugschein machen, ab 17 Jahren in Begleitung eines Erwachsenen Auto fahren und ab 18 Jahren Verträge abschließen und wählen. Dazwischen gibt es noch eine Reihe von Abstufungen, mit denen versucht wird, den Entwicklungsstufen von Kindern und Jugendlichen gerecht zu werden. Generell beginnt die Verantwortungsübertragung an Kinder in den meisten Lebensbereichen ab dem 14. Lebensjahr und nimmt dann schrittweise zu.

Das Schutzalter von Kindern hinsichtlich sexueller Handlungen ist von Land zu Land unterschiedlich. So liegt es z. B. in Großbritannien bei 16 Jahren, in Frankreich bei 15, in Spanien dagegen bei 13 Jahren. Hierin spiegeln sich zum einen unterschiedliche gesellschaftliche Normen und Entwicklungen des Strafrechts wider. Zum anderen wird daran aber auch deutlich, wie schwer es ist, den individuellen Entwicklungsstand anhand des biologischen Alters festzulegen.

In Deutschland und Österreich sind alle sexuellen Handlungen mit Kindern unter 14 Jahren grundsätzlich verboten und werden bestraft. In der Schweiz liegt das Schutzalter bei 16 Jahren. In allen drei Ländern geht man bei Jugendlichen bis zum 18. Lebensjahr von einer eingeschränkten Schutznotwendigkeit aus. Hier stehen nur Handlungen unter Strafe, die unter Ausnutzung einer Abhängigkeit oder aber durch finanzielle oder materielle Zuwendungen (inklusive Jugendprostitution) zustande kommen. Außerdem ist es verboten, Darstellungen von sexuellen Handlungen von, an oder vor Kindern und Jugendlichen bis zum 18. Lebensjahr zu besitzen, herzustellen oder zu verbreiten. Zu den Darstellungen gehören nicht nur Bilder oder Videos von real stattgefundenen Missbrauchshandlungen, sondern auch wirklichkeitsnahe – und bei Kindern (unter 14 Jahren) auch nicht wirklichkeitsnahe – Computeranimationen oder Zeichnungen.

### Die Entwicklung des deutschen Sexualstrafrechts

Das deutsche Sexualstrafrecht war nach Gründung der Bundesrepublik immer wieder Gegenstand gesellschaftlicher Auseinandersetzung und wurde nur zögerlich verändert und angepasst. So währte die Strafbarkeit der »Unzucht zwischen Männern« in den §§ 175 und 175a aus dem Strafgesetzbuch von 1935 bis 1969. Erst dann wurde die generelle Strafbarkeit der männlichen Homosexualität aufgehoben. Homosexuelle Handlungen waren nun noch gesetzlich untersagt, wenn diese mit unter 21-jährigen Männern, in Autoritätsverhältnissen oder durch Prostitution stattfanden. Bereits vier Jahre später wurden nur noch homosexuelle Handlungen mit unter 18-jährigen Männern geahndet. 1994 wurde schließlich der § 175 StGB endgültig aufgehoben.

Interessenverbände aus der Schwulen- und Pädophilenszene versuchten, die Diskussionen um den § 175 mit der Forderung nach einer Aufhebung der Strafbarkeit »nicht gewalttätiger Sexualkontakte zwischen Erwachsenen und Kindern« zu verbinden. Das Vorhaben entwickelte sich so weit, dass innerhalb der Partei »Die Grünen 1985« ein Diskussionspapier zur Aufhebung des § 176 StGB (Sexueller Missbrauch von Kindern) Einzug in das Wahlprogramm der Partei in Nordrhein-Westfalen fand, das später jedoch wieder zurückgenommen wurde.
In einem längeren Reformprozess von 1997 bis 2004 wurde das Sexualstrafrecht weiter verändert. Während zuvor nur der erzwungene Geschlechtsverkehr als Vergewaltigung gewertet wurde, gehört seit 1997 auch der gegen den Willen durchgeführte Oral- und Analverkehr dazu. Alle sexuellen Handlungen, die mit dem Eindringen in den Körper des Opfers (Penetration) verbunden sind, wurden damals strafrechtlich gleichgestellt.
Die umfassendste Änderung erfolgte 1998 mit dem »Gesetz zur Verhinderung von Sexualstraftaten und anderen schweren Delikten«. Hierbei wurde zum einen der Strafrahmen für einige Sexualstraftaten angehoben. Zum anderen wurde festgelegt, dass bei Haftstrafen von mehr als zwei Jahren eine vorzeitige Entlassung auf Bewährung nur dann infrage kommt, wenn zuvor ein Gutachten zur zukünftigen Gefährlichkeit des Täters eingeholt wurde. Auch Entlassungen aus dem Maßregelvollzug erfolgten nur dann, wenn ein Gutachter bestätigte, dass keine rechtswidrigen Taten mehr zu erwarten sind.
Seit 2003 soll jeder behandlungsfähige Sexualstraftäter mit einer Haftstrafe von mehr als zwei Jahren einer sozialtherapeutischen Behandlung in der Justizvollzugsanstalt (JVA) zugeführt werden. Außerdem werden Sexualstraftaten z. T. bereits bei geringerem Strafmaß für eine längere Zeitdauer in das Führungszeugnis aufgenommen.
2004 wurde erneut der Strafrahmen für sexuelle Handlungen mit Kindern, Schutzbefohlenen und widerstandsunfähigen Personen angehoben. Außerdem reagierte der Gesetzgeber auf die Nutzung des Internets. So ist seitdem die Kontaktaufnahme zu Kindern über das Internet mit dem Ziel, diese für sexuelle Handlungen zu gewinnen, strafbar. Gleiches gilt für die Verabredung mit anderen Personen zum sexuellen Missbrauch von Kindern.
In einer weiteren Änderung des Sexualstrafrechts wurde 2008 das Schutzalter von Jugendlichen im § 182 StGB von 16 auf 18 Jahre angehoben. Ebenso wurden mit Einführung des § 184c StGB Verbreitung, Erwerb und Besitz jugendpornografischer Materialien, also sexueller Darstellungen mit Jugendlichen bis zum 18. Lebensjahr, unter Strafe gestellt. 2015 wurden die rechtlichen Bestimmungen zur sogenannten Kinderpornografie reformiert. Im § 184b StGB sind seitdem auch sogenannte

Posing-Abbildungen von Kindern verboten, also die sexuell aufreizende Darstellung der nackten Genitalien oder des Gesäßes sowie die Darstellung von ganz oder teilweise unbekleideten Kindern in geschlechtsbetonter Körperhaltung. Außerdem wurde das sogenannte Cybergrooming, also das Überreden eines Kindes zu sexuellen Handlungen via Internet oder anderen Kommunikationswegen, unter Strafe gestellt. In dem letzten Gesetzespaket 2021 zur Bekämpfung sexualisierter Gewalt gegen Kinder sind sowohl sexueller Kindesmissbrauch als auch Erwerb, Besitz und Verbreitung von Kinderpornografie von einem Vergehen zu einem Verbrechen hochgestuft worden, was mit einem höheren Strafrahmen (mind. ein Jahr) einhergeht. Außerdem ist seitdem das Herstellen, Verbreiten, Erwerben und Besitzen von kindlichen Sexpuppen verboten.

Die Strafbarkeit sexueller Missbrauchshandlungen ist durch die Paragrafen des 13. Abschnitts »Straftaten gegen die sexuelle Selbstbestimmung« im Strafgesetzbuch (StGB) festgelegt.

Alle im Zusammenhang mit der Pädophilie relevanten Paragrafen finden Sie im Internet, eine Übersicht über die wichtigsten Paragrafen auf S. 11.

**NEWMAN** Beim Kindesmissbrauch halte ich die Gesetze mittlerweile für mehr als ausreichend. Sie sollten nur sinnvoll und konsequent umgesetzt werden. Und hier sehe ich das Problem, nämlich dass vielfach über das Ziel hinausgeschossen wird. Zum Beispiel beim Umgang mit der kindlichen Nacktheit in Kindergärten oder mit verantwortungsbewussten pädophilen Erziehern, welchen mittlerweile quasi ein Berufsverbot droht, wenn ihre Veranlagung bekannt wird, wodurch ein Outing im sozialen und beruflichen Umfeld erschwert oder gar unmöglich gemacht und somit der Prävention und den Betroffenen geschadet wird. Mittlerweile wird kindliche Nacktheit und der Umgang mit den Kindern regelrecht auf der Erwachsenenebene sexualisiert, im Bestreben, die Kinder vor der Erwachsenensexualität zu schützen.

Ein Verbot von Missbrauchs- oder Gewaltdokumentationen halte ich uneingeschränkt für sinnvoll und wichtig. Das Verbot von Posing, also die zur Schau gestellten, fokussierten Genitalien von Kindern, ist nachvollziehbar. Das Verbot von Jugendpornografie jenseits des 16. Lebensjahres sehe ich als kontraproduktiv an, da eine Abgrenzung zur Erwachsenenpornografie kaum mehr möglich ist. Das erschwert die Strafverfolgung, bindet Kapazitäten der Polizei, die bei der Verfolgung von Missbrauchs- und Gewaltdarstellungen fehlen. Dasselbe gilt für mich für FKK-Aufnahmen und virtuelle Pornografie mit Kindern (Zeichnungen, Computeranimationen, Geschichten).

Hinzu kommt, dass durch das flächendeckende Verbieten jedweder Form von Pornografie den Menschen die Alternativen genommen werden, die sie als Ersatz für Missbrauchsdokumentationen und Schlimmeres nutzen können und vorher vielleicht auch genutzt haben. Den aktuellen Kurs, sogar den Konsum legaler Inhalte als Anfangsverdacht auf kriminelles Handeln und als Grund für Ermittlungsverfahren und Hausdurchsuchungen zu benutzen, sehe ich als fatal an, da hierdurch die Menschen, die problembewusst Alternativen nutzen wollen, wieder ins Darknet und das Tornetzwerk getrieben werden, wo es dann wieder um jene Inhalte geht, deren Konsum und Nachfrage man doch eigentlich reduzieren will. x

Wird eine Person wegen sexuellem Kindesmissbrauch angeklagt, so kommt es manchmal zu einer Begutachtung ihrer Schuldfähigkeit. Dabei geht es um die Frage, ob die Person zum Zeitpunkt der Tat aufgrund bestimmter Umstände nicht in der Lage war, das Unrecht der Tat einzusehen (= Einsichtsfähigkeit) oder aber ihr Handeln zu kontrollieren (= Steuerungsfähigkeit). Juristisch werden die möglichen Gründe danach unterschieden, ob zum Tatzeitpunkt eine »krankhafte seelische Störung« (z. B. eine Psychose), eine »tiefgreifende Bewusstseinsstörung« (z. B. extreme Gefühlszustände), eine »Intelligenzminderung« oder eine »schwere andere seelische Störung« (z. B. Störung der Sexualpräferenz) bei der Person vorlag.

Allein eine pädophile Ausrichtung führt nur in wenigen Fällen zu einer eingeschränkten Schuldfähigkeit. In diesen ist dann meist die Steuerungsfähigkeit eingeschränkt, weil die sexuelle Präferenzstörung mit stark dranghaften sexuellen Impulsen vorliegt. Wenn in solchen Fällen sexuelle Handlungen und Impulse innerhalb kurzer Zeit zunehmen oder aber die sexuellen Übergriffe an Gewalt zunehmen, spricht man von einem progredienten Verlauf. Entscheidend bei der gutachterlichen Prüfung ist, wie sehr die pädophilen Interessen und Handlungsimpulse die freie, willentlich gesteuerte Verhaltensentscheidung zum Zeitpunkt der Straftaten beeinträchtigt haben.

Wenn eine solche Beeinträchtigung der Einsichts- oder Steuerungsfähigkeit festgestellt wird, so spricht man davon, dass die Person nicht (§ 20 StGB) oder nur eingeschränkt (§ 21 StGB) schuldfähig ist. Schuld trägt nur derjenige, der in vollem Umfang seiner geistigen Kräfte ist. Und nur wer Schuld trägt, soll mit einer vom Gericht verhängten Strafe sühnen. Wer nicht schuldfähig ist, soll nicht bestraft, sondern behandelt werden, um zukünftige Taten zu verhindern. Hier wird daher keine Strafe, sondern eine sogenannte freiheitsentziehende Maßregel verhängt. Damit wird die Person in einem psychiatrischen Krankenhaus (nach § 63 StGB) untergebracht. Eine entscheidende Voraussetzung für eine solche Unterbringung ist, dass von dieser Person aufgrund ihres psychischen Zustands die Gefahr weiterer erheblicher Straftaten ausgeht.

Ziel dieser geschlossenen Unterbringung ist die Behandlung der psychischen Störung. Dazu gehören in der Regel Psycho- und Sozialtherapie, ergo-, kreativ- und körpertherapeutische Maßnahmen sowie gegebenenfalls eine medikamentöse Behandlung. Die Dauer der Unterbringung in einem psychiatrischen Krankenhaus richtet sich nach dem Erfolg der Behandlung und der gutachterlichen Einschätzung; eine Entlassung ist nur unter der Voraussetzung möglich, dass keine schwerwiegenden Straftaten mehr zu erwarten sind.

Im Rahmen der Behandlung im Maßregelvollzug – wie auch in einer sozialtherapeutischen Abteilung des Strafvollzugs – stehen die Integration der pädophilen Ausrichtung in die Persönlichkeit, die Erhöhung der Impulskontrolle, die Entwicklung eines verantwortungsvollen Umgangs mit der Pädophilie und die Erarbeitung von Verhaltensalternativen im Zentrum der therapeutischen Bemühungen. Generell besteht in den Kriminalwissenschaften Einigkeit darüber, dass eine reine Bestrafung keinen (langfristigen) Einfluss auf das Verhalten bewirken kann, insbesondere wenn sexuelle Bedürfnisse der Hintergrund für straffälliges Verhalten sind. Der Ansatzpunkt für Therapien mit straffällig gewordenen Menschen ist heute, den Betreffenden die Möglichkeit der Auseinandersetzung mit ihrer sexuellen Ausrichtung und ihren Verhaltensweisen zu geben und eine Entwicklung im Sinn von Verantwortungsübernahme und Risikominimierung zu ermöglichen.

Die Kenntnis des Strafgesetzbuches bringt also Klarheit bei der Frage, was sexueller Kindesmissbrauch rechtlich gesehen ist. Man kann sich jedoch fragen, ob dieser erst dann beginnt, wenn eine Person gegen das Gesetz verstößt. Kann man sexuellen Missbrauch auch anders definieren?

Kinder sind aufgrund ihrer geistigen Entwicklungsstufe einem Erwachsenen unterlegen und auf dessen Schutz und Einfühlungsvermögen angewiesen. Darauf vertrauen die meisten Kinder auch. Sie vertrauen darauf, dass das, was der Erwachsene sagt oder tut, irgendwie Sinn macht und richtig ist. Durch dieses Vertrauen und die Abhängigkeit von erwachsenen Menschen sind Kinder per se leicht zu beeinflussen und auszunutzen. Das geschieht alltäglich in kleinen Situationen, wie z. B. wenn die Tante ungefragt und sichtbar gegen den Willen des Kindes, ihm einen Kuss auf die Wange drückt. Schwerwiegender dagegen ist es, wenn Eltern die Bedürfnisse des Kindes nach Zuneigung ausnutzen und es zurückstoßen, Berührungen verweigern oder längere Zeit nicht mehr mit ihm sprechen, weil es nicht macht, was es ihrer Meinung nach soll. In solch einem Fall kann man bereits von emotionaler Misshandlung sprechen. Diese ist nicht strafbar, hinterlässt aber schädliche Spuren in der Entwicklung des Kindes. Die Überschreitung der Grenzen eines Kindes muss jedoch nicht immer schädlich sein. Im Gegenteil: Oft ist sie sogar notwendig und fürsorglich, z. B. wenn dem Bewegungsdrang eines Kindes an einer stark befahrenen Straße Einhalt geboten wird.

Jeder pädophil empfindende Mensch sollte sich im Kontakt mit Kindern gut beobachten. Wann kommt er seiner Aufsichts- und Fürsorgepflicht als Erwachsener nach und wann handelt er eher nach seinen eigenen Bedürfnissen? Ein Streicheln über den Rücken eines spielenden Kindes kann von fürsorglichen Gefühlen begleitet sein. Dasselbe Streicheln kann aber auch aus erotischen Empfindungen oder sexuellen Fantasien heraus geschehen. Strafrechtlich ist diese Handlung noch nicht relevant. Gleichwohl stellt die ansonsten normale Geste im letzteren Sinne streng genommen einen Missbrauch des Kindes für die eigenen sexuell-erotischen Beziehungswünsche dar.

Auch Gespräche mit Kindern können einen fürsorglichen oder aber einen missbrauchenden Charakter haben. Wenn sich ein Vater mit seinem sechsjährigen Sohn über die Doktorspiele mit dem Nachbarsmädchen unterhält, so kann dies im Rahmen einer fürsorglichen Erziehung einem offenen Umgang mit Sexualität dienen. Ist dieses Gespräch jedoch zunehmend von sexuellen Fantasien des Vaters begleitet, so stellt das einen Missbrauch der kindlichen Sexualität für die eigene sexuelle Erregung dar. Fallen dann sogar noch Kommentare oder entsprechende mimische Äußerungen, die markieren, dass der Vater das Gesagte als lustvoll erlebt, begibt er sich deutlich aus der väterlich-fürsorglichen Haltung heraus.

**MAX** Missbrauch beginnt, wo die Bedürfnisse des anderen Menschen außen vor gelassen werden und sich mein Handeln nur an meinen Bedürfnissen oder Wünschen orientiert.

Ich persönlich unterscheide aber noch die Oberbegriffe »sexueller Missbrauch« und »sexueller Übergriff«. Unter Missbrauch fallen für mich alle schweren, im Allgemeinen eindeutig schädlichen Übergriffe, also hauptsächlich Hands-on-Taten. Und unter Übergriffe fasse ich alle sexuellen Handlungen mit einem Kind, auch Hands-off-Taten und solche, die das Kind gar nicht unbedingt mitbekommt, wie z. B. Beobachten oder alltägliche Berührungen, die aber zur sexuellen Erregung des Erwachsenen dienen. Die wesentliche Abgrenzung liegt darin, dass Missbrauchstaten immer vom Kind bemerkt werden und ein Schaden zu erwarten ist, während Übergriffe nicht immer bemerkt und

schädlich sein müssen, jedoch dasselbe Risiko bergen, dem Kind zu schaden, und ebenso moralisch verwerflich sind.
Abbildungen realen sexuellen Missbrauchs sind absolut zu Recht verboten, da hinter jedem Bild ein sexueller Übergriff steht. Das sind quasi Übergriffe aus der Konserve. Das Verbot von virtuellen Bildern und Zeichnungen jedoch ist in meinen Augen nicht mit dem Prinzip Rechtsstaat vereinbar. Die Argumentation für das Verbot wird genauso geführt wie die Argumentation gegen gewaltverherrlichende PC-Spiele. Ich persönlich halte beide Medien für falsch und moralisch nicht vertretbar, aber das ist im Rechtsstaat kein Argument für ein Verbot und für harte Strafverfolgung, denn sie schaden niemandem notwendigerweise. x

Ein verantwortungsvoller Umgang mit den eigenen sexuellen Interessen bedeutet, bei verbaler und nonverbaler Kommunikation der eigenen Wünsche zu prüfen, ob diese Information das Gegenüber überfordert oder sogar verletzt. Hier sollte jeder Mensch mit einer pädophilen Ausrichtung ehrlich zu sich sein. Dabei geht es nicht um die Anklage moralischer Verfehlungen, sondern um das Wachsamsein zur Verhinderung erster oder weiterer Schritte in Richtung eines strafrechtlich relevanten und das Kind möglicherweise schädigenden sexuellen Übergriffes. Diese Form der Selbstprüfung und -beobachtung ist ein lebenslanger Prozess, der viel Kraft und Durchhaltevermögen fordert. Wenn es Betroffenen gelingt, das Ausnutzen von Mädchen oder Jungen für die eigenen Bedürfnisse rechtzeitig zu erkennen und zu stoppen, verdienen sie höchsten Respekt dafür.

# Gefühle und Gefühlschaos

Wenn Menschen realisieren, dass sie Mädchen oder Jungen sexuell begehren, sind sie in der Regel mit vielen gleichzeitig auftretenden und z. T. widersprüchlichen Gefühlen konfrontiert. Es gibt wohl niemanden, der dieses Interesse von Beginn an als »normal« annimmt und sich nicht weiter damit beschäftigt. Die meisten fühlen sich mit der Erkenntnis eher überfordert und die damit verbundenen Gefühle beeinträchtigen sie im Alltag. Viele schieben ihre Emotionen zunächst beiseite, versuchen »Normalität« walten zu lassen. Andere beschäftigen sich mit dem Thema Pädophilie, eignen sich Wissen an, versuchen, die Dinge zu verstehen. Aber selbst die aktive rationale Auseinandersetzung mit der eigenen Ausrichtung bedeutet noch nicht, dass man die Emotionen »im Griff« hat.

In diesem Kapitel geht es darum, mit welchen Gefühlen Menschen mit einer pädophilen Ausrichtung konfrontiert sein können. Was pädophile Menschen empfinden, ist sehr unterschiedlich, keiner fühlt wie der andere. Um einen Weg für ein zufriedenstellendes Leben mit Pädophilie zu finden, ist es nicht nur für die Betroffenen wichtig, die eigenen damit verbundenen Gefühle wahrzunehmen und mit ihnen umgehen zu lernen. Auch Angehörige und Therapeuten werden nur in Kenntnis der Gefühlslage verstehen, wie sie ihnen helfen und sie unterstützen können.

## Lust und Frust

Pädophile Menschen erleben die fantasierten (oder auch realen) Zärtlichkeiten, die gegenseitige sexuelle Stimulation, das gemeinsame Erleben eines Höhepunktes und das Ausleben verschiedener Sexualpraktiken mit Mädchen oder Jungen als höchste Lust, ein Glücksgefühl, das jeder von uns kennt. Für pädophile Menschen ist jedoch diese zentrale und intensive Möglichkeit der menschlichen Lustgewinnung, nämlich die sexuelle Erregung bis hin zum Orgasmus, mit Beschränkungen verbunden. Natürlich nur in der Realität, nicht im Kopf.

Dennoch berichten viele Betroffene, dass die Lust durch pädosexuelle Fantasien sie auch immer wieder frustriert. Zum einen, weil von Beginn an klar ist, dass es nie zu einem realen, unbeschwerten Sexualkontakt kommen wird, so wie sie ihn sich in der Fantasie ausmalen. Die meisten wissen nicht nur, dass sexuelle Kontakte mit Kindern verboten sind und sie Kindern damit schaden würden, sie ahnen auch, dass die Kinder sich anders verhalten werden als in ihrer Fantasie. Sie werden die sexuelle Lust nicht teilen, werden kein sexuelles Begehren zeigen, so wie sie sich das vorstellen und wünschen. Zum anderen erleben pädophile Menschen, die in einer Partnerschaft mit erwachsenen Frauen oder Männern leben, Sexualität teilweise als frustrierend. Können sie beim Sex mit der Partnerin die Erregung nur mit pädosexuellen Fantasien aufrechterhalten, so verschweigen sie das häufig. Das Geheimnis belastet. Manchmal kommt die partnerschaftliche Sexualität auch vollständig zum Erliegen, weil der pädophile Partner zwar den anderen liebt, aber das sexuelle Begehren auf andere Körper ausgerichtet ist. Diese Folge stellt – meistens für beide Partner – eine Frustration dar, die die gesamte Partnerschaft belasten kann.

Nicht alle Kinder werden von pädophil empfindenden Menschen gleichermaßen sexuell begehrt. Lernt ein pädophiler Erwachsener ein für ihn attraktives Kind kennen, so findet es – wie bei allen anderen Menschen auch – Einlass in seine sexuellen Fantasien. Er wünscht sich mehr Körperkontakt, malt sich aus, wie sie sich küssen, sich nackt streicheln, sich gegenseitig befriedigen. Dieses sexuelle Begehren wird mit jedem Kontakt zu dem Kind erneut »gefüttert« und verstärkt. Und jedes Mal ist die damit verbundene Lust – bei dem einen mehr, bei dem anderen weniger – mit Frustration verbunden, da sie einseitig ist und in der Realität unerfüllt bleibt. Selbst wenn körperliche Nähe hergestellt und ein Kind in sexuelle Handlungen einbezogen wird, bleibt die Sehnsucht nach einem gemeinsamen Lusterleben ungestillt.

## Verliebtheit, Liebe und Sehnsucht

Jeder kennt das Gefühl der Liebe mit seinen unterschiedlichen Aspekten. Die Liebe zu den Eltern fühlt sich anders an als die zu den besten Freunden oder die zu dem Partner oder der Partnerin. Bei Letzterem spielen neben der emotionalen Zuneigung und der geistigen Nähe auch die körperliche Attraktivität und erotische Anziehung eine Rolle. Diese verschiedenen Facetten von Zuneigung erleben Menschen mit einer Pädophilie genauso. Sie können fürsorglich-schützende Gefühle empfinden, die mit denen von nicht pädophilen Menschen zu vergleichen sind. Sie helfen Kindern bei den Hausaufgaben, trösten beim Sturz vom Fahrrad, hören sich ihre Probleme an, schützen und stärken sie, wenn sie Angst haben und erklären ihnen die Welt.

Viele – bei Weitem nicht alle – haben jedoch auch die Erfahrung gemacht, dass sie sich in ein Kind verlieben. Sie beschreiben Gefühle von Herzklopfen und »Schmetterlingen im Bauch«, wenn sie sich in ein bestimmtes Mädchen oder einen Jungen »verguckt« haben. Sie wünschen sich, mehr Zeit mit diesem Kind zu verbringen, es zum Lachen zu bringen, von ihm gemocht zu werden. Sie sehnen sich aufgrund der empfundenen emotionalen Nähe nach körperlichem Kontakt, stellen sich vor, mit ihm zu kuscheln, wünschen sich, Zärtlichkeiten auszutauschen. Einige beschreiben ein tiefes, romantisches Liebesgefühl für ein bestimmtes Kind. Für viele ist Liebe und Sexualität dabei miteinander verbunden. Für andere dagegen spielt ausschließlich die sexuelle Ansprechbarkeit eine Rolle, ohne eine tiefere emotionale Bindung oder Verliebtheit.

Manche Menschen mit pädophilen Interessen berichten, dass sie sich generell Kindern näher fühlen als Erwachsenen. Sie fühlen sich im Umgang mit Kindern sicherer, haben die gleichen Interessen, verbringen ihre Freizeit mit den gleichen Aktivitäten. Sie nehmen Situationen ähnlich wahr, können stundenlang mit ihnen spielen und herumalbern. Ein Einlassen auf die Welt des Kindes bedeutet für sie keine Umstellung oder Anstrengung, weil sie dem eigenen Wesen sehr entspricht und sie somit im Zusammensein mit Kindern einfach in Übereinstimmung mit sich selbst sind. Dies wird unter Fachleuten als emotionale Identifikation mit Kindern bezeichnet. Sich mit Kindern wohler zu fühlen als mit Erwachsenen, bedeutet jedoch nicht, dass wahllos jedes Kind emotional begehrt wird. Pädophile Menschen verlieben sich nicht in jedes Kind oder suchen zu jedem Kind eine engere Beziehung, sondern zu einem bestimmten.

Die Sehnsucht nach dem jeweiligen Kind ist oft keine andere als die, die auch verliebte Menschen kennen, die sich zu Erwachsenen hingezogen fühlen – mit dem Unterschied, dass die pädophil Empfindenden mit ihrer Art der Zuneigung letztlich immer allein bleiben, weil das kindliche Gegenüber nie auf derselben Ebene antworten kann. Vonseiten des Kindes bleibt es immer eine Zuneigung zu einer erwachsenen Vertrauensperson, eine von unten aufschauende Liebe, die mit der partnerschaftlichen, erotischen Liebe des Erwachsenen nichts gemein hat. Für den pädophil empfindenden Erwachsenen resultiert daraus eine unerfüllte Sehnsucht. Eine Sehnsucht nach erwiderter Liebe, die – ähnlich wie das sexuelle Begehren – durch den Kontakt mit dem geliebten Kind immer tiefer und stärker wird.

Sehnsucht kann ein Wegweiser sein, uns oder die Situation zu verändern, sodass wir den gegenwärtigen Zustand in Richtung des zukünftig erwünschten Zustandes wandeln. Das ist Menschen mit einer pädophilen Ausrichtung nicht erlaubt. Die Sehnsucht nach einer gleichberechtigten, partnerschaftlich-intimen Beziehung mit dem geliebten Kind bleibt letztlich für immer unerfüllt.

## Traurigkeit und Verzweiflung

Die Realisierung der unerfüllbaren Sehnsüchte in einem für Menschen so zentralen Lebensbereich wie der Partnerschaft und Sexualität bedingt häufig ein starkes Gefühl von Traurigkeit bis hin zur Verzweiflung. Vergegenwärtigt man sich die Unerreichbarkeit eigener Wünsche, verbunden mit dem Wissen, dass sie sich auch in Zukunft nicht erreichen lassen, stürzt das die meisten Menschen in tiefe Traurigkeit. Trauer entsteht, wenn wir etwas oder jemanden verlieren oder einen Verlust vorhersehen. Pädophil empfindende Menschen beschreiben dieses Gefühl, wenn sie auf den Kontakt mit einem bestimmten Kind, nach dem sie sich sehnen, verzichten. Sie sind auch niedergeschlagen, wenn sie von dem Kind abgelehnt werden, es keine Zeit mit ihnen verbringen will oder es sie nicht mag. Die Zurückweisung durch das Kind bedeutet eben nicht nur eine Zurückweisung als Spielkamerad oder Zuhörer, sondern im Erleben vieler pädophiler Menschen vor allem eine Ablehnung als Beziehungspartner. Das kann Liebeskummer und Niedergeschlagenheit auslösen.

Auch wenn pädophile Menschen beschließen, generell den Kontakt mit Kindern zu meiden oder zu minimieren, kann sie das mit Trauer und innerer Leere erfüllen. Viele empfinden diesen Abschied als einen großen Verlust von Lebensfreude. Er kann im ersten Moment begleitet sein von großer Hoffnungslosigkeit. Sie fühlen sich hilflos angesichts der Erkenntnis, dass das Schicksal genau sie getroffen hat. Sie haben den Eindruck, nicht nur auf ihre sexuelle Ausrichtung, sondern auch auf den Verlauf ihres Lebens keinen Einfluss zu haben. Die Frage, welchen Sinn das Leben dann noch hat, und die vermeintliche Unerträglichkeit des Schmerzes lassen sie in manchen Momenten verzweifeln.

Trauer ist ein Prozess, ein Abschiednehmen von unerfüllbaren Wünschen. Dieser Prozess ist Voraussetzung, um sich schließlich neu orientieren, sich eine Lebensperspektive aufbauen zu können mit den Einschränkungen, die

die Pädophilie mit sich bringt. Doch der erste Schritt ist und bleibt die Trauer, das Abschiednehmen, das Loslassen von Wünschen, Zielen und Träumen.

## Scham und Schuld

Pädophilie wird in der Öffentlichkeit meist mit sexuellem Missbrauch gleichgesetzt und entsprechend mit abwertenden und beleidigenden Begriffen stigmatisiert. So berichten Betroffene, dass sie sich schon beim Erkennen ihrer sexuellen Ausrichtung als »Monster« oder »Kinderschänder« gefühlt haben, ohne dass sie je einem Kind zu nahe gekommen sind. Allein die Erregbarkeit durch Kinder an sich festzustellen, stürzt viele schon in eine tiefe Lebenskrise. Sie schämen sich, dass sie »so einer« sind, vor dem sich alle ekeln, sich abwenden, ihn am liebsten hinter Gitter sperren oder Schlimmeres antun würden. Sie schämen sich für das, was an ihnen »anders« ist, das, was in ihrem Kopf abläuft, ihre Gedanken, Fantasien, Sehnsüchte, ihre vorgestellten oder vielleicht sogar schon vollzogenen Handlungen. Sie schämen sich, ihre inneren Bilder sexuell erregend zu finden und dabei sogar zu masturbieren. Sie fühlen sich schlecht, wenn sie es getan haben. Die lustvolle Erregung kann so von unangenehmen Scham- und Schuldgefühlen begleitet oder gefolgt sein.

Manche empfinden diese sexuellen Fantasien mit Kindern als fremd und nicht zu ihrer Person gehörig. Andere fühlen genau das Gegenteil, nämlich, dass ihre auf Kinder bezogenen Wünsche ein zentraler Teil ihrer Persönlichkeit sind, der schon immer zu ihnen gehörte. Sie schämen sich dann z. T. nicht nur für ihre Gedanken, sondern für ihre ganze Person. Sie haben das Gefühl, minderwertig zu sein, einen Makel zu haben, der sie per se aus der Gesellschaft ausschließt, der es unmöglich macht, gemocht zu werden. Sie fühlen sich oft unsicher im Kontakt mit anderen Menschen, weil sie den Eindruck haben, man sehe ihnen an, dass sie »anders« sind.

Die meisten pädophilen Menschen grübeln darüber nach, ob sie nicht etwas hätten dagegen tun können, welchen Fehler sie gemacht haben, dass sie sich so entwickelt haben, dass sie so eine Last oder Strafe aufgebürdet bekommen. Manche berichten von Schuldgefühlen gegenüber ihrer Familie, der Partnerin oder dem Partner, weil sie ihnen »so etwas« antun, sie mit »so etwas« belasten, sie mit solch einem Thema konfrontieren. Sie fühlen sich schuldig, weil sie denken, versagt zu haben. Hätten sie damals die Doktorspielchen mit dem Nachbarjungen unterlassen, wären sie heute vielleicht »normal«. Würden sie

ihre Partnerin genug lieben, dann hätten sie keine sexuellen Fantasien mit kleinen Mädchen. Und könnten sie sich mehr zusammenreißen, dann würden die Fantasien endlich verschwinden.
Viele belastet auch das Schuldgefühl, dass sie vor ihnen nahestehenden Menschen ihre sexuellen Interessen verbergen. Sie trauen sich nicht, zu erzählen, wie sie »wirklich« sind, sind nicht offen und ehrlich zu ihnen, machen ihnen etwas vor, belügen sie. Aufgrund der Scham schweigen sie, verstecken sich und fühlen sich dafür schuldig.

## Angst und Mut

Die Ängste, von denen uns pädophile Menschen berichten, sind sehr vielfältig. Eine Angst besteht darin, dass ihre sexuelle Ausrichtung entdeckt wird. Sei es von Freunden oder Bekannten, von denen man befürchtet, sie würden sich dann abwenden. Sei es von den Nachbarn, den Kolleginnen und Kollegen, der Öffentlichkeit, von denen man befürchtet, gemieden oder gemobbt zu werden. Sei es von der Polizei, von der man befürchtet, dann permanent beobachtet zu werden oder unter »Generalverdacht« zu stehen. Viele haben sich eine große Vorsicht im Kontakt mit anderen Menschen zugelegt, überlegen sich genau, was oder wie sie antworten, wenn im freundschaftlichen Gespräch danach gefragt wird, warum man keine Freundin hat oder welche Frauen oder Männer man denn attraktiv findet. Aus der Not entstehen Lügen oder Geschichten über nicht existierende Fernbeziehungen oder Ähnliches, mit der Gefahr, dass diese aufgedeckt werden.
Aber auch die Angst, irgendwann die Kontrolle über das eigene Verhalten zu verlieren, beschäftigt viele pädophil empfindende Menschen. Sie fragen sich, ob es ihnen wirklich gelingen wird, ihre Sexualität nur in ihren Fantasien auszuleben. Sie sind unsicher, ob das Ausmaß ihrer Fantasien noch »normal« ist, fürchten, von ihren Fantasien beherrscht zu werden und die Kontrolle über sie zu verlieren. Sie sorgen sich, dass die Liebe und das sexuelle Verlangen vielleicht doch einmal zu groß werden, sie sich schrittweise einem Kind nähern und es zu sexuellen Handlungen kommt.
Viele pädophil empfindende Menschen haben außerdem Angst, sich im Kontakt mit Kindern »komisch« oder auffällig zu verhalten. Sie sind unsicher, ob sie die Grenzen eines »normalen« Erwachsenen-Kind-Kontaktes immer richtig einschätzen und einhalten. Sie beobachten sich selbst und fühlen sich

ebenso von außen beobachtet und bewertet. Dieses unbedingte Bemühen, »normal« zu sein, kann dann wiederum dazu führen, dass sie sich tatsächlich »unnormal« verhalten, z. B. auffällig viel Blickkontakt mit den Erwachsenen suchen oder innerlich abwesend sind, während sie mit Kindern spielen. Viele wissen, dass es für sie schwerer ist, die Grenzen korrekt einzuschätzen, als für nicht pädophile Erwachsene. Wenn aber niemand von den sexuellen Interessen wissen darf, können sie sich keine Rückmeldung einholen, um mehr Sicherheit in der Grenzsetzung zu erhalten.

Nur wer Angst hat, kann auch mutig sein. Angst hat eine existenzielle Warnfunktion für uns Menschen. Sie sagt uns, dass Gefahr für uns und für uns bedeutsame Dinge droht. Wie frühzeitig sie uns warnt, ist von Mensch zu Mensch verschieden. Es ist daher immer wichtig, zu prüfen, wie berechtigt die Angst in der Realität ist, um unser Handeln entsprechend anzupassen. Aber auch wenn wir rational erkennen, dass die Gefahr gering ist, so braucht es immer noch viel Mut, die Angst zu überwinden.

So gehört für die meisten Betroffenen sehr viel Mut dazu, sich Eltern, Geschwistern oder Freunden zu öffnen und sich ihnen anzuvertrauen. Die Angst, möglicherweise geächtet, misstrauisch beäugt oder zukünftig als abnormal und krank behandelt zu werden, hindert viele daran. Manchen fällt es leichter, sich fremden Personen im Internet, in Beratungsstellen oder psychotherapeutischen Praxen anzuvertrauen. Aber auch gegenüber therapeutischen Fachkräften oder Seelsorgern braucht es viel Mut, auf die Einhaltung der Schweigepflicht und eine wertschätzende Haltung zu vertrauen.

Glücklicherweise berichten einige pädophile Menschen auch von positiven Erfahrungen mit ihrem Coming-out: Junge Erwachsene, deren Eltern nach anfänglicher Überforderung und Angst klar zu ihnen stehen. Männer, die mit ihrer Ausrichtung gegenüber ihrer Partnerin oder ihrem Partner offen umgehen und trotzdem geliebt und angenommen werden. Diese Menschen wurden für ihren Mut belohnt, sie haben Unterstützung und Akzeptanz für sich als Person erfahren, zu der eben auch ihre Sexualität gehört. Solche positiven Reaktionen des Umfelds sind natürlich für die seelische Stabilität der Betroffenen förderlich.

# Einsamkeit und Isolation

Die Folge der Angst-, Scham- und Schuldgefühle ist, dass pädophile Menschen aufgrund ihrer durchaus begründeten Befürchtung, von der Gesellschaft abgelehnt zu werden, niemandem von ihren Gefühlen erzählen. Manche Betroffene ziehen sich deswegen zurück und machen aus einem zentralen Teil ihrer Persönlichkeit ein Geheimnis. Das, was sie beschäftigt und mit vielen negativen Gefühlen verbunden ist, unter denen sie leiden, das verstecken sie. Sie fühlen sich unverstanden, einsam und von anderen Menschen getrennt. Wer »anders« als die »Norm« ist, der steht draußen und hat seinen Platz in der Gesellschaft scheinbar verloren. Diese Erfahrung kennen aus aktuellen, aber vor allem aus früheren Zeiten auch andere »Randgruppen« wie z. B. Homo- oder Transsexuelle. Der Weg zu einem Outing ist lang und schwer. Und selbst dann gibt es keine Garantie für Akzeptanz und Integration in die Gesellschaft.

Das Risiko, sich anderen mitzuteilen und dann abgelehnt zu werden, gehen nur wenige Betroffene ein. Der Weg, sich innerlich zu verschließen, erscheint oft leichter. Mancher mag denken: Lieber einsam, ohne dass jemand von meiner Ausrichtung weiß, als verlassen, zumal mit dem Outing weitere Nachteile einhergehen können. Eine Befürchtung ist, von anderen an den Pranger gestellt zu werden, dass die sexuelle Ausrichtung an das Jugendamt, den Arbeitgeber, die Polizei oder die Öffentlichkeit weitergegeben wird. Dann würden weitere Lebensbereiche zerstört, was wiederum einen stärkeren Ausschluss aus der Gemeinschaft nach sich ziehen würde.

Bei manchen pädophilen Menschen sind allein die Ängste der Grund für ihren Rückzug und ihre Einsamkeit. Andere wiederum haben tatsächlich erfahren, wie sie sich einem nahestehenden Menschen anvertraut haben und dann ignoriert, nicht ernst genommen oder abgelehnt und diffamiert wurden. Einige haben auch die bittere Erfahrung machen müssen, dass Freunde und Bekannte aufgrund der geouteten sexuellen Ausrichtung den Kontakt abbrechen.

Doch nicht nur die befürchtete Ächtung in der Gesellschaft oder im Freundeskreis lässt die Menschen vereinsamen. Einzelne pädophil empfindende Menschen erzählen, dass sie sich der Welt der Erwachsenen nicht zugehörig fühlen, keine Gesprächsthemen mit Gleichaltrigen finden, keine gemeinsamen Interessen haben und so kaum ein Kontakt oder eine Beziehung zustande kommt. Aus Unsicherheit ziehen sie das Alleinsein vor und fühlen sich über die Zeit ausgeschlossen und isoliert.

Viele Betroffene versuchen, der Einsamkeit und Isolation zu entkommen, indem sie Kontakte im Internet suchen. Das Internet bietet mit seiner Anonymität scheinbar Sicherheit. Hier öffnen sie sich, um sich mit anderen, denen es genauso geht, auszutauschen. Für viele ist das Internet der einzige Raum, in dem sie über ihre sexuelle Ausrichtung und deren Auswirkungen auf ihr Leben sprechen. Für viele ist das Internet der einzige Weg aus der Isolation.

## Wut und Trotz

Die beschriebenen Gefühle von Traurigkeit, Ängsten und Einsamkeit können übergehen in Ärger oder Wut. Ärger hat den Sinn, die eigenen Grenzen zu verteidigen. Er signalisiert mir, dass mich jemand verletzt hat, und er versetzt mich in die Lage, mich zu verteidigen. Ärger bereitet eine Person für einen Kampf vor, stellt Energie zur Verfügung. Ärger fühlt sich daher oft besser an als die eher »stillen« und »passiven« Gefühle von Trauer, Scham oder Schuld. Ärger macht ein aktives Handeln und Gestalten möglich.

Ärger tritt sehr oft als automatisierte, schnelle Antwort auf negative Gefühle auf, sodass wir oft nur den Ärger oder die Wut statt des voraus-gegangenen Gefühls erkennen. Wut tritt somit häufig auf, ohne dass man weiß, gegen wen sie sich richtet, gegen wen man kämpfen soll. Wenn sie einfach nur die Traurigkeit oder die Sehnsucht beenden soll, dann wird sie oft erlebt als eine Wut aufs Leben oder auf das Schicksal, auf die Beschwernisse, die einem aufgebürdet werden. Manche richten diese Wut auch gegen sich selbst. Sie sind wütend, weil sie sich zu Kindern sexuell hingezogen fühlen, weil sie sich anscheinend nicht besser »zusammenreißen« können.

Für manche Menschen mit einer pädophilen Ausrichtung werden die Fragen »Bin ich schuld, dass ich pädophil bin?«, »Hätte ich was gegen dieses Unglück tun können?« eine zu große Last. Sie suchen die Ursachen in ihrer frühen Kindheit, in negativen Erfahrungen, vor denen die Eltern, Geschwister oder andere Bezugspersonen sie nicht geschützt oder die ihnen gar von diesen Personen zugefügt wurden. Der Eindruck, andere hätten einem diese Sexualität »eingebrockt« und man selbst müsse nun damit leben, kann ebenfalls ein Gefühl von Ungerechtigkeit und Ärger nach sich ziehen.

Das Gefühl der Benachteiligung kann auch entstehen, ohne dass man einen Verursacher ausmachen kann. Die fehlende Antwort auf die Fragen »Warum gerade ich?«, »Warum hat das Leben, das Schicksal, Gott mich ausgesucht?« frustriert. Einige Menschen, die sich von diesen Fragen nicht lösen können, beschreiben Gedanken wie »Ich lasse mir nicht von anderen vorschreiben, wie ich zu leben habe!« oder »Ich gehöre genauso zur Gesellschaft und habe dieselben Rechte!« oder »Mir steht auch ein Leben mit Partnerschaft und Sexualität zu!«. Sie erzählen, dass sie eine Art Trotz gegenüber dem Schicksal empfinden. Sie sind zu Recht wütend über die Ächtung und das ausschließlich negative Bild pädophiler Menschen in der Öffentlichkeit. Die negativen Pauschalisierungen durch die Bevölkerung führen bei manchen Betroffenen zu einer Art Gegenreaktion. Sie stellen Pädophile ebenso verallgemeinernd als durchweg positiv dar, sodass sie unkritisch gegenüber denjenigen unter ihnen werden, die sexuelle Übergriffe begangen haben. Einige wenige gehen in ihrem Kampf für eine Gleichstellung pädophiler Menschen in der Gesellschaft so weit, dass sie eine Lockerung der gesellschaftlich-rechtlichen Schutzmaßnahmen für Kinder fordern. Wut kann ein hilfreicher Motor sein, ohne selbstkritischen Blick kann sie jedoch ebenso zerstörerisch sein.

## Wenn Gefühle krank machen

Liebe, Angst, Wut und Trauer, das sind Gefühle, die alle Menschen kennen, die uns in den verschiedenen Lebensphasen immer wieder begleiten und meist früher oder später auch wieder vorüberziehen. Wenn diese Gefühle jedoch sehr intensiv und dauerhaft anhalten, dann können sie Menschen überfordern und zu psychischen Erkrankungen führen.

Viele Betroffene berichten von Depressionen, aber auch von Angststörungen oder daraus resultierenden Alkohol- und Drogenproblemen. In der Befragung von Vogt (2006) geben pädophile Männer eine höhere psychische Belastung an als andere Männer ihres Alters, insbesondere im Bereich Depressivität.

Von der Diagnose einer Depression spricht man in der klinischen Fachwelt allerdings erst dann, wenn Symptome wie Niedergeschlagenheit, fehlendes Interesse an Aktivitäten, die sonst immer Freude gemacht haben, oder eine rasche Ermüdbarkeit und Erschöpfung über mindestens zwei Wochen anhalten. Hinzu kommen dann meist Konzentrations- und Aufmerksamkeitsprobleme, Verlust des Selbstvertrauens bzw. des Selbstwertgefühls, Schuld- und Wertlosigkeitsgefühle, negative Zukunftsgedanken, Suizidgedanken oder -handlungen, Schlafstörungen und Appetitverlust. Häufig ist eine klinische Depression von somatischen Symptomen wie sehr frühes Erwachen am Morgen, morgendliche Energielosigkeit (sog. Morgentief), Gewichtsverlust, psychomotorische Verlangsamung oder Unruhe und einem Libidoverlust begleitet.

Wenn depressive Zustände in diesem Ausmaß festzustellen sind, ist professionelle Hilfe angezeigt. Je nach Stärke der Symptomatik wird eine Psychotherapie oder eine Kombination von medikamentöser und psychotherapeutischer Behandlung empfohlen.
Auch andere psychische Probleme wie Angststörungen oder Suchterkrankungen schränken die Lebensqualität erheblich ein. Es gibt auch hierfür gute und erfolgreiche Behandlungsmöglichkeiten.

**NEWMAN** Am Anfang und weit darüber hinaus stand bei mir Verdrängung, ein Nicht-wahrhaben-Wollen. Rückblickend waren da so einige Situationen, in denen es mir eigentlich hätte absolut klar sein können, vielleicht müssen. Aber in meinem damaligen Selbstbild stand ich auf Frauen und fand auch Mädchen ganz süß. Basta. Als ich dann Internet hatte und immer wieder mithilfe von Frauenbildern oft über viele Stunden hinweg um die erlösende Triebabfuhr »kämpfte«, war das halt so. Ohne weiter darüber nachzudenken. Und als ich dann auf Vorschaubilder kam mit Mädchen in Unterwäsche und beim Betrachten dieser Bilder schon binnen kürzester Zeit »fertig« war, war das ja nur »Zufall«. Ein »Zufall«, der dann immer wieder passierte, mit nackten Mädchen, dann posierenden Mädchen, am Ende mit missbrauchten Mädchen [...]. Und jedes Bemühen, wieder zu den Frauenbildern zurückzukehren, scheiterte kläglich. Aber pädophil? Ich doch nicht. Depressionen, psychosomatische Symptome, Selbsthass, Suizidalität vorrangig wegen dieses Konsums (vielleicht aber auch, weil es mir unterschwellig klar war?) waren die Folgen – bis zur Hausdurchsuchung und auch noch länger danach. Mich meinen Eltern und Geschwistern gegenüber wegen des Konsums zu outen, fiel mir sehr schwer. Aber als pädophil hätte ich mich da immer noch nicht bezeichnet. Ich war in der Charité in Berlin zum Beratungsgespräch und habe viele Fragebögen ausgefüllt, die mich inhaltlich fast erschlagen haben. Meine Antworten gingen auffallend oft in die Richtung, die mir letztlich die Tränen in die Augen trieb. Das kann doch nicht sein! Angst. Was bedeutet das? Was macht das mit meinem Leben, Lebensentwürfen. Mann, Frau ... Kind? Familie?
Über ein Jahr später kam ich in die Therapiegruppe. Schon der Fakt, dass ich da saß, machte das überdeutlich, was ich am liebsten verdrängen wollte. Irgendwann in dieser Zeit begann ich es zu akzeptieren, dass ich so bin. In meinem Selbstbild nahmen die Mädchen einen immer größeren Raum ein. Heute akzeptiere ich für mich eine Ausrichtungsverteilung von 80 % Mädchen und 20 % Frauen. Ich verurteile mich nicht mehr wegen meiner Gefühle, erlaube mir sogar mittlerweile, sie zu genießen und auch mal schön zu finden. Ich

bemühe mich, mich nicht über meine Gefühle, sondern über mein bewusstes Handeln und bewusstes Unterlassen zu definieren. Kommen doch mal Schuldgefühle hoch, stelle ich mir meine Standardfrage: »Wann genau habe ich mir diese Veranlagung ausgesucht?« Die Antwort lautet immer: »Niemals!« Ich hatte niemals eine Wahl! Und somit: Keine Wahl = keine Macht = keine Schuld! Ich bin also nicht verpflichtet und niemand hat das Recht, mir wegen meiner sexuellen Veranlagung irgendeine Schuld zuzuschieben. Diese Erkenntnis fand und finde ich unglaublich wichtig und befreiend.

Meine psychosomatischen Symptome sind weitestgehend verschwunden. Die depressiven Verstimmungen werden vermutlich phasenweise Wegbegleiter bleiben. Als selbstmordgefährdet sehe ich mich aktuell nicht mehr. Und dass ich wohl nie eine eigene Familie gründen oder zumindest mit einer Frau zusammenleben werde, habe ich weitestmöglich akzeptiert. Wobei, wer weiß? x

# Mit der Pädophilie leben lernen

Mit einer pädophilen Ausrichtung zu leben, ist ein Schicksal, das eine große Herausforderung für die Betroffenen darstellt. Diese betrifft zum einen die Kontrolle des eigenen Verhaltens zum Schutz der Kinder. Aber das Erkennen eigener pädophiler Interessen betrifft auch die Lebensplanung. Viele fragen sich dann, wie sie damit weiterleben sollen. Wie soll das gehen: Sich Kindern nicht sexuell zu nähern, aber gleichzeitig permanent den Wunsch danach zu verspüren? Das kann ja kein schönes Leben werden! Andere Menschen können sich einen Mann oder eine Frau suchen, eine Familie gründen. Man selbst hat nur die Aussicht, allein zu bleiben, sich selbst zu verleugnen, sich mit seiner Ausrichtung zu verstecken, sich immer anders und aus der Gesellschaft ausgeschlossen zu fühlen. So ein Leben macht keine Freude, hat doch keinen Sinn! Wer kann und will so leben?

Diese Gedanken kennen nicht nur pädophile Menschen. Auch Menschen mit chronischen Erkrankungen oder körperlichen Verletzungen, die mit starken Einschränkungen im Alltag, in der Lebensführung und in den persönlichen Lebenszielen verbunden sind, sehen sich damit konfrontiert. Dennoch bleiben nicht alle diese Personen bis zu ihrem Lebensende unglücklich. Die Zufriedenheit mit dem eigenen Leben hängt tatsächlich viel stärker von dem Umgang mit solchen als unveränderlich erlebten Schicksalen als vom Schicksal selbst ab.

Für das Leben von Menschen mit einer Pädophilie gibt es zwei zentrale Ziele:

- ein zufriedenstellendes, körperlich und seelisch gesundes Leben führen und
- keinen sexuellen Übergriff an einem Kind begehen.

Wir haben die Reihenfolge der Ziele bewusst so gewählt. Nicht, weil wir denken, das Wohl der Kinder steht an zweiter Stelle, sondern weil wir der Ansicht sind, dass die Zufriedenheit mit dem eigenen Leben eine wichtige Basis dafür ist, das zweite Ziel, den Verzicht auf Sexualität mit Kindern, erreichen zu können.

Für diese Ziele reicht es nicht, wenn Betroffene das eigene Verhalten beobachten und Situationen vermeiden, in denen sie einem Kind zu nahe kommen könnten. Stattdessen braucht es vor allem eine Auseinandersetzung mit den eigenen Gefühlen, Bedürfnissen, Sehnsüchten, Werten und mit sich selbst, um die eigenen Emotionen und das Verhalten regulieren und steuern zu können. Hierbei können Therapeuten und Mitarbeitende von Beratungsstellen helfen.

Konzentrieren Betroffene sich ausschließlich darauf, einen sexuellen Übergriff auf Kinder zu verhindern, dann sind sie sinnbildlich immer damit beschäftigt, sich von der Situation, die riskant sein könnte, abzuwenden. So etwas nennt man auch ein Vermeidungsziel.

Um sich aktiv in eine andere Richtung zu bewegen, ist aber ein sogenanntes Annäherungsziel besser (Grawe 2004). Annäherungsziele haben eine stärkere Kraft als Vermeidungsziele.

Gleichzeitig gilt, je mehr das eigene Leben mit den inneren Bedürfnissen und Werten übereinstimmt, desto zufriedener ist die Person und desto leichter fällt es ihr, auch mit Einschränkungen und Verzicht zu leben, ohne dauerhaft unglücklich zu sein.

Aus diesem Grund ist es sinnvoll, die beiden genannten Ziele tatsächlich nacheinander aktiv anzugehen. In diesem Kapitel soll zunächst die Frage nach dem Annäherungsziel, also nach Bedingungen für ein zufriedenstellendes Leben, im Mittelpunkt stehen.

## Akzeptanz

An erster Stelle steht die Akzeptanz: zu akzeptieren, dass jemand durch Kinder sexuell erregt wird, dass er sich eine Beziehung mit einem Jungen oder Mädchen wünscht, aber niemals frei seine Sehnsüchte ausleben darf, dass die meisten anderen Menschen das »abartig« finden. Das alles und die dazu gehörenden Gefühle zu akzeptieren, ist ein schwerer, aber extrem wichtiger Prozess.

Akzeptanz heißt nicht, passiv zu resignieren oder sich aufzugeben. Mit Akzeptanz ist eine innere Bereitschaft gemeint, das Leben so anzunehmen, wie es momentan ist. Wer bereit ist, die Dinge, die ihn traurig machen, ihm wehtun oder andere negative Gefühle auslösen, anzunehmen, zu akzeptieren, der hört auf, dagegen anzukämpfen. Er lässt seine Erwartungen an sich und seine Umwelt los. Erst eine Haltung von »Es ist, wie es ist«, macht es einem möglich, sich umzuschauen und sich zu überlegen, wie man nun das Beste daraus machen kann. Nur was man annimmt, kann man auch gestalten. Akzeptanz entbindet dementsprechend auch nicht von der Verantwortung für das eigene Handeln, sondern verbindet sich mit der Verantwortung für das eigene Tun.

Akzeptanz ist eine Fähigkeit, die man tagtäglich in kleinen Alltagssituationen üben kann. Je mehr man übt, umso leichter fällt es, diese Haltung auch in schwierigen und hochrelevanten Situationen einzunehmen.

### Übung zur Akzeptanz

Akzeptanz können Sie beispielsweise üben, wenn Sie kurz vor einem wichtigen Termin im Stau stehen und es geht nichts vorwärts. Wahrscheinlich werden Sie innerlich unruhig und ärgern sich, dass Sie nicht eine andere Strecke oder aber früher losgefahren sind. Vielleicht verfluchen Sie auch die anderen Autofahrer. Dann versuchen Sie eine innere akzeptierende Haltung einzunehmen, Ihren Termindruck und Ihren Ärger wahrzunehmen, zu akzeptieren, dass diese Gefühle da sind, ohne sie gleich verschwinden lassen zu wollen. Sie können die Bereitschaft üben, die Situation wohlwollend anzunehmen. Hilfreiche Gedanken wären z. B.: »Ja, so ist es jetzt. Bis zur nächsten Abfahrt sind es noch zwei Kilometer. Ich werde mindesten 15 Minuten zu spät zum Termin kommen. Die anderen werden sauer sein. Es ist okay, dass mich das stresst.«

Gedanken und Gefühle vom Handeln zu trennen, ist eine elementare Übung, die Menschen mit pädophilen Interessen auch in der Situation helfen kann, in der sie z. B. auf der Straße ein Kind sehen, das ihnen gefällt, das sie erotisch anziehend finden. Es könnten dabei Gedanken auftreten wie »Du bist so schlecht, dass du an so was denkst! Kannst du nicht einfach normal sein?!« Eine akzeptierende, wohlwollende Haltung würde dann bedeuten, das Interesse, die Gefühle, die das Kind ausgelöst hat, anzunehmen: »Ja, das Kind gefällt mir, es spricht mich gerade sexuell an. So ist es und es ist okay so.« (Ausführliche Anleitung zur Akzeptanz im Downloadbereich des Buches.)

An den Beispielen wird sicher deutlich, dass Akzeptanz keineswegs einfach ist. Es bedeutet, eine aktive Entscheidung zu treffen für eine innere Bereitschaft, das Leben mit seinen Höhen und Tiefen und mit seinen positiven und auch negativen Seiten anzunehmen.

Die Akzeptanz des Lebens, so wie es ist, mit der Herausforderung, die es an die eigene Person stellt, ist der Grundstein für den zweiten Schritt: Erst wenn ich nicht mehr gegen die »unfairen« Bedingungen meines Lebens kämpfe, kann ich meine Energie und Kraft darauf verwenden, es aktiv in die Hand zu nehmen und zu gestalten – in dem Rahmen, in dem es eben möglich ist. So wird ein Mensch mit einer pädophilen Ausrichtung nie mit einem Kind eine körperliche oder partnerschaftliche Nähe aufbauen, aber sich vielleicht in einer engen Freundschaft mit einer erwachsenen Person geborgen fühlen.

# Von der Ambivalenz zur Entscheidung

Wer sich gerade erst mit der eigenen pädophilen Ausrichtung auseinandersetzt, den Gedanken zulässt, dass sie nun einmal da ist, der wird wahrscheinlich im Inneren doch noch die leise Frage haben, ob das wirklich einen lebenslangen Verzicht auf Nähe und Sexualität mit einem Kind bedeuten muss. Oder ob es nicht doch Wege oder Ausnahmen gibt, die eigenen Bedürfnisse auszuleben, ohne dass es dem Kind schadet. Diese Ambivalenz zwischen den Sehnsüchten einerseits und den Werten, anderen keinen Schaden zuzufügen, andererseits, ist normal. Die meisten Betroffenen werden mehr als einmal in ihrem Leben mit diesem Hin-und-Herschwanken konfrontiert. Auch hier gilt es, eine akzeptierende Haltung einzunehmen. Beide sich widersprechenden Wünsche oder Ziele sind nun einmal da, es gibt ein »Einerseits« und ein »Andererseits«.
Auch hier gilt es, diesen inneren Konflikt nicht beiseitezuschieben, sondern sich ihm aktiv zuzuwenden, ihn wahrzunehmen und sich mit beiden Seiten auseinanderzusetzen. Je gründlicher dies geschieht, umso stabiler wird die Entscheidung für einen Verzicht auf sexuelle Kontakte mit Kindern auch in Zeiten von Krisen oder Versuchungen sein.
Für diesen Prozess der Auseinandersetzung kann ein Therapeut oder eine Therapeutin ein Gegenüber sein, eine vertraute Person, der man die eigenen Gedanken offen beschreiben kann, die zuhört und die Entscheidungsfindung unterstützt. Eigene Gedanken und Entscheidungen beeinflussen unsere Einstellung und unser Handeln viel mehr als die Ratschläge oder Überzeugungsversuche von anderen. Daher ist es so wichtig, in der Beratungsfunktion eine selbstständige Entscheidungsfindung der Betroffenen zu unterstützen.

## Umgang mit ambivalenten Gefühlen

Um Ihre Gedanken besser sortieren zu können, können Sie das folgende Raster nutzen. Wenden Sie sich nacheinander jeweils einem Feld zu, springen Sie nach Möglichkeit nicht zwischen den einzelnen Bereichen, sondern verweilen Sie bei einem Feld und wenden sich erst dann dem nächsten zu, wenn Ihnen wirklich kein Aspekt mehr einfällt. Prüfen Sie dabei auch, was die Auswirkungen eines sexuellen Kontakts für das Kind und für Sie bedeuten (Informationen über die Folgen eines sexuellen Missbrauchs finden Sie im Kapitel »Was passiert mit den Kindern?«). Nehmen Sie sich auch Zeit für die Auseinandersetzung mit der Frage der Einvernehmlichkeit eines sexuellen Kontakts.

| | Sexueller Kontakt zu einem Kind | Kein sexueller Kontakt zu einem Kind |
|---|---|---|
| **Vorteile** | Kurzfristig: | Kurzfristig: |
| | Langfristig: | Langfristig: |
| **Nachteile** | Kurzfristig: | Kurzfristig: |
| | Langfristig: | Langfristig: |

Solch ein Entscheidungsprozess kann unterschiedlich lange dauern. Für manche ist das schnell abgehakt, weil sie sich schon immer sicher waren, dass sie ihre sexuellen Interessen auf keinen Fall umsetzen wollen und die Argumente dafür sehr präsent sind. Für andere kann es Wochen oder Monate dauern, um zu einer Entscheidung zu finden. Wichtig ist, den Betroffenen die Zeit zu geben, die sie brauchen, bei einem »Das kann ich jetzt nicht entscheiden« gleichzeitig aber auch ruhig nachzufragen, was sie hindert, sich jetzt dafür zu entscheiden, sich nie einem Kind sexuell zu nähern. Halten sie sich mit »Das muss ich auf mich zukommen lassen, dann werde ich sehen, wie ich reagiere« ein Hintertürchen offen? Selbst wenn ein Entschluss für ein abstinentes Leben gefasst wurde, ist es sehr wahrscheinlich, dass Menschen mit pädophilen Interessen in ihrem Leben auf ein Kind treffen, das sie sexuell anspricht. Es wird vielleicht auch nicht ausbleiben, dass sie sich in manchen Lebensphasen allein und verlassen fühlen und sich nach einem Kind sehnen, von dem sie sich verstanden und geliebt fühlen. Für diese Momente ist es gut, wenn ihre Entscheidung sicher steht und sie sofort einen Zugang zu ihren Argumenten gegen eine sexuelle Annäherung oder Beziehungsaufnahme zu einem Kind haben.

**NEWMAN** Mir war eigentlich immer klar, dass ich niemals ein Mädchen sexuell missbrauchen will. Selbst in der Zeit des Konsums von Kinderpornografie hatte ich mir eine wesentliche Grenze gesetzt: »Wenn du anfängst, einen Kindesmissbrauch zu planen, suchst du dir Hilfe.« Komischerweise war ich gleichzeitig nicht in der Lage, mich als pädophil wahrzunehmen oder zu bezeichnen. Wie wichtig die Entscheidung gegen den Missbrauch ist, wurde mir spätestens in der Therapie klar. Durch Erlebnisberichte von pädophilen Missbrauchsopfern in der Gruppe genauso wie durch Berichte von in der Gruppe sitzenden Tätern. Hierbei wurde mir allerdings auch bewusst, dass

ich, zumindest als Jugendlicher bei entsprechender Gelegenheit, hätte zum Täter werden können. Und ich hätte die Tat vermutlich noch nicht mal als Missbrauch eingeordnet. Allerdings war das noch eine etwas andere Zeit.
Das Wichtigste an der Entscheidung für die Abstinenz ist meiner Meinung nach, sich darüber im Klaren zu sein, dass man sie immer wieder neu treffen muss. In jeder neuen Situation sich bewusst dafür neu zu entscheiden: Ich will dieses Kind mit Respekt behandeln. Ich will die Situation nicht sexualisieren. Weder mit Worten, noch mit Handlungen. Ich will am Abend des Tages mit reinem Gewissen in den Spiegel sehen können! Vielleicht kann man es auf den Nenner bringen: »Man will es so gerne, aber man will es dem Kind und sich selbst nicht antun.« Wenn das nicht absolut klar ist oder man es nicht sicher gewährleisten kann, hilft nur, die Situation gar nicht erst zu betreten beziehungsweise sie schnellstens und möglichst unauffällig zu verlassen. x

## Trauer und Abschiednehmen

Sich lebenslang gegen eine sexuelle Beziehung zu einem Jungen oder einem Mädchen zu entscheiden, heißt, den Verzicht und den Schmerz, die Trauer, die damit verbunden sind, zu spüren. Vielleicht ist dieses Erleben vergleichbar mit dem Schmerz des Musikers, der nach einem Unfall nie wieder Klavier spielen kann oder mit der Frau, die erfährt, dass sie entgegen ihrem Wunsch keine Kinder bekommen kann, oder mit dem Mann, der aufgrund einer Lichtallergie in Zukunft immer die Sonne meiden muss. Es gibt sicher noch unzählige weitere Beispiele. Wenn man auf etwas verzichten muss, das zentral wichtig für das eigene Leben, für das eigene Glück zu sein scheint, dann ist das sehr traurig und schmerzhaft.
Wenn jemand mit pädophilen Interessen sich für die Abstinenz und gegen eine emotionale oder sexuelle Beziehung zu einem Kind entschieden hat, dann bedeutet das für ihn, Abschied zu nehmen von zentralen Sehnsüchten, sie als nicht erfüllbar zur Seite zu legen. Dieser Prozess kann begleitet sein von Stimmungsschwankungen: Manchmal erscheint der Verzicht leicht und man nimmt ihn gar nicht richtig wahr. Ein anderes Mal holt es einen wieder mit großer Wucht ein und macht einen wütend. Diese Stimmungen sind normal. Je bedeutsamer etwas für das eigene Leben ist, umso länger dauert der Abschied davon: Die Sehnsucht nach einem Partner, einer Partnerin, nach gegenseitiger Liebe, körperlicher Nähe und Sex ist für die meisten Menschen

mit dem eigenen Lebensglück verbunden. In solchen Situationen ist es gut, wenn vertraute Personen trösten und Mut machen können.

Der Schmerz wird vermutlich nie ganz verschwinden bzw. in Krisenzeiten wiederkommen. Je größer die Lebenszufriedenheit insgesamt ist, desto wahrscheinlicher werden diese »Gefühlseinbrüche« aber mit den Jahren zum einen schwächer werden und zum anderen nicht mehr so lange dauern. Viele Betroffene lernen, wie sie ihre Gefühle und Gedanken beeinflussen können, sie werden gelassen, weil sie wissen, dass es eine Phase ist, die vorübergeht. Angehörige und Therapeuten sollten ihnen dann Respekt zollen, dass sie entsprechend ihrer Entscheidung handeln und ihr Leben trotz der Einschränkungen aktiv gestalten.

# Grundbedürfnisse und Werte als Wegweiser für das eigene Leben

Die Akzeptanz des Lebens mit seinen Höhen und Tiefen und das Loslassen von nicht erfüllbaren Wünschen sind die notwendigen Vorstufen, um sich dem eigenen Leben zuzuwenden. Wenn Menschen mit pädophilen Interessen auf etwas Zentrales verzichten, dann müssen sie sich umso mehr auf die anderen Dinge, die ihnen wichtig sind, besinnen. Therapeutische Fachkräfte und Beratende können versuchen, sie dabei zu unterstützten.

Jeder Mensch versucht, bestimmte Grundbedürfnisse zu stillen. Gelingt dies, dann ist das mit einem hohen Maß an persönlicher Zufriedenheit verbunden. Zwar unterscheiden sich die Menschen hinsichtlich ihrer Lebensziele, jedoch können diese auf eine überschaubare Anzahl von Grundbedürfnissen zusammengefasst werden, wie es beispielsweise im »Good Lives Model« geschieht (Ward & Maruna 2007; Franqué & Briken 2013).

Grundbedürfnisse sind:

**Gesundheit** Auf gesunde Ernährung achten, körperliche und mentale Fitness erhalten, z. B. durch Sport, Meditation.

**Wissen** Dinge über sich selbst, andere Personen oder die Welt zu verstehen, z. B. durch Sprachenlernen, sich mit Fachleuten austauschen, zu bestimmten Themen lesen, andere Meinungen anhören.

**Vortrefflichkeit** Etwas sehr gut können, in Hobby oder Arbeit seine Leistungen verbessern, z. B. durch Fortbildungen, Übung, Training, an Wettbewerben teilnehmen.

**Autonomie** Eigene Entscheidungen treffen und eigene Ziele verfolgen, z. B. durch selbstbewusstes Handeln, finanzielle Unabhängigkeit.
**Innerer Frieden** Emotional ausgeglichen sein, Gefühle gut wahrnehmen und mit ihnen umgehen können, z. B. durch: Musikhören, Entspannungsübungen, sich etwas Gutes tun, mit anderen reden.
**Verbundenheit** Intime, warme und liebevolle Beziehungen zu anderen Menschen haben, z. B. durch Partnerschaft und enge Freunde, persönliche Themen besprechen, Gefühle zeigen, Offenheit üben.
**Gemeinschaft** Zu einer Gruppe von Menschen gehören, mit denen man Interessen, Werte oder Sorgen teilt, z. B. durch Engagement in Vereinen, Parteien, Chor, Kirchengemeinde.
**Spiritualität** Im eigenen Leben einen Sinn oder eine Bedeutung finden, z. B. durch Zugehörigkeit zu spirituellen oder religiösen Gruppen, sich mit Philosophie beschäftigen.
**Glück** Spaß, Leidenschaft und Freude im Hier und Jetzt haben, mit dem eigenen Leben einverstanden sein, z. B. durch Genuss von Essen, Sexualität, Massagen und anderen Aktivitäten, die man nur wegen der Freude unternimmt.
**Kreativität** Etwas Neues im eigenen Leben ausprobieren, neue Wege einschlagen, künstlerisch tätig sein, z. B. durch neue Hobbys, Instrument spielen, Gärtnern, Wohnung umräumen, an Problemen tüfteln.
Man geht davon aus, dass alle diese Grundbedürfnisse für uns Menschen und unsere Lebenszufriedenheit wichtig sind. Jedoch ist die Bedeutung der einzelnen Bereiche von Person zu Person unterschiedlich. Für Menschen mit einer Pädophilie heißt das, selbst oder mit professioneller Unterstützung herauszufinden, welcher der Punkte sie besonders anspricht, welche Bedürfnisse erfüllt sind und ob sie genügend Bereiche berücksichtigt haben. Sollten nur zwei oder drei der Grundbedürfnisse befriedigt sein, dann wird es Zeit, noch einige mehr in den Blick zu nehmen. Je mehr Bedürfnisse erfüllt sind, desto höher ist die Lebenszufriedenheit.

## Lebensziele und Werte

Mit dem sogenannten Good-Lives-Wheel (Marshall & O'Brien 2013) können Sie sich zunächst eine Übersicht verschaffen, wie zufrieden Sie derzeit mit den einzelnen Bereichen in Ihrem Leben sind. Sie können dies in den einzelnen Tortenstücken farbig markieren, sodass Sie am Ende sehen, welche Bedürfnisse sehr stark und welche wenig oder gar nicht erfüllt sind. Kennzeichnen Sie auch, welche Bereiche Ihnen sehr wichtig, welche weniger wichtig sind. Schauen Sie, ob sich ein ausgewogenes Verhältnis ergibt.

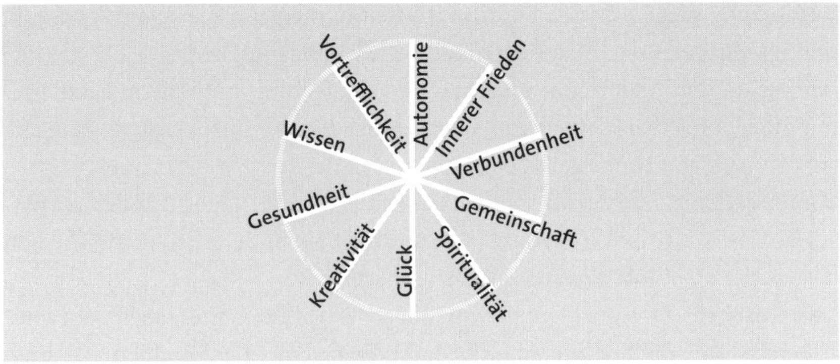


Im zweiten Schritt können Sie sich den weniger befriedigten Grundbedürfnissen zuwenden. Überlegen Sie, was Ihnen genau fehlt, damit auch diese Bereiche erfüllt sind. Was hindert Sie daran, Ihre Bedürfnisse zu erfüllen? Was haben Sie bisher versucht?

Und schließlich geht es um die Planung der nächsten Schritte für ein, gutes Leben. Welche Ziele haben Sie in den unterschiedlichen Lebensbereichen? Unterteilen Sie langfristige Ziele in Teilziele! Was genau nehmen Sie sich als Nächstes vor?

Weitere Anregungen und Übungen zum Thema Lebensziele und Werte finden Sie im Downloadbereich des Buches.

## Commitment – die Selbstverpflichtung

Nach all den Überlegungen und Auseinandersetzungen mit der Frage, wie jemand mit einer pädophilen Ausrichtung und der Entscheidung gegen sexuelle Kontakte mit Kindern ein gutes, zufriedenstellendes Leben führen kann, steht am Ende vor allem und ganz entscheidend der Entschluss. Oder wie Erich Kästner einmal sagte: »Es gibt nichts Gutes, außer man tut es.«

Wer ein Bild vom guten Leben hat und auch eine Idee, was er dafür tun kann, sollte dies auch umsetzen. Es gibt da allerdings jemanden, der uns oft vom Umsetzen guter Vorsätze abhält. Sie werden ihn schon kennen: der »innere Schweinehund«. Er kann in verschiedenen Gestalten auftreten: als Angst vor Veränderung, als Bequemlichkeit, als Angst, das Ziel nicht zu erreichen und zu versagen, als Angst vor der Erkenntnis, dass man schon früher mit Veränderungen hätte anfangen können. Egal, wie er aussieht, man bekommt ihn nur dann gebändigt, wenn man sich konkrete und verbindliche Schritte vornimmt.

Es ist ziemlich wahrscheinlich, dass nicht alle Vorsätze direkt umgesetzt werden, vielleicht klappt etwas nicht. Zeiten, in denen man den Eindruck hat, man kommt nicht so richtig voran, oder in denen man gar Rückschläge erlebt, sind normal. Das Leben ist nicht geradlinig. Zur Akzeptanz gehört auch die Bereitschaft, Rückschritte anzunehmen, statt sich von ihnen entmutigen zu lassen. Rückschritte bedeuten nicht automatisch, dass das Ziel falsch gewählt oder man unfähig ist, es zu erreichen.

Therapeutinnen und Therapeuten müssen immer wieder daran erinnern, dass ein Rückschlag bedeutet, es wieder zu versuchen, die Vereinbarung mit sich zu erneuern und die Entscheidung für das Ziel zu bekräftigen. Möglicherweise braucht es kleine Nachbesserungen hinsichtlich der Art und Weise, wie das Ziel zu erreichen ist. Entscheidend aber ist, in seinem Bemühen nicht nachzulassen, sondern immer wieder von vorn zu beginnen.

MAX Bei Rückschlägen – z. B. unerwartet viele sexuelle Fantasien oder der Abbruch wichtiger sozialer Kontakte – sind für mich Gesprächspartner wichtig. Menschen, mit denen ich offen reden kann, ohne verurteilt zu werden, und von denen ich ehrliches Feedback und Anregungen erhalte. x

## Die Selbstverpflichtung

Formulieren Sie für sich genau, was Sie wann tun wollen. Sie können hierfür wieder das Raster mit den Grundbedürfnissen nutzen. Vielleicht unterstützt es Ihr Versprechen mit Ihnen selbst, wenn Sie sich Ihre Vorhaben aufschreiben, eventuell auch mit Termin in Ihren Kalender. Oft kann man die Verbindlichkeit mit sich selbst erhöhen, wenn man anderen Personen von seinem Vorhaben erzählt. Wenn diese später nachfragen, möchte man ja nicht in Erklärungsnöte kommen.

Dies sind die Vorsätze von Patrick:

| Bereich | Was mache ich wann? |
|---|---|
| Verbundenheit | *1x in der Woche telefoniere ich mit meinem Bruder und erzähle ihm mehr von dem, was mich beschäftigt.* |
| Glück | *Chris fragt ab und zu mal, ob ich nicht mal wieder mit ihm Badminton spielen will. Eigentlich war das immer schön, ich rufe ihn gleich heute an.* |
| Vortrefflichkeit | *Ich würde mich gerne weiterbilden und noch Bilanzbuchhaltung lernen. Ich bitte meinen Vorgesetzten um ein Gespräch in den nächsten 14 Tagen.* |

| | |
|---|---|
| **Gemeinschaft** | *Ich würde gerne wieder singen, ich frage Lisa, ob ich Mittwoch mit zu ihrem Chor gehen kann.* |
| **Innerer Frieden** | *Wenn so viel Akzeptanz nötig ist, versuche ich es mal mit Yoga. Ich schaue mich im nächsten Monat mal um, was in meiner Stadt wann und wo für Anfänger angeboten wird.* |

Ein leeres Formular findet sich im Downloadbereich des Buches.

Neben einem akzeptierenden und konstruktiven Umgang mit Rückschritten sind das Erkennen und die Würdigung von Fortschritten mindestens genauso wichtig. Seien Sie als Therapeutin oder Therapeut achtsam für die Veränderungen, die Ihre Klienten geschafft haben. Ermuntern Sie sie, sich zu belohnen und ihre Erfolge zu feiern. Insbesondere das Überwinden von Krisen oder Rückschlägen stärkt das Selbstwertgefühl und die Erfahrung, auf die Dinge gezielt Einfluss nehmen zu können. Dies ermutigt wiederum für die nächsten Schritte auf dem Weg zu einem zufriedenstellenden Leben.

# Coming-out: Unterstützung und soziale Netzwerke

Gemeinschaft und Verbundenheit mit anderen gehören zu den Grundbedürfnissen von Menschen. Für die meisten von uns ist die Einbindung in ein soziales Umfeld sehr wichtig. Dabei kann es sich um die Familie, um langjährige Freundschaften, neue Bekanntschaften, Arbeitskollegen, Vereinsmannschaften und andere Gruppen oder Einzelpersonen handeln. Entscheidend ist nur, dass wir einen Platz haben bei Menschen, die uns wichtig sind und von denen wir uns angenommen fühlen.

Viele Menschen, die sich ihre pädophilen Interessen eingestehen und sexuelle Handlungen mit Kindern auf jeden Fall vermeiden wollen, schränken ihre sozialen Kontakte ein. Zum einen versuchen sie, eine direkte Konfrontation mit Kindern zu vermeiden. Zum anderen ziehen sie sich aus Angst, als pädophil erkannt zu werden, von Freunden und Bekannten zurück. Die Folge sind manchmal große soziale Ängste, die zu einer Vermeidung aller Kontakte und öffentlicher Orte führen. So kann im Extremfall der Gang zum Supermarkt oder die Nutzung der U-Bahn zur Herausforderung werden, die schließlich nicht mehr bewältigbar erscheint und vermieden wird.

Kinder gehören zu unserer Gesellschaft dazu, sie sind allgegenwärtig. Es ist unrealistisch, Kontakte mit Kindern völlig verhindern zu können. Und es ist mit Sicherheit auch nicht notwendig. Entscheidender ist eher, wie pädophile Menschen mit Kindern umgehen, wo und wie sie Grenzen setzen. Wenn keine (selbst)kritische Auseinandersetzung mit den sexuellen Interessen erfolgt, dann ist die Wahrscheinlichkeit größer, dass es zu einem Ausleben der Wünsche kommt. Für eine solche Auseinandersetzung ist es sinnvoll, ein Gegenüber zu haben. Das muss nicht immer ein Therapeut sein, das können auch Freunde oder Verwandte oder die Mitglieder einer Selbsthilfegruppe sein. Menschen, die einen hinterfragen, fordern, Mut machen, den Rücken stärken und immer wieder an den Stellen weiterfragen, an denen man selbst aufhört.

Es ist natürlich nicht einfach, anderen von der sexuellen Anziehung durch Kinder zu erzählen. Viele Betroffene berichten, dass sie gerade in der Phase der Auseinandersetzung mit ihrer Sexualität keine Gesprächspartner haben. Niemanden, mit denen sie ihre Ängste und Nöte besprechen und teilen können. Vielmehr besteht oft die Überzeugung, mit den Problemen allein zu sein. Die Vorstellung, auf eine Vertrauensperson zuzugehen, sich mitzuteilen, erscheint abwegig, gefährlich, unkalkulierbar, schlicht unmöglich. Tatsächlich macht manchen Menschen eine solche Offenbarung Angst und sie beginnen, denjenigen zu überwachen, permanent misstrauisch zu beobachten oder zu kontrollieren. Dann sind sie eher nicht geeignet, die betroffene Person bei ihrer Auseinandersetzung zu unterstützen. Professionell Helfende wie Therapeutinnen, Ärzte oder Beratende können dann die erste Anlaufstelle sein, Gespräche vorbereiten helfen, auch Angehörige einladen und bei Auseinandersetzungen unterstützen.

Gerade nahestehende Menschen haben feine Antennen für das psychische Wohlbefinden ihrer Angehörigen und engen Freunde. »Ich habe schon lange gewusst, dass mit Felix etwas nicht stimmt«, so die Mutter eines Betroffenen im Angehörigengespräch. »Er war oft schweigsam, ging kaum mehr aus, seine Freunde ließen sich nicht mehr blicken. Der Sport, der früher für ihn so wichtig war, spielte gar keine Rolle mehr. Ich hatte das Gefühl, dass er mir etwas sagen will, und ich sprach ihn oft an. Er meinte dann immer nur, dass er viel Stress in der Arbeit habe oder schlecht schlafe.« Für Felix ergab sich aus der Sorge seiner Mutter eine zusätzliche Anspannung: »Ich habe damals gedacht, sie weiß schon alles, sie hat irgendwas mitgekriegt, kennt meine sexuellen Interessen und innersten Wünsche. Eine echte Paranoia. Ich habe dann noch mehr zugemacht, mich noch mehr kontrolliert. Jedes Mal, wenn sie mich gefragt hat, was mit mir los ist, habe ich besonders fröhlich getan, bin dann in mein Zimmer und habe geheult.«

Das Verleugnen und Wegschieben innerer Bedürfnisse und Konflikte führt meist dazu, dass sie noch stärker werden. Weil es nicht möglich ist, diesen Bereich der eigenen Persönlichkeit zu verwirklichen, wächst die Sehnsucht danach. Weil man nicht über diese Anteile spricht, wächst die Selbstbeschäftigung damit. So kann eine negative Dynamik entstehen, ein Druck, der sich allmählich zuspitzt. Betroffene berichten von starken Einsamkeitsgefühlen, Verzweiflung und ernsthaften psychischen Krisen bis hin zu Suizidgedanken.

Der Spannungszustand, der sich aus den pädophilen Wünschen und der Unmöglichkeit ergibt, diese auszuleben (oder den Schamgefühlen, weil sie ausgelebt wurden), ist nicht so leicht auflösbar. Auflösbar sind jedoch der Rückzug, die Vereinsamung und damit die Verschlechterung der psychischen Befindlichkeit. Um sich einem anderen Menschen gegenüber zu öffnen, braucht es Mut und Vertrauen. Bei welcher Person dieser Schritt am leichtesten gelingt, ist individuell verschieden. Für manche sind das eher die nahestehenden

Menschen wie Geschwister oder Eltern. Für andere ist es undenkbar, die Familie einzuweihen, dann doch besser die engsten Freunde. Und wiederum anderen fällt es leichter, sich Menschen gegenüber zu öffnen, die nichts mit ihrem Umfeld zu tun haben, wie Therapeutinnen oder Seelsorger. Ein erster Schritt ist wichtig und der ist am besten dort zu gehen, wo die Hürde am niedrigsten ist.

MAX Die Erlebnisse von Felix kann ich gut nachvollziehen: die Einsamkeit, der Selbsthass, die Angst, wichtige Bezugspersonen zu verlieren. Ich habe relativ schnell Hilfe gefunden, doch auch ich hatte das gesellschaftliche Hassbild des Pädophilen als Kindesmissbraucher verinnerlicht. Etwa ein Jahr lang schlug ich mich damit herum, äußerlich zu funktionieren und die Uni zu bewältigen, aber innerlich zu zweifeln, ob mein Leben überhaupt noch Sinn machen würde, sobald ich mehr über diese Neigung wüsste. Ich hatte Angst vor der Ungewissheit, vor Kontrollverlust. Vertrauenspersonen sind wichtig. Da ich sie in meiner Familie nicht fand, suchte ich sie mir unter Freunden. Nicht das äußere Verhalten ist ausschlaggebend, sondern die innere Einstellung sowie die Bereitschaft, zuzuhören, zu verstehen und einen zu mögen, wie man ist. Wenn mich jemand nach einem Outing anlächelt und sagt: »Du schaffst das«, ich aber merke, dass derjenige oder diejenige am liebsten auf die Toilette rennen und kotzen würde, dann nützt mir das herzlich wenig.
Das Forum »Virtuous Pedophiles« gibt mir viel Rückhalt. Die Einleitungsposts enthalten oft Formulierungen wie: »Es fühlt sich so gut an, zu sagen ›Ich bin pädophil‹, ohne dafür verteufelt zu werden!« Ähnliches kenne ich aus der Gruppentherapie. Wichtig ist, dass einem – egal ob derjenige pädophil oder nicht pädophil ist – jemand zur Seite stehen will. Das heißt: keine Verurteilungen für pädophile Gefühle und ehrliche Äußerungen, Zuhören und Nachfragen, eigene Grenzen respektvoll kommunizieren usw. Sich selbst verurteilen, das tun die meisten von uns schon (mehr als) genug. x

Die Mutter von Felix hat versucht, ihm diesen Schritt leichter zu machen: »Ich habe ihn leiden sehen. Ich habe gedacht, er ist unglücklich verliebt, was ja im Prinzip auch stimmte. Es gab auch lange Phasen, da hatte ich den Eindruck, es geht ihm besser, aber dann wurden meine Sorgen und Zweifel wieder stärker. Einmal war es besonders schlimm, Felix hatte sich krankgemeldet und war nicht zur Arbeit gegangen, er lag im Bett und heulte. Ich hatte mir vorgenommen, diesmal nicht lockerzulassen. Das habe ich ihm gesagt und auch, dass ich mich wegen einer Beratungsstelle erkundigt hatte, weil es ihm immer schlechter ging. Da hat er mir alles erzählt, dass er seit acht Jahren – er ist jetzt

25 – bemerkt hat, dass er auf Kinder steht, sich hingezogen fühlt, menschlich, erotisch und so weiter. Ich war total schockiert, mit diesem Thema hatte ich einfach nicht gerechnet. Das hat dann aber erst mal keine Rolle gespielt. Ich habe ihn in den Arm genommen und gesagt: ›Das schaffen wir.‹«

Die Schilderung von Felix' Mutter deckt sich mit den Erfahrungen vieler Angehöriger. Die Ungewissheit, was mit ihrem Sohn, Freund oder Partner los ist, wiegt oft schwerer als die Tatsache pädophiler Interessen. Wenn sich Betroffene öffnen und mitteilen, offenbaren sie ihr Vertrauen in die andere Person. Viele Männer erzählen, dass sie über einen langen Zeitraum, manchmal 20 bis 25 Jahre lang geschwiegen und sich versteckt haben. Ein Zeitraum, in dem die meisten keine sexuellen Kontakte zu Kindern hatten. Die Strategie, alles mit sich selbst auszumachen, allein zu kämpfen, kann hinsichtlich der Vermeidung von sexuellen Handlungen auch längerfristig erfolgreich sein. Doch fast alle Betroffenen berichten, dass früher oder später eine Grenze erreicht war, ab der sie die Last nicht mehr allein tragen konnten.

Felix sagt dazu: »Es ist jetzt drei Jahre her, dass ich meiner Mutter erzählt habe, was mit mir los ist. Sie war erst ziemlich schockiert, aber sie hat mich akzeptiert. Meine Angst, dass sie sich abwendet, mit mir nichts mehr zu tun haben will, wurde allmählich kleiner. Je mehr ich ihr erzählen konnte, desto lockerer konnte sie damit umgehen. Natürlich ging es lange um den Punkt, ob ›es‹ denn schon passiert sei, also ob ich Sex mit Kindern gehabt hätte. Keiner hat sich aber getraut, das direkt anzusprechen. Eines Tages habe ich ihr von einem Nachbarjungen erzählt, in den ich verliebt war. Ich habe ihr von den Gesprächen mit ihm erzählt, auch von geplanten Freizeitsachen, zu denen ich ihn eingeladen hatte, die ich aber nie gemacht hatte, Zoobesuch und solche Sachen. Da hat sie mich direkt gefragt: ›Hattest du denn schon mal was mit einem Jungen?‹ Ich habe all meinen Mut zusammengenommen und von dem Jungen erzählt, mit dem ich als 13-Jähriger auf einer Ferienfreizeit ein Zelt geteilt hatte: Abends, wenn wir schlafen gehen sollten, haben wir onaniert, anfangs jeder für sich, später auch gegenseitig. Nach dem Zeltlager habe ich den Jungen nur noch selten gesehen. Ich habe ihr erzählt, dass ich mich zwar immer mal wieder verliebe, aber nie eine längere Beziehung hatte, obwohl ich sie mir so wünsche.«

Die Schilderung von Felix und seiner Mutter zeigt, wie entlastend es sein kann, sich mit seinen Ängsten, Problemen und Bedürfnissen zu öffnen. Felix kann endlich über sein inneres Erleben reden und fühlt sich von seiner Mutter angenommen. Seine Mutter hat endlich Gewissheit, was mit ihrem Sohn los ist, und macht die Erfahrung, dass dessen sexuelle Interessen verstehbar sind, dass sie mit ihm darüber reden kann. Gerade diese Offenheit ihres Sohnes macht es ihr leichter, ihm zu vertrauen.

MAX Outings habe ich immer lange und oft im Kopf durchgespielt. Ich habe überlegt, was das Gegenüber fragen könnte und wie ich darauf antworten kann. Dann habe ich mir auch ein oder mehrere Worst-Case-Szenarien überlegt und wie ich damit umgehen könnte. Es ist nie so gelaufen wie gedacht, aber durch das wiederholte Durchspielen zuvor hatte ich auf viele Fragen und Reaktionen ruhige und überlegte Antworten parat. X

Nicht immer verläuft das Outing für pädophile Menschen so positiv. Einige berichten von ganz gegensätzlichen Erfahrungen: Eltern und Freunde, die sich abwenden, die den Kontakt abbrechen. Solche Erfahrungen sind schmerzhaft und verstärken den psychischen Druck, machen aber auch deutlich, wie wichtig es ist, andere Vertrauenspersonen zu finden. Für Daniel war es ein langer und schmerzlicher Weg, Menschen zu finden, die ihn mit seinen pädophilen Interessen annehmen. Er hatte sich frühzeitig seinen Eltern anvertraut, die damit aber überfordert waren. Sein Vater tat lange so, »als wäre nichts gewesen«, als hätte Daniel nie von seinen sexuellen Interessen erzählt. Seine Mutter reagierte mit Ablehnung: »So etwas wollen wir in der Familie nicht haben!« Daniel zog sich zurück und vermied das Thema so weit wie möglich. Erst nach seinem Auszug von zu Hause fand er jemanden, dem er sich anvertrauen konnte. In der neuen Wohngemeinschaft traf er Lena. »Lena war anders, das habe ich gleich gemerkt. Sie hatte Interesse an mir. Ich habe erst gedacht, die will eine Beziehung oder so. Das wollte sie aber gar nicht. Sie hat mir viel von sich erzählt, sie hat echt viel Scheiß erlebt in ihrem Leben. Da geht's mir ja noch spitze! Sie hat mir viel anvertraut, und da war es nur natürlich, dass ich ihr auch über mich erzähle, dass es mit meinen Eltern nicht gut läuft und schließlich auch, warum. Wir haben dann viel gemeinsam unternommen und haben uns gegenseitig aus dem Sumpf rausgezogen. Bei Lena kann ich immer anrufen, wenn der Druck zu groß ist. Und Lena meldet sich auch bei mir, wenn es ihr schlecht geht. Dass ich mir einen Therapeuten gesucht habe, verdanke ich den Gesprächen mit ihr. Sie hat mir Mut gemacht, ich soll das einfach mal probieren. So bin ich dann zu der Gruppe gekommen, in der ich zum ersten Mal erlebt habe, dass ich nicht der Einzige bin, der ›so‹ ist. Da saßen dann plötzlich acht andere Männer und die hatten die gleichen Themen wie ich.«

Neben der eher seltenen direkten Ablehnung reagieren gerade Eltern auf die Offenbarung der pädophilen Ausrichtung häufig mit Selbstzweifeln und Schuldgefühlen. Die Mitteilung löst nicht nur Zukunftssorgen für das Leben des Sohnes aus, sondern auch die Frage: »Wie hätte ich es verhindern können?« Felix' Mutter erzählt: »Ich habe mich sofort gefragt: Warum ist mein Kind so? Was habe ich falsch gemacht? Ich war gleich der Überzeugung, dass der Fehler bei mir liegt. Die Trennung von Felix' Vater, dass ich mir keinen neuen Partner gesucht habe, dass ich nach Felix' Geburt gleich wieder arbeiten gegangen bin, dass wir nicht in den Urlaub fahren konnten, dass die Wohnung so klein war und Felix noch als Zwölfjähriger mit mir in einem Zimmer schlafen musste. Ich weiß heute, dass ich nicht schuld bin. Sicher, ich wünschte, in Felix' Erziehung wäre manches anders gelaufen, ich hätte mich anders verhalten. Ich kann aber heute sehen, dass ich es so gut gemacht habe, wie ich konnte. Und ich weiß jetzt: Es ist nicht dieser oder jene eine Grund, der die Pädophilie ausgelöst hat.«

Bis zu dieser entlastenden Sichtweise hat Felix' Mutter viele Gespräche mit ihrem Sohn geführt und auch in einer Beratungsstelle Unterstützung gesucht. Auch Felix kennt solche Schuldgefühle. Er hat seiner Mutter lange nichts offenbart, weil er dachte: »Wenn ich ihr das erzähle, ist sie bestimmt total fertig. Das kann ich ihr nicht antun.« Er hat sich selbst als große Belastung empfunden und ahnte, dass seine Mutter die Schuld bei sich suchen werde. Glücklicherweise ist es den beiden in ihren Gesprächen gelungen, sich intensiv mit ihrer gemeinsamen Geschichte auseinanderzusetzen und zu begreifen, dass keiner Schuld trägt. Felix' Mutter hat dabei auch viel über sich erzählt, von ihren Ängsten nach der Trennung, von ihren Bedürfnissen, von ihrer Sorge, keine gute Mutter zu sein. Felix sieht seine Mutter heute mit anderen Augen, kann viele Zusammenhänge seiner eigenen Entwicklung besser verstehen. Das gibt ihm Sicherheit.

Eine Vertrauensperson, die über die sexuellen Interessen Bescheid weiß, ermöglicht den Betroffenen nicht nur, sich frei zu äußern und Akzeptanz zu erfahren. Sie kann in schwierigen Zeiten auch eine wichtige Hilfestellung sein, indem sie an Entscheidungen, Ziele und Leitsätze erinnert. Dabei geht es nicht um Kontrolle oder Ermahnung. Sätze wie z. B. »Du sollst doch nicht auf diese Pornoseiten im Internet!« sind wenig hilfreich. Unterstützen kann aber ein offenes Nachfragen, das zum Nachdenken anregt: »Du hattest dich entschieden, nicht mehr auf diese Internetseiten zu gehen. Was hat sich denn verändert, dass du dich jetzt anders entschieden hast?«

Es kann für pädophile Menschen sehr hilfreich sein, mit einer Vertrauensperson Vereinbarungen für Krisen oder schwierige Situationen zu treffen. So können sie z. B. jemanden berechtigen, ihnen klare Anweisungen zu geben, wenn bestimmte Risikomerkmale auftreten: »Du solltest nicht mehr zu den

Müllers in die Wohnung gehen. Du scheinst sie deshalb so häufig zu besuchen, weil dir deren Sohn gefällt. Ich fürchte, du erkennst nicht mehr, was da läuft und was du tust. Halte dich besser fern von ihnen!« Wichtig ist, dass die Verantwortung für das Verhalten bei den Betroffenen bleibt und deutlich wird, dass die Sorge um ihn Anlass für die Einmischung ist, die man vorher abgemacht hat. Es gibt Situationen, in denen man das eigene Verhalten vielleicht nicht mehr ausreichend gut beobachtet, weil die Gefühle zu stark sind oder man gerade nicht so stabil im Leben steht. Für diese Situationen kann so eine Absprache ein Notanker sein.

## Vertrauenspersonen in Krisen

Um solche Vereinbarungen treffen zu können oder abzuklären, mit wem Sie in Belastungssituationen überhaupt reden möchten, ist es hilfreich, sich vorher zu verdeutlichen, wer in Ihrem sozialen Umfeld dafür infrage kommt: Wer ist grundsätzlich informiert? Wer hat seine Hilfe angeboten? Wer darf mit mir auch »Klartext« reden? Wer erinnert mich an meine Entscheidungen? Wen kann ich im Notfall immer anrufen? Sie können das z. B. in Form einer Tabelle erfassen, die Sie im Downloadbereich des Buches finden.

| Welche Person? | Informiert über die Pädophilie? | Welches Unterstützungsangebot? |
|---|---|---|
| Anna | *Voll informiert* | *Jederzeit erreichbar, darf Anweisungen geben.* |
| Mutter | *Voll informiert* | *Kennt meine Probleme und meine Zielsetzung, steht für Gespräche zur Verfügung, hinterfragt mich und meine Motive.* |
| Dieter | *Weiß ungefähr Bescheid* | *Wenn ich jemanden wegen aktuellem Stress zum Quatschen brauche.* |
| Dr. Meier | *Weitgehend informiert* | *Ich kann auch kurzfristig einen Termin in der Sprechstunde haben, Themen: Depressionen, Impulse, Medikamente.* |

Wir haben uns jetzt sehr intensiv dem Thema »Outing« zugewandt, weil wir Menschen mit pädophilen Interessen Mut machen wollen, sich einigen Menschen anzuvertrauen und mit der Pädophilie und den Folgen für ihr Leben nicht allein zu bleiben. Mut zu mehr Selbstbewusstsein: Es gibt keinen Grund, sich für seine pädophilen Interessen zu schämen. Niemand sucht sich seine sexuellen Gefühle aus, sie sind eben da. Und sie sind immer nur ein Aspekt der Persönlichkeit. Daneben gibt es den Freund, Bruder, Sohn oder Partner, der viel mehr zu bieten hat. Das ändert sich auch nicht, wenn das Umfeld von der sexuellen Ausrichtung erfährt. Es ändert sich selbst dann nicht, wenn sie bei Einzelnen zur Ablehnung führt. Das kann natürlich passieren. Niemand kann von außen sagen, welcher Weg der richtige ist. Die Entscheidung, sich mitzuteilen, muss bei den Betroffenen bleiben.

Manche erzählen, dass sie dem Risiko der Ablehnung oder Ächtung mit einem vorsichtigen Herantasten begegnet sind. Sie haben mehrere sogenannte »Testballons« gestartet, um die Reaktion des Gegenübers besser abschätzen zu können. Das waren allgemeine Diskussionen über die Themen »sexuelle Vorlieben« oder »Pädophilie«, eine Unterhaltung über einen Zeitungsbericht über das Leben eines Mannes mit Pädophilie oder schlussendlich Fragen wie »Was wäre, wenn ein Freund, dein Sohn usw. pädophil wäre?« Man sollte sich jedoch bewusst machen, dass diese »Testballons« aber auch nicht mehr sind als eben Testballons. Viele verurteilen pädophile Menschen so lange, so lange diese nicht in ihrem eigenen Umfeld erscheinen. Das Phänomen kennt man auch bei anderen Themen: Ausländer, Menschen mit Behinderungen, Homosexuellen. Sobald man eine Person kennt mit all ihren Stärken und Schwächen, erfolgt die negative Bewertung nicht mehr so leicht. Das ist das Wesen von Vorurteilen. Insofern sagen entrüstete Reaktionen bei Debatten über Pädophilie oft weniger aus, als man denkt. Gute und stabile Beziehungen zeichnen sich gerade dadurch aus, dass auch negativ beurteilte Aspekte integriert und angenommen werden. Weil die Person mehr ist als eine einzelne Eigenschaft. Daher ist es nur bedingt hilfreich, von allgemeinen Diskussionen darauf zu schließen, wie jemand vermutlich auf die Offenbarung pädophiler Interessen reagieren wird. Das kann man Betroffenen immer mit auf den Weg geben.

Unabhängig davon sind soziale Kontakte sehr wichtig für das psychische Wohlbefinden. Auch das ist zu betonen. Der Mensch ist ein soziales Wesen, er lebt in Gemeinschaft und sucht die Gesellschaft anderer. Unterstützung durch andere kann sehr unterschiedlich aussehen: Der Kollege, der spontan einspringt, damit ich einen vergessenen Termin doch noch wahrnehmen kann. Die Freundin, die beim Umzug hilft. Die Kumpels, mit denen ich ins Kino gehen kann, wenn mir die Decke zu Hause auf den Kopf fällt. Die Sportmannschaft, bei der ich immer willkommen bin, egal, ob es mir gut oder schlecht geht. Die Freunde, mit denen ich viel Spaß haben und abfeiern kann. Es gibt noch unendlich weitere Situationen, in denen es gut ist, Leute zu haben, mit denen man Zeit verbringen und Erlebnisse teilen möchte. Menschen, die einem das Gefühl von Normalität geben, Menschen, bei denen im Zusammensein die Pädophilie keine Rolle spielt. Und bei denen es deshalb auch nicht notwendig ist, davon zu erzählen.

Diese Kontakte wachsen in der Regel nicht ohne eigenes Zutun. Wer sich vielleicht aus Angst, erkannt zu werden, zurückgezogen hat, muss angestupst werden, selbst die Initiative zu ergreifen und Gelegenheiten aufzusuchen, um Menschen kennenzulernen. Ist man sich sympathisch und entwickelt sich ein häufiger und enger Kontakt, so gilt es diesen sorgsam zu pflegen. Auch wenn diese Person nie etwas von den sexuellen Interessen erfahren wird, kann sie mit ihrer Freundschaft indirekt eine wertvolle Unterstützung sein auf dem Weg zu einem zufriedenen Leben ohne sexuelle Übergriffe.

# Angehörige: Zwischen Schuldgefühlen, Sorge und Unterstützung

Mit diesem Kapitel möchten wir die Angehörigen direkt ansprechen. Die meisten Menschen haben, wenn sie von Pädophilie oder einem sexuellen Übergriff auf Kinder hören, sofort den Gedanken im Kopf »Wenn das meinem Kind passiert, dann werde ich ...«. Diese Reaktion ist mehr als verständlich und zeigt, dass man bereit ist, sein Kind um jeden Preis zu schützen, so wie es unsere Aufgabe als Erwachsene ist. Gleichzeitig fragt sich fast nie jemand, wie es wäre, wenn das eigene Kind pädophile Interessen hätte. Oder der Bruder, die Freundin, der Vater. Ein Mensch, der einem nahesteht, den man mag, mit dem man viel erlebt hat, den man richtig gut kennt. Wie gehe ich damit um, wenn diese Person sich durch Kinder sexuell angezogen fühlt?

Für Angehörige und Freunde ist die Auseinandersetzung mit der Pädophilie immer ein Prozess. Es ist kaum zu erwarten, dass Sie locker und leicht mit der Nachricht umgehen. Eltern sehen sich häufig mit Schuldgefühlen konfrontiert. Sie fragen sich – ähnlich wie Felix' Mutter im vorigen Kapitel –, ob sie etwas falsch gemacht haben, ob sie in der Erziehung etwas übersehen haben, auf manche Dinge zu viel oder auf andere zu wenig eingegangen sind. Für andere schließen sich auch Schamgefühle an. Sie fühlen sich nicht nur verantwortlich, sondern es ist ihnen peinlich, dass sie einen Sohn, einen Bruder haben, der pädophile Interessen hat. Sie schämen sich dafür, dass »so etwas« in ihrer Familie vorkommt. Das scheint ein Makel zu sein, der an ihnen als Eltern oder ihnen als Familie haftet.

Diese Gefühle können für Familienangehörige so belastend sein, dass sie sich am liebsten zurückziehen und verstecken möchten und mit niemandem darüber reden wollen. Gleichzeitig kann gerade das so wichtig sein, um selbst einen guten Umgang und eine Haltung zu finden, die das eigene Leben und die Beziehungen innerhalb der Familie nicht beeinträchtigen. Felix' Mutter hatte sich Unterstützung in einer Beratungsstelle gesucht. Die Möglichkeit, mit professionellen Helfern und durch deren Schweigepflicht geschützt offen über die Situation sprechen zu können, kann sehr entlastend sein. Je mehr Klarheit Angehörige und Freunde selbst im Umgang mit ihren Gefühlen finden, desto besser können sie auch unterstützend für ihren Angehörigen oder Freund da sein. Sowohl Therapeuten und Beraterinnen als auch enge Freunde können ihnen dabei helfen.

Gleichzeitig ist es wichtig, mit der betroffenen Person selbst im Gespräch zu bleiben. Das Thema Pädophilie, mit dem derjenige sich Ihnen anvertraut hat, aus Ihrem Kontakt nicht auszuklammern, ohne es immer in den Vordergrund zu stellen. Ein ausgewogenes Maß ist sicher für beide Seiten, sowohl für Sie als Angehörige und Freunde als auch für die betroffene Person, äußerst wichtig, um die grundsätzliche Beziehung und Nähe zwischen Ihnen zu erhalten.

Ihre Bereitschaft, sich mit der pädophilen Ausrichtung auseinanderzusetzen, sie anzunehmen und gleichzeitig für den Menschen da zu sein, sich für ihn zu interessieren, ist wohl das Wichtigste, was nahestehende Personen geben können. Es geht in erster Linie darum, zuzuhören, sich die Mühe zu machen zu verstehen, statt zu bewerten. Es ist auch gleichzeitig das Schwierigste. Verstehen heißt versuchen, die Welt mit den Augen des anderen zu sehen. Gerade beim Thema Pädophilie ist es eine große Herausforderung, sich nicht stattdessen zum moralischen Urteil hinreißen zu lassen.

Für manche Angehörige und Freunde ist das mit Ängsten verbunden: Was soll ich tun, wenn er mir erzählt, dass er sich verliebt hat? Was ist, wenn ich finde, dass er sich komisch verhält? Zuallererst gilt: Sie sind als Partner, Freundin, Elternteil, Geschwister oder Bekannte nicht für das Verhalten und die Entscheidungen des Betroffenen verantwortlich. Sie können als nahestehende Person lediglich fürsorglich und mitfühlend mit Rat und Tat zur Seite stehen. Sie können aber nicht die Verantwortung für sein Handeln übernehmen.

Als Vertrauensperson eines Menschen mit Pädophilie ist es wichtig, ihm ebenfalls Vertrauen entgegenzubringen. Es ist besser, mit ihm darüber zu sprechen, wenn Sie vielleicht manchmal unsicher sind, wie Sie reagieren sollen, wenn Sie ihn z. B. im Kontakt mit einem Kind beobachten. Eine Vereinbarung, ob und wann Rückmeldungen erwünscht sind, kann da helfen. Gleichzeitig sollten Sie klarmachen, dass Sie ab einer bestimmten Grenze auch ungefragt Rückmeldung geben werden. Die Bereitschaft, zu vertrauen, und die Bereitschaft, auch Konflikte in Kauf zu nehmen, wenn man merkt, dass etwas nicht stimmt, ist die Unterstützung, die Angehörige und Freunde geben können.

Viele Betroffene beschreiben, dass es für sie sehr bedeutsam ist, keine Sonderrolle zu bekommen, nicht permanent beobachtet oder gar kontrolliert zu werden, sondern stattdessen weiterhin Normalität in der Beziehung zu den Vertrauenspersonen zu erleben. Eben dies gibt ihnen das Gefühl, ein gleichwertiger Mensch zu sein, und ermöglicht weiteres Vertrauen.

MAX Mir gegenüber haben viele gezeigt, dass sie vorgefertigte Meinungen haben, die sie mir notfalls aufgedrängt haben. Sie haben nicht viel gefragt, sondern klargemacht, dass ihre Meinung darüber, wie ich mich verhalten solle, ihr oberstes Gebot ist. Solche Menschen kann ich weder als Freunde noch als Helfer gebrauchen.
Wichtig ist für mich, angenommen und weiterhin normal behandelt zu werden. Dazu gehören auch interessierte, respektvolle, also nicht aufdringliche Nachfragen, auch das hilft.
Nicht hilfreich ist, wenn wiederholt und ungebeten eingegriffen wird. Wenn ich z. B. jemanden bitte, mich am Strand von allzu vielen Kindern abzulenken, wäre es unpassend, wenn er mich, nur um seinem Gewissen gerecht zu werden, fortan in jeder Kontaktsituation mit Kindern zur Seite nimmt und weglotst. Natürlich kann genau das für manche von uns auch nützlich sein. Aber Bevormundung ist ein totales No-Go: einem anderen die eigene Vorstellung von Sicherheit, und wie er handeln müsste, aufzudrängen.
Es gibt aber auch das andere Ende des Spektrums: Ich war zu Besuch bei einem Freund, der über meine Pädophilie Bescheid weiß. Ich saß im Wohnzimmer, seine kleine Tochter am Computer und er und seine Frau verlassen plötzlich die Wohnung mit den Worten: »Wir sind gleich wieder da!« Ihr Vertrauen in allen Ehren, aber bevor sie ohne Absprache für eine Stunde verschwinden, wäre es sinnvoll gewesen, mich z. B. diskret zu fragen: »Kommst du mit?« Oder: »Kommst du allein mit der Kleinen klar?« Als sie zurückkamen, nahm ich meinen Freund beiseite und bat ihn, das nie wieder zu machen, ohne mich vorher zu fragen. x

NEWMAN Für mich ist es sehr hilfreich, dass mein Umfeld informiert ist. Meiner Familie spukt sicher nicht permanent das Wort »pädophil« im Kopf rum. Aber ich weiß, dass sie hin und wieder darauf achten: Wie geht er mit seiner Nichte um? Wie reagiert die Kleine auf ihn? Verändert sich was in ihrem Verhalten? Das ist für mich ein nicht unbedingt elementar wichtiges, aber sicher hilfreiches Korrektiv. x

## Wie so etwas Heikles ansprechen?

Fast noch schwieriger ist es, wenn sich derjenige nicht offenbart, Angehörige oder Freunde aber die Vermutung haben, dass da »etwas« ist. Dürfen Sie das von sich aus ansprechen? Und wenn ja, wie? Das Thema fühlt sich wie ein »heißes Eisen« an. Die Sorge ist groß, nicht die richtigen Worte zu finden, den anderen vor den Kopf zu stoßen, ihm zu nahe zu treten oder sich für die eigene Mutmaßung zu schämen. Es gibt kein Patentrezept für solche Gespräche. Wir möchten Ihnen als Angehörige und Freunde dennoch Mut machen, Ihre Sorgen anzusprechen. Manchmal kann das für den Betroffenen eine große Erleichterung sein, weil er sich vielleicht selbst schon länger damit quält, wie er sich mitteilen kann.

Es ist dabei wichtig, folgende Aspekte zu beachten: Zum einen ist abzuwägen, ob ein Vertrauensverhältnis für ein solches, sehr persönliches Gespräch besteht. Zum anderen ist es hilfreich, zuvor zu prüfen, worüber genau Sie sprechen möchten. Ist es die Sorge, dass ein sexueller Missbrauch passieren könnte? Oder haben Sie Sorge, dass der Angehörige oder Freund belastet ist? In jedem Fall ist es gut, eine geeignete Gesprächsatmosphäre zu schaffen, d.h. für eine längere, ungestörte Situation zu sorgen, in der Sie sich beide entspannt und ohne vorherige Konflikte begegnen können. Hierbei können Ankündigungen sinnvoll sein, z. B.: »Mich beschäftigt da etwas, worüber ich gern mit dir reden würde. Hättest du am ... eine halbe Stunde Zeit?«

Zum Einstieg in ein solches Gespräch können Sie mit der eigenen Wahrnehmung beginnen, z. B.: »Ich habe schon länger den Eindruck, dass es dir nicht gut geht. Immer, wenn wir auf Partnerschaften zu sprechen kommen, wirst du ganz still.« Auch die eigene Unsicherheit darüber, wie das Thema anzusprechen ist, kann man äußern: »Ich habe mir viel Gedanken um dich gemacht und in letzter Zeit viel über Pädophilie gelesen, und ich habe mich gefragt, ob du dich vielleicht zu Kindern sexuell hingezogen fühlst.« Manchmal ist es nicht möglich und auch nicht nötig, sofort darüber zu sprechen, dann kann man sich als Gesprächspartner anbieten, z. B.: »Du musst da jetzt auch nichts dazu sagen, wenn du nicht willst. Ich will dir nur sagen, wenn es so sein sollte, dann kannst du jederzeit mit mir darüber reden. Ich weiß, dass man nichts dafür kann, wenn man auf Kinder steht.«

Wichtig ist, möglichst keine moralischen Wertungen oder Schuldzuschreibungen zu verwenden und die eigenen Gedanken und Hilfsangebote relativ kurz zu fassen, um den anderen nicht »totzureden«. Es kommt vor allem darauf an, dass die angesprochene Person wahrnimmt, dass sie akzeptiert und gemocht wird und Unterstützung bekommt. Wichtig ist auch, keinen Druck auszuüben und zu signalisieren, dass das Gegenüber Zeit hat, zu entscheiden, ob er darüber sprechen mag.

Als hilfreich für heikle und schwierige Gespräche haben sich die Ansätze der gewaltfreien Kommunikation (Rosenberg 2016) erwiesen. Rosenberg beschreibt, wie man in vier Schritten die Grundlagen für eine wertschätzende, nicht bewertende und auf Lösung orientierte Kommunikation schaffen kann. Im ersten Schritt wird zunächst eine konkrete Situation und deren Wahrnehmung ohne Interpretation angesprochen (»Ich sehe, dass …«). Im zweiten Schritt werden die mit dieser Wahrnehmung verknüpften Gefühle formuliert (»Ich sorge mich …«). Als dritter Schritt werden die damit verbundenen Bedürfnisse angesprochen (»Ich würde gerne …«), um im vierten und letzten Schritt eine Bitte zu formulieren (»Bitte lass uns gemeinsam eine Lösung finden«). Die Trennung von Wahrnehmung, Gefühl, Forderung und Lösung in aufeinander aufbauenden Schritten ermöglicht dem jeweils anderen einen Frei- und Spielraum, eine Entscheidung für eine gemeinsame Lösungssuche wird dadurch leichter.

Das ist nicht immer so einfach, wie es sich anhört. Insbesondere Partner oder Partnerinnen sind bei der Offenbarung pädophiler Interessen in einem besonderen Maß gefordert. Da stellen sich Fragen zur Qualität der eigenen Partnerschaft, zur gemeinsamen Sexualität. Wie soll das funktionieren, wenn der andere auf Kinder steht? Hat er mir die ganze Zeit bei Zärtlichkeiten und beim Sex was vorgemacht? Wie kann er sagen, dass er mich liebt, wenn er sich doch zu Kindern hingezogen fühlt? Langjährige Partnerschaften und das gegenseitige Vertrauen werden infrage gestellt. Es fehlt eine Perspektive, wie es gemeinsam weitergehen kann. Ängste, ob die eigenen Kinder gefährdet sind, tauchen auf. Schuldgefühle, wenn der Wunsch nach Trennung und damit das Gefühl, den anderen im Stich zu lassen, immer stärker werden.

Die Perspektive für eine Partnerschaft mit einem pädophilen Menschen ist jedoch nicht generell aussichtslos. Wenn Sie eine Beziehung mit ihm eingegangen ist, weil sie ihn als Person schätzen, gern Zeit mit ihm verbringen, sich in seiner Gegenwart wohl und geborgen fühlen, müssen Sie diese Erfahrungen nicht hinterfragen. Auch Zärtlichkeiten und sexuelle Berührungen können sehr wohl persönlich gemeint sein, ohne dass dabei Gedanken an Kinder eine Rolle spielen. Für andere allerdings reichen die realen Berührungen mit der Partnerin, dem Partner nicht aus, sie benötigen für das Erleben eines Orgasmus zusätzlich ihre pädosexuellen Fantasien. Dies hängt davon ab, wie ausschließlich die sexuelle Ausrichtung ausgeprägt ist.

Die Tatsache, dass eine Frau oder ein Mann sich durch Fantasien beim Sex zusätzlich stimuliert, ist an sich nicht ungewöhnlich. Die meisten Paare kennen das. Selten wird jedoch darüber gesprochen, sodass man in dem Glauben lebt, der andere ist beim gemeinsamen Sex ganz auf den Partner, auf die Partnerin bezogen. Hat sich aber der Partner mit seinen pädophilen Interessen anvertraut, so sind die Fantasien, die in der partnerschaftlichen Sexualität möglicherweise eine Rolle spielen, plötzlich bekannt und bewusst. Daher verlangt es auch eine Auseinandersetzung mit der gemeinschaftlichen Sexualität. Wie viel Toleranz Sie als Partner, als Partnerin dabei mitbringen, was für Sie lebbar ist und was nicht, das alles sind sehr persönliche Entscheidungen. Dafür gibt es kein Richtig oder Falsch. Vieles davon unterliegt einem Prozess der Auseinandersetzung und der Entwicklung. Für sich den passenden Weg zu finden, braucht Zeit und viele Gespräche in der Partnerschaft und mit anderen Vertrauten.

Für manche ist die Vorstellung, dass der Partner oder die Partnerin in der Fantasie von Sex mit Kindern erregt wird, abstoßend. Manche empfinden regelrecht Ekelgefühle und können sich daher auf körperliche Nähe kaum noch einlassen. Einigen scheint es unmöglich, die Tatsache mit ihren eigenen Wertvorstellungen in Einklang zu bringen. Sie geraten in schwere innere Konflikte, weil sie einerseits den Menschen mögen, andererseits Teile von ihm verabscheuen. Was ist dann zu tun? Darauf gibt es keine einfache und klare Antwort. So verschieden wie die Lebenssituationen und die Menschen sind, so verschiedenartig sehen die Lösungswege aus diesen Dilemmata aus.

Wenn Sie als Elternteil, Geschwister, Freund oder Partnerin mit der pädophilen Ausrichtung einer Ihnen geschätzten Person konfrontiert sind, dann möchten wir Sie ermutigen, sich Zeit zu geben, um für sich selbst eine Haltung und einen Umgang zu finden. Angebote von Beratungsstellen (siehe Anhang) oder Therapieangebote können eine Hilfe sein. Und wenn es Ihnen möglich ist, so bleiben Sie mit der betroffenen Person im Gespräch und suchen Sie nach einem gemeinsamen Weg. Sie tragen genauso wenig Schuld an der pädophilen Ausrichtung wie der Betroffene selbst. Es gibt nichts, was Sie hätten tun können, um die pädosexuellen Fantasien zu verhindern. Sie können aber – so es Ihnen unter Wahrung Ihrer eigenen Belastungsgrenzen möglich ist – die Ihnen nahestehende Person unterstützen, einen Weg für ein zufriedenes Leben zu finden, ohne Kindern gegenüber sexuell übergriffig zu werden. Außerdem können Sie Ihre eigenen Kinder schützen, indem Sie verantwortlich und sensibel mögliche riskante Situationen verhindern, ohne komplett den Kontakt zu unterbinden. Welche Situationen kritisch sind, sollten Sie – wenn

möglich – mit ihm oder ihr besprechen, da dies individuell sehr unterschiedlich ist. Sollte ein Gespräch darüber (noch) nicht möglich sein, so ist es sinnvoll, in Situationen mit großer körperlicher Nähe zu dem Kind (z. B. beim Baden, Hilfestellung beim Toilettengang, Einschlafrituale, morgendliches Kuscheln im Bett) anwesend zu sein oder diese Aktivitäten selbst zu übernehmen.
Wir möchten an dieser Stelle noch einmal darauf hinweisen, dass eine sexuelle Anziehung durch Kinder keineswegs bedeutet, dass jedes Mädchen oder jeder Junge sexuell erregend ist. Daher ist eine generelle Angst vor sexuellen Handlungen beim Zusammentreffen von pädophilen Menschen mit Kindern nicht angebracht. Statt Panik und ständiger Überwachung braucht es einen sensiblen und wachen Blick auf den Kontakt zwischen der betreffenden Person und einem Mädchen oder Jungen.

# Ausweg Internet

Die Möglichkeit, sich weltweit mit anderen Menschen zu vernetzen, der Zugang zu scheinbar unbegrenzten Informationen, Bildern, Videos ist Fluch und Segen zugleich. Nie zuvor konnten wir so leicht mit anderen anonym und sehr persönlich Kontakt aufnehmen, die Verbindungen nach Belieben aber auch rasch wieder – wahlweise mit vielen Worten oder ohne Kommentar – beenden. Wir können uns als eine Person ausgeben, die wir schon immer gern sein wollten, wir können unsere Geheimnisse offenbaren, in der Hoffnung, von einem verständnisvollen Gegenüber wahr- und angenommen zu werden.
Auch für Menschen mit einer pädophilen Ausrichtung bietet das Internet viele Chancen, aber auch eine Menge Risiken. Wir widmen uns hier drei Aspekten der häufigsten Nutzung:

- die Suche nach Informationen zum Thema Pädophilie,
- der Wunsch nach Vernetzung mit anderen pädophilen Menschen,
- die Suche nach Kindesmissbrauchsabbildungen zur sexuellen Befriedigung.

## Auf der Suche nach Informationen

Jeder, der dieses Buch in der Hand hält, ist einen Schritt gegangen, für den vielen Betroffenen der Mut fehlt: sich im Buchhandel einer Kassiererin gegenüberstellen oder bei einem Internetversand das Interesse am Thema Pädophilie offenbaren. Auch für viele nicht pädophile Menschen ist das ein undenkbarer Weg. Für all diejenigen ist das Internet eine Chance, schnell an umfangreiche Informationen zum Thema zu kommen.
Gibt man im Internet Suchbegriffe rund um Pädophilie ein, so landet man bei Wikipedia und aktuellen Zeitungs- und Fernsehberichten. Die auf diesen Seiten bereitgestellten Informationen sind unterschiedlicher Qualität und Tiefe. Leider geht es in der überwiegenden Anzahl um Menschen, die Kinder missbraucht haben. Dies ist für Ratsuchende nicht immer hilfreich, wird doch so das Klischee vom »Kinderschänder« oder »Triebtäter« eher gestützt.
Es ist schwierig, hier einzelne Seiten zu empfehlen, da diese sich in dem schnelllebigen Internetzeitalter rasch verändern können, wechselnde Betreiber können zu stark veränderten Inhalten führen. Dennoch möchten wir zum einen die

Seite www.kein-täter-werden.de nennen, die Informationen zu Pädophilie und dem von diesem Präventionsnetzwerk angebotenem Behandlungskonzept zusammengestellt haben. In diesem Zusammenhang gibt es auch ein Online-Selbsthilfeprogramm, das man unter www.troubled-desire.com findet, sowie ein Hilfsangebot für Jugendliche, die sich von Kindern sexuell angezogen fühlen, unter www.du-traeumst-von-ihnen.charite.de. Zum anderen bietet die Seite www.suh-ev.de sehr umfangreiche Informationen zum Thema und vor allem einen Austausch mit anderen pädophilen Menschen über das Gästebuch oder über das Forum »Gemeinsam statt allein«. Die Seite fällt besonders positiv auf, da es eine der wenigen deutschsprachigen Seiten ist mit einer sehr klaren, eindeutigen Ablehnung sexueller Handlungen mit Kindern. Zu diesen Seiten mit eindeutiger Haltung gegen sexuellen Kindesmissbrauch gehören auch www.wir-sind-auch-Menschen.de, die sich für die Entstigmatisierung von pädophilen Menschen einsetzt und einen Austausch über den moderierten Selbsthilfechat »Die P-Punkte« anbietet, sowie der Webblog www.kinder-im-herzen.net, auf dem pädophile Menschen Beiträge schreiben. Eine weitere positive Ausnahme stellt die US-amerikanische Internetseite www.virped.org dar, die ebenfalls kompakte Informationen bei gleichzeitig klarer Haltung gegen eine Sexualität mit Kindern bietet. Auf der Seite www.shadowsproject.net sind kurze, auch künstlerische Selbstvorstellungen von pädophilen, nicht übergriffigen Menschen aus verschiedenen Ländern in einer Galerie zu sehen. Ziel ist, dem gesellschaftlichen Stereotyp eines Pädophilen und seiner Stigmatisierung entgegenzuwirken und stattdessen zu zeigen, wer sie wirklich sind und was sie bewegt.

Es ist bedauerlich, dass es nicht mehr Internetplattformen mit sachlichen Informationen und den Möglichkeiten zum Austausch gibt. Auf der Suche nach Informationen wird man natürlich weitere Seiten entdecken, die sich dem Thema widmen, die Beratung und Hilfestellung anbieten oder die einladen, sich der »Community« anzuschließen. Informationen, die über persönliche Erfahrungsberichte hinausgehen, findet man dort in der Regel aber nicht, und die Positionen zu sexuellen Handlungen mit Kindern bleiben oft verschwommen.

## Auf der Suche nach Austausch

Die Suche nach »Gleichgesinnten« entsteht häufig aus der Hoffnung, nicht allein mit dieser sexuellen Ausrichtung zu sein. Das Bedürfnis, frei und offen über Empfindungen im Zusammenhang mit der Pädophilie zu sprechen, ist dabei oft sehr groß. Auch der Wunsch nach Antworten auf viele Fragen wie z. B. »Wie gehen andere damit um?«, »Haben andere sich getraut, mit jemanden darüber zu reden?«, »Müssen andere auch so gegen die Sehnsucht ankämpfen?«, »Fühlen sich andere auch so mies, abartig, schuldig oder einsam?«, »Waren andere auch schon mal so nah an einem sexuellen Übergriff dran?«. Endlich Menschen kennenzulernen, die ähnlich empfinden, von denen Verständnis für das innere Erleben erhalten wird, scheint ein Weg aus der Einsamkeit und gefühlten Isolation zu sein.

In der Auseinandersetzung mit der sexuellen Präferenz als Teil der eigenen Person, dem Versuch, die Pädophilie in das Selbstbild zu integrieren (»So bin ich«), nimmt das Thema der eigenen Sexualität (vorübergehend) oft viel Platz im Leben ein. Besonders in dieser Zeit kann der Wunsch nach Zugehörigkeit zu einer Gruppe, die etwas Wesentliches mit einem selbst gemein hat, sehr groß sein. So eine Gruppe kann Sicherheit vermitteln, das Selbstbewusstsein stärken und Verständnis zeigen für die mit der Pädophilie verbundenen persönlichen Probleme, mit denen die Betroffenen oft erst mal allein sind. In einer solchen Gruppe fühlen sie sich angenommen, erleben Akzeptanz und Solidarität.

Gleichzeitig müssen Menschen mit pädophilen Interessen sich fragen (lassen), ob sie das, was sie gesucht, auch gefunden haben. Wenn sie sich bewusst machen, wonach genau sie im Austausch mit anderen Betroffenen suchen, können sie im Blick behalten, ob sie mit diesem Weg an ihr Ziel gelangen. Nur dann behalten sie die Kontrolle über ihre Internetaktivitäten und handeln verantwortlich.

Es gibt etliche Foren und Chats im deutschsprachigen und internationalen Raum. Jede der gefundenen Seiten ist wie üblich wiederum mit anderen verlinkt. Entsprechend der sexuellen Ausrichtung werden spezielle Seiten bzw. Foren für »Boylover« (abgekürzt BL), »Girllover« (GL) oder »Childlover« (CL) angeboten. Die selbst gewählten Bezeichnungen unterscheiden dann z. T. noch hinsichtlich des Präferenzalters »Little Boy- / Girl- / Childlover« (LBL, LGL, LCL) oder »Teenboy- / Teengirl- / Teenchildlover« (TBL, TGL, TCL). Es existieren Symbole, die als Schlüsselanhänger, auf Ringen o. Ä. die Zugehörigkeit zu der jeweiligen Präferenzgruppe darstellen sollen.

Für einige pädophile Menschen ist die Zugehörigkeit zu der jeweiligen Gruppe identitätsstiftend. Das heißt, sie definieren sich als Person über ihre sexuellen Interessen, beschäftigen sich sehr viel damit, vernetzen sich mit anderen, tragen Symbole, um sich »Eingeweihten« zu zeigen. Betritt man die entsprechenden Seiten, Chats, Foren, so findet man oft erotisierende Fotos von Kindern, die als Profilfotos von den jeweiligen Personen eingefügt wurden. Diese bewegen sich zwar nicht im illegalen Bereich, dennoch stellt sich dabei die Frage, worum es bei der persönlichen Vorstellung als User eigentlich geht. Der Fokus liegt klar auf der sexuellen Vorliebe, was sich auch in der überwiegenden Anzahl der Beiträge widerspiegelt.

Ein häufiges, sich durch alle Diskussionen ziehendes Thema ist die sogenannte Einvernehmlichkeit sexueller Kontakte zwischen Kindern und Erwachsenen. Dieser Punkt wird auf den verschiedenen Seiten und von den einzelnen Personen unterschiedlich diskutiert. Die einzelnen Beiträge in den Foren und Chats können die Anbieter der Homepages zwar nicht verantworten, jedoch könnten sie in der Darstellung ihrer Seite klare Statements setzen, wen sie ansprechen wollen und wo die Grenzen bestehen. Dies geschieht jedoch nur in Ausnahmefällen.

Sie werden bei einer Recherche Vertreter der sogenannten Pädophilenszene finden, die sehr klar sexuelle Handlungen mit Kindern befürworten, für die Legalität dieser Handlungen eintreten und ohne Schuldbewusstsein von ihren sexuellen Erfahrungen mit Kindern berichten. Diese fühlen sich als pädophile Menschen erst dann in der Gesellschaft akzeptiert, wenn auch das Ausleben ihrer Sexualität ohne Zwang, nämlich unter der Annahme der Freiwilligkeit des Kindes, akzeptiert wird. Andere wiederum sind hin- und hergerissen zwischen ihren Wünschen, vielleicht auch eigenen Erfahrungen, bei denen sie keine Beeinträchtigung der Kinder wahrgenommen haben, und dem Bewusstsein, dass vielen Kindern durch sexuelle Handlungen Schaden und Leid zugefügt wird. Es gibt auch eine Gruppe von pädophilen Menschen, die sich zwar gegen sexuelle Handlungen mit Kindern und gegen die Herstellung und Verbreitung von Kindesmissbrauchsabbildungen aussprechen, die jedoch die Legalisierung bereits bestehender Bilder und Videos fordern, da die »nun einmal da sind« und man mit der Nutzung keine neuen Schädigungen bei den Kindern hervorrufe.

Leider fehlt bislang eine in die Öffentlichkeit tretende, organisierte »Gegenbewegung«, die sich für eine Akzeptanz pädophiler Menschen in der Gesellschaft einsetzt und gleichzeitig sexuelle Handlungen an Kindern ablehnt. Dies wäre zum einen für die Enttabuisierung des Themas und die differenzierte Wahrnehmung von pädophilen Mitmenschen in der Gesellschaft wichtig. Zum anderen könnten Betroffene, Angehörige und Freunde besonders in der Outingphase Halt und Unterstützung finden. Deshalb möchten wir auch an dieser Stelle auf die Internetseite www.suh-ev.de hinweisen, auf der Sie Menschen treffen, die sich genauso positionieren. Die Anfänge, die diese und andere Websites und Blogs pädophiler Menschen gemacht haben, entwickeln sich weiter, und es bleibt zu hoffen, dass sie eine Stimme bekommen und in den Medien und der Gesellschaft präsenter werden.

Unabhängig davon ist es sicherlich befreiend und erleichternd, im Kontakt mit anderen pädophilen Menschen endlich offen über das eigene Erleben sprechen zu können, was man andernorts nie wagen würde. Für ausgesprochene Gedanken, wie »Das Mädel find ich geil« oder »Den Kleinen würde ich am liebsten mal nackt sehen und anfassen«, kein innerliches Zusammenzucken des Gegenübers wahrzunehmen, sondern Verständnis signalisiert zu bekommen, tut erst mal gut. Gleichzeitig kann genau das auch eine Gefahr bergen: Je stärker das Bedürfnis nach Akzeptanz und Angenommensein ist, je weniger man es von anderen Menschen erhält, desto stärker ist man bereit, Kompromisse einzugehen. Wird man in den Foren für die eigene abstinente Haltung belächelt oder abgelehnt, so braucht es eine gefestigte Haltung, um sich nicht beirren zu lassen.

Das andere Risiko liegt in dem Prozess der Gewöhnung im langfristigen Kontakt mit Menschen, die sexuelle Handlungen mit Kindern befürworten. Das ist ein normaler psychologischer Vorgang, den jeder von uns kennt. Will ich z. B. nach vielen Jahren aus gesundheitlichen Gründen mit dem Rauchen aufhören, kostet es mich viel Disziplin und Aufmerksamkeit, um meinen Entschluss umzusetzen. Wenn Zigaretten zu all meinen täglichen Handlungen dazugehörten, bin ich ständig mit dem Appetit und dem Wissen über das mit Rauchen verbundene gute Gefühl konfrontiert. Dann fällt mir der Verzicht besonders schwer und ich bin weniger standfest gegenüber Einflüssen von außen. Wenn ich dann auch noch ständig mit Bekannten zusammen bin, die rauchen und sagen: »Eine Zigarette bringt dich nicht gleich um«, dann wird es schwerer, der Lust zu widerstehen. Auf diese Weise können mit der Zeit unmerklich meine selbst gesetzten Grenzen aufweichen. Nach einiger Zeit sage ich mir dann auch: »Eine Zigarette ist ja wirklich nicht so schlimm, das kann ich mir mal gönnen, ich habe ja schon so lange verzichtet.«

Wer sich also in ein Forum begibt, in dem die Ablehnung sexueller Handlungen an Kindern nicht klar ist, benötigt viel Kraft und Aufmerksamkeit, um sich gegenüber den anderen abzugrenzen und auf seinem Weg zu bleiben. Leichter wäre es in einer Gemeinschaft, in der alle anderen auch verzichten, wo man sich gegenseitig stützt, wenn es mal wieder besonders schwerfällt. Bei diesen Personen gäbe es dann stattdessen auch Platz für viele andere bereichernde Themen des Lebens.

# Kindesmissbrauchsabbildungen als Ersatzbefriedigung?

Pädophil empfindenden Menschen sind sexuell ansprechbar durch Abbildungen nackter Kinder, die ihrer Orientierung entsprechen. Und für sehr viele ist die vergrößerte Ansicht von Geschlechtsorganen oder die fokussierte Darstellung sexueller Handlungen des Kindes an sich selbst oder zwischen ihm und anderen Menschen sexuell erregend. Das ist der gleiche Effekt, wie wenn erwachsene, nicht pädophile Personen durch pornografische Bilder von Männern oder Frauen sexuell erregt werden.

Im Gegensatz zu nicht pädophilen dürfen pädophile Personen diese nackten Darstellungen jedoch nicht zum Ausleben der eigenen Sexualität nutzen. Kinder- und jugendpornografische Erzeugnisse sind aus gutem Grund verboten und stehen somit zur sexuellen Befriedigung nicht zur Verfügung. Sie sollten zumindest nicht zur Verfügung stehen, denn natürlich sind sie im Internet zugänglich, und es bedarf einer großen Verantwortung, Disziplin und Entschiedenheit, der Verlockung der Anonymität des Netzes nicht nachzugeben.

Kindesmissbrauchsabbildungen werden meist unter dem Begriff Kinderpornografie (abgekürzt KiPo oder CP für Child Pornography) zusammengefasst. Darunter fallen Fotografien, Videos, Zeichnungen (z. B. Mangas – japanische Comics) und Animationen (z. B. Anime – japanische Zeichentrickfilme), in denen sexuelle Handlungen zwischen Kindern und Erwachsenen dargestellt werden. Bei der Strafbarkeit wird zwischen realen, wirklichkeitsnahen und nicht wirklichkeitsnahen Darstellungen unterschieden. Im Bereich der Kindermissbrauchsabbildungen sind seit 2021 alle drei Varianten verboten, im Bereich der Missbrauchsabbildungen von Jugendlichen zwischen 14 und 18 Jahren bezieht sich das Verbot auf reale und wirklichkeitsnahe Darstellungen (§ 184c StGB). Doch nicht nur die Abbildung von Missbrauchshandlungen, sondern auch Darstellungen von nackten oder nur teilweise bekleideten Kindern, die durch ihre Art und Weise, wie sie vor der Kamera posieren, Konsumenten sexuell erregen sollen (sog. Posing), sind seit 2015 in Deutschland verboten (§ 184b StGB). Die Regelungen in der Schweiz (§ 197 StGB-CH) und in Österreich (§ 207a StGB-Ö) sind vergleichbar. Alle diese Bilder und Filme werden unter Ausnutzung der Kinder als Darsteller für erotisch-sexuelle Fantasien von Erwachsenen hergestellt. Das ist einer der beiden triftigen Gründe, sie zu boykottieren: Es werden in jedem Fall Kinder sexuell missbraucht, und die Konsumierenden sind indirekt an diesem Missbrauch beteiligt.

Manche Betroffene argumentieren mit: »Aber die Bilder existieren doch nun schon mal, warum kann ich dann nicht wenigstens das haben, wenn ich schon auf alles andere verzichte?« oder »Ob ich konsumiere oder nicht, den Missbrauch kann ich damit nicht mehr rückgängig machen« oder »Es ist doch besser, ich schau mir solche Bilder an, als wenn ich tatsächlich ein Kind anfasse«. Das alles sind verständliche Gedanken. Die Bilder sind ein Angebot mit hohem Anreiz. Etwas, das den Nutzern positive Gefühle von Lust, Erregung, Freude und verstärkten Fantasien verspricht. Gleichzeitig können sie in großer Distanz zum eigentlichen Geschehen bleiben, die Handlungen sind weit weg von ihrem Zuhause passiert. Sie müssen niemandem gegenübertreten, sie bleiben anonym. Diese Aspekte verführen zu solchen Gedanken, die das persönliche Verantwortungsgefühl herabsetzen. Schuldgefühle werden so reduziert, und man fühlt sich mit diesen Erklärungen weniger schlecht.

Jedoch gilt auch an dieser Stelle, die Realität anzunehmen, sich möglichst nichts schönzureden, auch wenn es schwerfällt. Es gibt vier gute Gründe, auf Kindesmissbrauchsabbildungen zu verzichten:

- Für die Herstellung dieser Materialien werden Mädchen und Jungen sexuell missbraucht. Mit der Nachfrage wird die Angebotsseite gestärkt und die Herstellung neuer Bilder für den Markt wahrscheinlicher. Konsumenten von Kindesmissbrauchsabbildungen schaden somit indirekt den Kindern. Weder bei den erwachsenen Akteuren noch bei den Konsumenten geht es um das jeweilige Kind als Person oder um Liebe und Zärtlichkeit, sondern um die Vermarktung des kindlichen Körpers.
- Der Besitz und die Verbreitung von Kindesmissbrauchsabbildungen sind strafbar. Auch wenn die Anonymität des Internets Sicherheit suggeriert, so spricht die extreme Zunahme der strafrechtlichen Verurteilungen für eine zunehmend höhere Aufklärungsquote. Die Polizei deckt nicht nur sogenannte Kinderpornoringe auf, sondern ermittelt auch Einzelnutzer, die juristisch zur Verantwortung gezogen werden.
- Die Nutzung der Materialien kann zur Retraumatisierung der geschädigten Mädchen und Jungen führen. Die Verbreitung der Bilder und Videos im Internet trägt dazu bei, dass sie verfügbar bleiben. Für Betroffene ist das Wissen hierum eine große Belastung, da der an ihnen begangene Missbrauch auf diese Weise auch Jahre später noch präsent bleibt.
- Das wiederholte Anschauen von Kindesmissbrauchsabbildungen birgt die Gefahr, die pädophilen Interessen weiter zu verstärken. Durch die Koppelung von sexueller Erregung und Orgasmus mit diesen Bildern können sich die bestehenden Fantasien verfestigen; Darstellungen neuer Praktiken können sogar

zur Ausweitung der Fantasien führen. Ob man selbst einem solchen Einfluss unterliegen wird, kann man immer erst hinterher beurteilen.

Die Bilder, Videos und Zeichnungen werden über Tauschbörsen, Usenet und E-Mail-Verteiler verbreitet. Auch das wiederholte Öffnen von Popup-Fenstern auf legalen Pornoseiten kann z. T. auf Internetseiten mit illegalem Material enden. Jedoch hat die Aussage: »Ich hab das einfach zugeschickt bekommen« oder »Ich habe nur einmal auf eine Werbung geklickt« noch nie vor polizeilicher Verfolgung oder Strafe geschützt. Wer sich für ein Leben ohne Kindesmissbrauchsabbildungen entschieden hat, sollte derartige Angebote am besten vollständig meiden.
Eine sowohl von pädophilen Menschen als auch in der Wissenschaft und unter Therapeuten und Therapeutinnen viel diskutierte Frage ist die, ob der Konsum von Kindesmissbrauchsabbildungen das Risiko, sexuelle Handlungen an Kindern zu begehen, erhöht oder sogar davor schützt im Sinne von »Anschauen« statt »Anfassen«.
In einer großangelegten Studie von 2011–2015 (www.mikado-studie.de) wurden keine Hinweise gefunden, dass Menschen, die sich Kindesmissbrauchsabbildungen anschauen, eher sogenannte Hands-on-Delikte begehen als Personen, die diese Abbildungen nicht nutzen. Die neuesten Untersuchungen weisen stattdessen auf unterschiedliche Gruppen hin: Es gibt einen Personenkreis, der Kindesmissbrauchsabbildungen nutzt, aber gegenüber Kindern nicht übergriffig wird. Dann gibt es eine Gruppe von Menschen, die keine Missbrauchsabbildungen ansehen, aber sexuelle Handlungen an Kindern vornehmen. Und es gibt eine dritte Gruppe, die in beiden Bereichen straffällig geworden ist (Dombert u. a. 2015). Deshalb wird davon ausgegangen, dass für sexuelle Übergriffe andere Faktoren als die Nutzung von Kindesmissbrauchsabbildungen entscheidend sind.
Eine weitere oft gestellte Frage von Betroffenen ist die nach der Illegalität von sogenannten virtuellen Kindesmissbrauchsabbildungen. Warum, so fragen sich viele, sind gezeichnete Abbildungen und Videos, bei denen ja kein Kind geschädigt wurde, verboten? Wenn ich ein Leben lang auf meine Sexualität verzichte, warum kann ich mir dann nicht wenigstens Hentai (= pornografische Mangas und Anime) mit minderjährigen Mädchen (sog. Lolicon) oder Jungen (sog. Shotacon) anschauen?
Einer der wichtigsten Gründe ist die Strafbarkeit. Wenn man diese ignoriert, schadet man sich selbst. Auch wenn es einen gewissen rechtlichen Graubereich gibt, empfehlen wir nicht, diesen auszuloten, weil das Ergebnis eben unsicher

ist. Häufig wird der reine Besitz von virtuellen Darstellungen nicht geahndet, die Verbreitung der Materialien an andere (z. B. über Internet) allerdings schon. Das Verbot gründet auf der Annahme, dass es einen Zusammenhang zwischen dem Konsum solcher Darstellungen und realen sexuellen Handlungen an Kindern gibt. Auch wenn dieser Zusammenhang so bisher nicht nachgewiesen werden konnte, ist es aus juristischer und gesellschaftspolitischer Perspektive ausreichend, dass eine Gefährdung von Kindern durch den Konsum von virtuellen Missbrauchsabbildungen nicht ausgeschlossen werden kann. So wie es auch in anderen Bereichen Grenzen der individuellen Freiheit gibt, z. B. mit dem Verbot, rassistische Materialien zu verbreiten, so setzt sich auch in diesem Bereich die Gesellschaft für den Schutz ihrer Mitglieder – in diesem Fall der Kinder und Jugendlichen – ein.

Müssen nun Menschen mit pädophilen Interessen komplett auf visuelle Anreize zur sexuellen Selbstbefriedigung verzichten? Nein, aber auf an Pornografie angelehnte Darstellungen. Ihre Möglichkeit besteht darin, legale Abbildungen, z. B. Unterwäschewerbung, zu nutzen, um ihre sexuellen Fantasien anzureichern. Alles, was nur im Kopf passiert, ist nicht verboten. Die Gedanken sind frei, und jeder kann zu legalen Abbildungen fantasieren, was er möchte. Sicherlich wird die Nutzung solcher Bilder etwa aus Versandhauskatalogen oder Werbeprospekten von vielen Mitmenschen als moralisch verwerflich bezeichnet. Wesentlich ist aber nur, dass für die Herstellung dieses Materials kein Kind missbraucht worden ist. Werbefotos sind keine Kindesmissbrauchsabbildungen.

Allerdings ist auch hier Aufmerksamkeit geboten. Auch legales Bildmaterial kann zu einer Fixierung führen. Es kann sich eine Dynamik entwickeln, die aus der gewohnheitsmäßigen Nutzung solchen Materials herrührt. Hier kann der Wunsch entstehen, anderes, neues, »eindeutigeres« Material zu nutzen. Betroffene sind deshalb gehalten, sich einen wachen Blick in Bezug auf die Nutzung von Bildmaterialien zur Selbstbefriedigung zu bewahren: Wie oft nutzen sie legales Bildmaterial? Wie stark haben sie sich daran gewöhnt? Geht Selbstbefriedigung auch noch ohne? Wird die Suche nach anderem, pornografischem Material befördert? Haben sich die sexuellen Fantasien durch die Nutzung legaler Bilder verändert?

**MAX** Die Gefahr des Internets liegt meiner Meinung nach darin, dass es eine permanente Versuchung ist, der der ein oder andere nicht zu jeder Zeit gewachsen ist. Chats mit Kindern können eine Versuchung darstellen, zu der es den einen hinzieht, die Suche nach illegalen Bildern und Filmen mag den anderen reizen.

Für wieder andere ist das alles gar kein Problem oder nur manchmal, z.B. wenn Sorgen im Privatleben sie unter Druck setzen. Für mich ist tatsächlich die Versuchung ab und zu da, mir Lolicon anzuschauen, relativ selten kommt auch der Gedanke hoch, nach echten Posingbildern zu suchen.
Eine weitere Gefahr sehe ich darin, dass die größten Foren von Pädophilen für Pädophile keine klare Haltung bezüglich Kindesmissbrauchs vermitteln. In den 60er-Jahren mag es verständlich oder sogar notwendig gewesen sein, alles an der Sexualmoral gründlich infrage zu stellen. Aber die grundlegenden Dinge über sexuelle Kontakte Erwachsener mit Kindern konnten in den folgenden Jahrzehnten längst zur Genüge geklärt werden. Auf Fragen wie »Ist Sex mit Kindern ein Problem? Unter welchen Umständen und warum?« hat die Forschung gute und solide Antworten geliefert. In vielen einschlägigen Child-Love-Foren wird das dennoch ständig weiter infrage gestellt. Tendenziell wird dies als gut und fortschrittlich präsentiert und die Ansicht gepflegt, einzelne Formen sexueller Übergriffe seien ja doch nicht so schlimm, oder auch eine »Die-böse-Gesellschaft-verbietet-mir-alles-Philosophie«. Das kann auch die Einstellung von Menschen untergraben, die von sich aus nicht missbrauchen wollen. Fakt ist auch, dass diese Foren wiederholt bewusst reuelosen Missbrauchstätern eine Plattform geboten haben und deren Ideologie kaum widersprechen.
Zu erkennen sind sie in der Regel daran, dass die Betreiber in ihren Infotexten keine klare Stellung zur sogenannten Einvernehmlichkeitsfrage »Ist Sex mit Kindern immer ein Problem?« beziehen oder eine klare Haltung *gegen* Sex mit Kindern als bloße »Meinung« oder »Option« behandelt wird. Zeitgemäß und hilfreich finde ich dagegen, nun den nächsten logischen Schritt zu gehen und zu fragen: »Wie komme ich mit meiner Neigung und dem Schicksal klar, dass meine primäre Präferenz nicht zu befriedigen ist, ohne anderen zu schaden?«, wie es etwa dieses Buch tut. x

Abschließend möchten wir nicht verschweigen, dass das Internet auch von pädophilen Menschen genutzt wird, um Kontakt zu Kindern oder Jugendlichen herzustellen. Sie suchen von Minderjährigen besuchte Foren und Chatrooms auf, verbergen ihre Identität, geben sich als eine jüngere Person aus, um das Vertrauen der Minderjährigen zu erhalten. Manche unterhalten sich länger über die Themen, die Kinder beschäftigen (Schule, Eltern, Geschwister, Freunde), fragen, was sie sorgt, verärgert, ängstigt, stresst. Andere wiederum lenken das Gespräch recht schnell auf sexuelle Themen, fragen nach sexuellen Erfahrungen und animieren zur Selbstbefriedigung vor der Webcam bzw. entblößen sich selbst davor. Manche versuchen gar, sich mit den Kindern oder

Jugendlichen zu verabreden. Auch in diesem Punkt ist die Anonymität des Internets natürlich verführerisch. Manche nutzen sie, um gezielt ihre Wünsche nach sexueller Erregung und Befriedigung umzusetzen. Andere wiederum geben ihrer Sehnsucht nach emotionaler Nähe mit Kindern nach und lassen sich von der Anonymität und Distanz zum realen Geschehen nach und nach zu erotisch-sexuellen Handlungen verlocken.

Das ist nicht zu akzeptieren, auch hier sind Schutz- und Strafregeln zu beachten. Letzten Endes geht es immer wieder darum, womit wir uns in den vorangegangenen Kapiteln schon beschäftigt haben: Es geht um eine Entscheidung. Eine Entscheidung für ein Leben mit der Pädophilie und ohne sexuellen Missbrauch von Kindern oder Jugendlichen. Dafür braucht es eine gute Selbstbeobachtung, Ehrlichkeit mit sich selbst und Selbstdisziplin. Dies gilt im besonderen Maße für alle Aktivitäten im Internet, da hier die Gefahr für Selbsttäuschungen (»Wir haben nur geplaudert und rumgealbert«) und scheinbar harmlosen Entscheidungen (»Ich habe mir die Webcam gekauft, weil ich für meinen Cousin erreichbar sein wollte«) besonders groß ist.

# Risikofaktoren und -situationen

Den meisten Menschen mit einer Pädophilie ist bewusst, dass sie Kindern schaden, wenn sie eine sexuelle Beziehung mit ihnen aufbauen. Obwohl sie sich deshalb fest vornehmen, es auf keinen Fall soweit kommen zu lassen, gelingt dies manchen trotzdem nicht. Woran liegt das?
Während wir wenig über die Ursachen der Pädophilie wissen, sind die Gründe für sexuelle Übergriffe von Erwachsenen auf Kinder recht gut erforscht. Wie wir schon erwähnt haben, ist nur ca. knapp die Hälfte der missbrauchenden Männer tatsächlich pädophil (Seto 2018, S. 9). Darunter sind sicher auch einige, die sich zuvor wenig Gedanken gemacht haben oder denen die Folgen für die Kinder nicht so wichtig sind. Aber der Großteil wird das Ziel gehabt haben, den Mädchen und Jungen, die sie so gern haben, auf keinen Fall wehzutun. Wie kann es dann trotzdem zu sexuellen Übergriffen auf Kinder kommen? Wir möchten hier die Risikofaktoren und riskanten Situationen vorstellen, die als erste Schritte in Richtung sexuellen Missbrauchs zu erkennen und zu unterbrechen sind.

## Vier Vorbedingungen eines sexuellen Missbrauchs

Bei der Erforschung der Motive von sexuell straffällig gewordenen Menschen haben Finkelhor und Kollegen (1986) vier Voraussetzungen festgestellt, die einen sexuellen Übergriff eines Erwachsenen auf ein Kind überhaupt erst ermöglichen:

- Der oder die Erwachsene muss motiviert sein, ein Kind sexuell zu missbrauchen.
- Der oder die Erwachsene muss innere Hemmungen überwinden.
- Der oder die Erwachsene muss äußere Hindernisse überwinden.
- Der oder die Erwachsene muss den Widerstand des Kindes untergraben oder brechen.

Der erste Punkt klingt trivial. Natürlich haben alle Menschen, die Kinder missbrauchen, eine Motivation für ihre sexuellen Handlungen. Gemeint ist

aber nicht ein gezielter Plan oder ein gesetztes Vorhaben wie »Ich will jetzt Sex mit einem Mädchen«. Stattdessen geht es hier um eine grundsätzliche sexuelle Ansprechbarkeit durch Kinder oder auch um eine besondere emotionale Nähe zu Kindern und ihrer Welt. Auch wenn sich ein Erwachsener mit Gleichaltrigen unsicher und unwohl, bei Kindern aber gut aufgehoben oder gar überlegen fühlt, dann kann das die Motivation für einen Missbrauch fördern. Hierhin gehören außerdem sexuelle Fantasien mit Kindern oder Wunschvorstellungen von einer sexuellen Beziehung zu einem Kind. Da dieser Punkt wohl auf jeden pädophilen Menschen zutrifft, ist die erste Voraussetzung – nämlich die Motivation – bei jedem Betroffenen erfüllt.
Viele Betroffene kennen auch das schlechte Gewissen oder die Scham nach diesen sexuellen Fantasien. Manche machen sich Gedanken darüber, was passieren würde, sollten sie die Fantasien in Handlungen umsetzen. Sie haben Angst vor den Konsequenzen. Solche Gedanken sind ein inneres Hindernis. Bei einigen sorgt es dafür, dass sie kaum noch wagen, sich den Fantasien hinzugeben oder dazu zu masturbieren. Andere überwinden das schlechte Gewissen. Sie sagen sich, »Sexuelle Kontakte schaden nicht, solange es spielerisch bleibt und ich das Kind zu nichts zwinge«, oder entschuldigen die Nutzung von Internetbildern: »Die Kinder wurden bereits missbraucht, da richte ich keinen Schaden mehr an.« Mit diesen Gedanken werden innere Hemmungen überwunden, hier beginnt bereits eine Grauzone, die gefährlich ist.
Pädosexuell straffällig gewordene Männer berichten, dass sie solche oder ähnliche Entschuldigungen vor den Übergriffen immer wieder in ihrem Kopf hatten. Damit lassen sich z. B. die ersten Annäherungen an einen Jungen oder ein Mädchen leicht herunterspielen. Die inneren Hemmungen können auch durch die exzessive Beschäftigung mit pädosexuellen Fantasien und Kindesmissbrauchsabbildungen überwunden werden. Viele beschreiben, dass in den Tagen und Wochen vor ihren sexuellen Übergriffen die Fantasien immer stärker wurden und sie immer häufiger dazu masturbierten. So entstand ein Kreislauf, in dem die Vorstellungen immer normaler erschienen und nach Umsetzung drängten. Auch Alkohol oder Drogen können das schlechte Gewissen oder Ängste ausschalten.
Werden die inneren Rechtfertigungen lauter, wird meist zeitgleich die dritte Hürde genommen: die Überwindung äußerer Hindernisse. Es werden Gelegenheiten gesucht und geschaffen, um mit dem begehrten Kind allein zu sein. Das kann mehr oder weniger bewusst geschehen. Auch hier kommt es zu inneren Rechtfertigungen wie z. B. »Ich habe nur die Nachmittagsbetreuung übernommen, weil ich der alleinerziehenden Mutter helfen wollte« oder

ähnliche Gedanken, die das eigentliche Bedürfnis verschleiern. Die meisten straffällig gewordenen Personen können erst nach langer Auseinandersetzung ehrlich auf ihre Entscheidungen zurückblicken. Erst dann erkennen sie, in welchem Ausmaß sie die Gelegenheiten für einen Missbrauch selbst geschaffen haben. Es ist ihnen peinlich und sie fühlen sich schuldig, weil sie so weit niemals gehen wollten.

MAX Ich achte sehr darauf, das Verhältnis eines Kindes zu den Eltern nicht zu beeinträchtigen, auch nicht mit unbedachten Äußerungen, z. B. wenn das Kind sich bei mir über die Eltern auslässt. Ebenso tue ich wenig von mir aus mit Kindern, sondern reagiere eher auf ihre Initiative, um abzusichern, dass ich sie nicht manipuliere.
Als wirkliche akute Versuchung sehe ich für mich nur Situationen, in denen ich mich um ein nacktes Mädchen kümmern müsste, oder wenn das Kind selbst intensiven Körperkontakt herstellt, den ich als sexuell stark erregend wahrnehme. Mit wirklicher Versuchung meine ich, dass ich diese Situationen so einschätze, dass sie – im Gegensatz zu ein Mädchen auf den Arm nehmen oder kitzeln – unter bestimmten Umständen tatsächlich meine Selbstbeherrschung durchbrechen könnten.
Fallstricke, die ich bei mir kenne, sind, dass sich mein Wunsch nach sexualisierter Nähe gern hinter dem Wunsch nach Normalität versteckt. Beispiel: Ich habe engen Kontakt zu einer Familie und weiß, dass sie öfter nackt baden gehen. Mein Wunsch nach Normalität sagt dann, dass ich das gern mitmachen würde, weil es ja nichts Besonderes und okay ist, für die Kinder kein Problem und eigentlich sollte ich das doch endlich mal abkönnen. Vernünftig wäre es für mich, davon Abstand zu nehmen, weil ich weiß, dass das sexuell viel mehr in mir auslösen würde als bekleidetes Baden, was ich bereits gut managen kann. Nacktbaden ist eine Versuchung für mich, die ich für zu groß erachte. Deshalb sage ich: »Bitte lasst uns nur an den Textilstrand gehen« – eine Entscheidung, die mir trotzdem unheimlich schwerfällt. Ich weiß, dass ein Teil von mir sie bereuen und sich danach sehnen wird, doch mal mit den Kids nackt zu baden. Vielleicht werde ich das irgendwann auch können, ohne dass mir der Kopf von Fantasien und Sorgen schwirrt und es mich Kraft kostet, nicht die Orientierung zu verlieren. x

## Selbsttäuschungen und Rechtfertigungen erkennen

Prüfen Sie, inwieweit Sie vielleicht selbst schon einmal begonnen haben, äußere Hindernisse zu überwinden. Sei es, dass Sie zu einem Kind oder zu dessen Eltern ein Vertrauensverhältnis aufgebaut haben, sodass Sie als erwachsene, das Kind schützende Bezugsperson wahrgenommen wurden. Sei es, dass Sie Aktivitäten allein mit dem Kind geplant haben, vielleicht auch solche, bei denen es Gelegenheiten zu Körperkontakt geben wird. Sei es, dass Sie dem Kind erklärt haben, es soll Ihre gemeinsame, besondere Beziehung als Geheimnis für sich wahren. All das können Strategien sein, die langfristig darauf ausgelegt sind, äußere Hindernisse aus dem Weg zu schaffen.

Die letzte Bedingung für einen sexuellen Missbrauch ist die Überwindung des Widerstandes des Kindes. Damit ist nicht allein die Ausübung von Zwang, Bedrohung oder Gewalt gemeint, um das Kind zum »Mitmachen« zu bewegen. Die meisten pädophilen sexuell übergriffigen Personen verzichten auf solche Verhaltensweisen, weil sie dem Kind nicht wehtun wollen. Sie übersehen dabei allerdings, dass auch weniger massive Handlungen diesem Ziel dienen. Geschenke, Versprechungen, Überredung, dass es ihm gefallen wird, Liebe und Zuwendung, die an die sexuellen Handlungen geknüpft werden, u. Ä. sind manipulative Strategien, die letztlich nur zur Befriedigung eigener Bedürfnisse eingesetzt werden.

Viele unserer straffällig gewordenen Klienten berichten, dass sie eigentlich gar keine Straftaten begehen wollten. Thomas: »Ich verstehe das gar nicht. Ich hatte überhaupt nichts vor mit dem Jungen. Mir war völlig klar, dass Sex mit ihm gegen alle meine Prinzipien verstößt. Natürlich war mir auch bewusst, dass es verboten ist. Plötzlich ist es passiert, das ging von einer Sekunde auf die andere.« In der Therapie mit Thomas ging es darum, zu verstehen, dass es keinesfalls »von einer Sekunde auf die andere« zu pädosexuellen Handlungen gekommen war.

Es stellte sich heraus, dass Thomas bereits einen Monat vorher den Jungen kennengelernt und sich rasch in den Zehnjährigen verliebt hatte. Das löste ein inneres Dilemma aus, weil er einerseits seine Wertvorstellungen hatte und auf keinen Fall einem Kind sexuell zu nahe treten wollte, andererseits waren da seine Sehnsüchte nach Zärtlichkeiten mit dem Jungen. Er sorgte dafür, dass er das Kind »zufällig« immer wieder traf. Ihm selbst war es teilweise so vorgekommen, als seien es tatsächlich zufällige Treffen gewesen.

Er bot dem Jungen schließlich an, dass er ihn jederzeit besuchen könne. Er redete sich ein, dass er sich gar nicht um den Kontakt bemühte, sondern der Junge ja zu ihm kam. Die regelmäßigen Treffen wurden für Thomas immer wichtiger. Er fühlte sich mit dem Jungen sehr wohl. In seinen Fantasien entstanden Bilder von großer Zärtlichkeit und Erotik. Er malte sich Situationen

aus, in denen es allmählich zu sexuellen Handlungen kommen würde. Diese Bilder beschäftigten ihn tagsüber, wenn er allein war, oft stundenlang.
Die Fantasien konkretisierten sich, Thomas überlegte sich bestimmte Orte und Zeitpunkte. Er versuchte einzuschätzen, wie der Junge auf eine sexuelle Annäherung reagieren würde, wie er sich selbst verhalten müsste, damit »es« geschah. Aus heutiger Sicht kann Thomas diesen Prozess der Annäherung klar erkennen. Er hat diese Entwicklung damals nicht bemerkt bzw. sich schöngeredet, um die inneren Hemmnisse zu überwinden. Heute weiß er, dass er immer wieder Entscheidungen getroffen hat, die schrittweise zum pädosexuellen Verhalten geführt haben, weil er seinen Sehnsüchten ab einem bestimmten Punkt nichts mehr entgegengesetzt hat.
Neben diesen von Finkelhor angenommenen vier Vorbedingungen, die einen sexuellen Übergriff wahrscheinlich machen, sind noch einige weitere Eigenschaften, Verhaltensweisen oder Lebensumstände relevant für ein erhöhtes Risiko, mit einem Kindesmissbrauch straffällig zu werden. Wir stellen in Anlehnung an Marshall und Kollegen (2011) einige Faktoren kurz vor.

## Emotionale Identifikation mit Kindern

Die Intensität der Nähe zu einem Kind wird sehr unterschiedlich erlebt. Es gibt einen Teil der pädophilen Menschen, die sich der Welt der Kinder näher fühlen als der Welt der Erwachsenen. Sie fühlen sich im Umgang mit Kindern sicher, haben die gleichen Interessen (z. B. eine Vorliebe für Kinderfilme), verbringen ihre Freizeit mit den gleichen Aktivitäten (z. B. Gameboy spielen), fühlen in verschiedenen Situationen ähnlich, sind eher spontan, albern, ausgelassen, planen nicht voraus, sondern orientieren sich an kurzfristigen Konsequenzen, leben im Hier und Jetzt. Sie fühlen sich der Erwachsenenwelt mit ihren längerfristigen Planungen, Verpflichtungen und ihrer Verantwortungsübernahme fremd und haben daher auch wenige oder keine Beziehungen zu anderen Erwachsenen. Manche beschreiben sich als unsicher und unbeholfen im Kontakt mit Erwachsenen. Während sie zu Kindern problemlos Kontakt knüpfen und Freundschaften aufbauen können, fehlt es ihnen an gemeinsamen Gesprächsthemen mit Gleichaltrigen. Dieses Erleben wird mit »emotionaler Identifikation« mit Kindern, deren Wesen und Weltsicht umschrieben.
Pädophile Menschen, die sich mit Kindern identifizieren, reagieren also nicht allein auf die körperlichen Reize wie eine weiche Haut, die schmale Statur oder

fehlende Behaarung; Kinder sind auch aufgrund ihrer Unbekümmertheit, Neugier, Begeisterungsfähigkeit und Spontaneität so attraktiv für sie. Diese emotionale Verbundenheit macht es dann wiederum wahrscheinlicher, sich Sex zu wünschen oder sich zu verlieben. Durch die fehlende Distanz werden diese Personen leichter unkritisch und verlieren den Blick für ihr eigenes Risiko. Allerdings können mit Verbundenheitsgefühlen auch Verantwortung und Selbstkontrolle verknüpft werden, kann die Identifikation mit Kindern, z. B. das Wissen um deren Verletzlichkeit, vor Übergriffen schützen.

## Impulsivität

Es gibt Personen, die können nur schwer spontane Gedanken und Impulse kontrollieren. Wenn ihnen eine Idee kommt, dann wollen sie die sofort umsetzen. So kann es passieren, dass sie viele Dinge anfangen, aber nicht zu Ende bringen. Sie sind schnell von neuen Dingen zu begeistern und daher rasch abzulenken. Sie handeln oft spontan und überlegen nicht, welche negativen Folgen ihr Handeln für sie oder andere haben könnte. So treffen sie manchmal vorschnell Entscheidungen und ärgern oder wundern sich im Nachhinein darüber. Das kann zu sinnlosen Einkäufen führen, zur spontanen Kündigung des Jobs oder zu unbedachten Äußerungen im Gespräch. Es kann auch sein, dass es ihnen schwerfällt, langweilige oder unangenehme Tätigkeiten durchzuhalten, auch wenn sie wissen, dass es bald vorbei ist und sie anschließend belohnt werden.

Pädophilie Menschen, die zusätzlich unter einer hohen Impulsivität leiden, haben ein höheres Risiko, Kinder zu missbrauchen, da sie die Konsequenzen ihres Tuns nicht bedenken und stattdessen aus der Situation, aus dem Augenblick heraus handeln. Die eigenen Werte oder Pläne, sich keinem Kind sexuell zu nähern, rücken in dem Moment in den Hintergrund.

## Schwierigkeiten, intime Beziehungen zu führen

Einigen Menschen fällt es schwer, mit anderen Erwachsenen intime Beziehungen einzugehen. Damit sind keineswegs nur Partnerschaften gemeint, sondern auch nahe Freundschaften. Sich gegenüber anderen Menschen zu öffnen, von persönlichen Problemen oder Schwächen zu erzählen, Dinge, die einen beschäftigen, mit anderen zu teilen, selbst ein verlässlicher Gesprächspartner zu sein, das alles sind Voraussetzungen, um Nähe zwischen zwei Personen zu schaffen. Wem das nicht gelingt, der wird sich immer etwas allein und einsam fühlen, sogar wenn er gerade mit anderen zusammen ist. Es wird ihm an Unterstützung und Austausch fehlen.

Die Gründe für diese Probleme können sehr unterschiedlich sein. Manche Menschen sind so unsicher und schüchtern, dass sie Kontakt zu anderen meiden. Einige reagieren sehr schnell gekränkt oder geraten rasch in Streit mit anderen, sodass enge Beziehungen verhindert werden. Wiederum andere sind sehr vorsichtig und misstrauisch, sie prüfen ihr Gegenüber so lange, dass dieses sich vielleicht aus Unverständnis schon wieder abwendet.

Personen mit solchen Schwierigkeiten haben aber dennoch meist ein Bedürfnis nach Nähe zu anderen. Wenn enge Bindungen zu Gleichaltrigen fehlen, wenn sich Menschen einsam und zurückgewiesen fühlen, dann ist das Risiko, sich Kindern zuzuwenden, deutlich höher. Einem Kind muss man nicht misstrauen, es ist ehrlich. Gegenüber einem Kind fühlen sich selbst unsichere Erwachsene ausreichend sicher. Von einem Kind wird man nicht so leicht gekränkt, denn seine Äußerungen muss man nicht ganz so ernst nehmen, es ist ja noch ein Kind. Wenn neben der pädophilen erotischen Anziehung Einsamkeitsgefühle aufgrund fehlender Beziehungen hinzukommen, dann steigt die Wahrscheinlichkeit, dass ein pädophiler Mensch nach Zärtlichkeiten mit einem Kind sucht.

## Hypersexualität

Phasenweise, insbesondere zu Beginn einer neuen Partnerschaft, kennen viele Menschen die häufige Beschäftigung mit Sex und den darauf eingeengten Blick. Es gibt jedoch Personen, die über Monate und Jahre derart stark durch wiederkehrende sexuelle Fantasien, Impulse oder Handlungen eingenommen sind, dass sie selbst darunter leiden. Sie beschäftigen sich so viel mit Sex, dass sie andere wichtige Lebensbereiche, wie den Job oder persönliche Beziehungen, vernachlässigen. So kann es z. B. sein, dass sie bei der Arbeit wiederholt Pornos schauen oder beim Anblick attraktiver Frauen bzw. Männer sofort mit sexuellen Fantasien stundenlang beschäftigt sind. Manchmal haben sie den

Eindruck, dass sie das gar nicht richtig steuern können, sondern die sexuellen Gedanken einfach in ihren Kopf kommen. Es kann sein, dass sie täglich so häufig masturbieren, dass es ihnen selbst zu viel wird. Obwohl sie schon versucht haben, die sexuellen Impulse zu kontrollieren und zu reduzieren, ist es ihnen nicht gelungen. Sie sind oft, z. T. auch während einer Partnerschaft, auf der Suche nach neuen Sexualkontakten oder Pornografie. Viele von ihnen nutzen Telefon- oder Cybersex, Swingerclubs, Striplokale, Besuche bei Prostituierten, um sich zu erregen.

Für hypersexuelle Menschen ist sexuelle Stimulation meist die erste Bewältigungsstrategie, wenn sie in einer schlechten Stimmung sind oder Stress haben. Sie nutzen sexuelle Befriedigung, um sich selbst zu beruhigen und zu entspannen. Für sie kann Sexualität so wichtig werden, dass sie den Blick für die Grenzen anderer Menschen verlieren. Neben einer Gefährdung für sich selbst, z. B. durch ansteckende Krankheiten, kann es auf diese Weise auch zu sexuell übergriffigem Verhalten oder zum Konsum von Kindesmissbrauchsabbildungen kommen. Aufgrund der Dranghaftigkeit haben pädophile Menschen mit einer Hypersexualität daher ein höheres Risiko, einen sexuellen Missbrauch zu begehen.

## Schwierigkeiten, Gefühle zu regulieren

Es gibt Menschen, die Gefühle sehr stark erleben. Manche befinden sich geradezu auf einer emotionalen Achterbahnfahrt mit extremen Höhen und Tiefen, bereits kleine Ereignisse können »große Wellen« schlagen. Auf andere wirken die Personen dann launisch und unberechenbar. Andere wiederum empfinden in ihrem Gefühlsleben keine solchen starken Schwankungen, aber es fällt ihnen dennoch schwer, mit dem »normalen« Ausmaß gut umzugehen. Sie können ihren Gefühlen schlecht Einhalt gebieten. Das äußert sich z. B. darin, dass sie sich bei schlechter Stimmung kaum selbst beruhigen können, selbst positive Erlebnisse können sie nicht aufheitern. Sie tragen Ärger lange mit sich herum, grübeln über Misserfolge, Fehler oder Kränkungen nach und können sich schlecht selbst beruhigen.

Für Menschen, die Schwierigkeiten haben, ihre Gefühle zu regulieren, kann Sex und Selbstbefriedigung eine wichtige Strategie sein, um Stress und Anspannung abzubauen. Manche haben nur diese eine Bewältigungsstrategie. Wenn also zusätzlich zu der pädophilen Ausrichtung Sexualität die Funktion hat, eigene Gefühle und Stimmungen zu bewältigen, dann ist die Gefahr für sexuelle Missbrauchshandlungen oder die Nutzung von entsprechenden Abbildungen deutlich erhöht.

## Narzisstische Anspruchshaltung und antisoziale Einstellungen

Personen, die anderen gegenüber übermäßig selbstbewusst und überlegen auftreten, sind häufig sehr empfindlich gegenüber Kritik. Sie fühlen sich innerlich keineswegs so stabil und sicher, wie sie nach außen wirken und gesehen werden. Daher sind sie ständig auf der Suche nach Bestätigung und Anerkennung ihrer Leistungen. Sie fühlen sich vor allem dann wohl, wenn andere sie bewundern. Sie erwarten grundsätzlich eine respektvolle Behandlung und treten sehr dominant auf, obwohl sie sich in stillen Momenten innerlich meist unterlegen und als Versager fühlen.

Pädophile Männer mit diesen Persönlichkeitszügen beschreiben oft Fantasien, wie sie das Kind als Erster in die Sexualität einführen, ihm etwas Neues beibringen, es anleiten und dafür bewundert werden. Die sexuelle Anziehung wird durch die Befriedigung des Bedürfnisses nach Bewunderung und Überlegenheit zusätzlich verstärkt. Es potenziert sozusagen die Motivation nach körperlicher Nähe zu einem Kind, was die Wahrscheinlichkeit für einen Übergriff erhöht.

Ein deutlich höheres Risiko für Missbrauchshandlungen haben außerdem pädophile Menschen, die für den eigenen Vorteil bereit sind, über Grenzen anderer zu gehen oder diesen zu schaden. Sie wissen durchaus, dass die körperliche Nähe und der Sex dem Kind nicht gefallen. Dies hat jedoch keine Relevanz, da in erster Linie das eigene Bedürfnis im Vordergrund steht.

Persönliche Eigenschaften, die das Risiko für Missbrauchshandlungen erhöhen, bedürfen einer intensiven Auseinandersetzung, nur schrittweise können alte Denk- und Verhaltensmuster durch neue ersetzt werden. Da Persönlichkeitszüge über viele Jahre gewachsen sind, braucht es viel Zeit, um sie zu ändern, und in der Regel auch eine Psychotherapie.

# Nutzung von Kindesmissbrauchsabbildungen

Auch wenn ein Zusammenhang zwischen dem Betrachten von Bildern und sexuellen Handlungen mit Kindern nicht nachgewiesen ist (vgl. S. 96 f.), möchten wir an dieser Stelle noch einmal darauf zurückkommen. Ein Großteil der mit pädosexuellen Übergriffen straffällig gewordenen Menschen berichtet, im Vorfeld vermehrt Bilder oder Videos mit sexuellen Handlungen an Kindern angeschaut zu haben (Kuhnen 2007). Daraus entstand die Vermutung, dass das Risiko für Missbrauchshandlungen durch diese Darstellungen und die dadurch häufiger und konkreter werdenden pädosexuellen Masturbationsfantasien gesteigert werden kann.

Diesen Erkenntnissen stehen Aussagen von vielen pädophilen Menschen gegenüber, die zwar Missbrauchsabbildungen genutzt haben, aber nie selbst ein Kind missbraucht haben. Einige unserer Klienten haben in der Therapie berichtet, dass sie ihrer Ansicht nach u. a. deswegen nie übergriffig wurden, weil sie auf diese bildlichen Materialien von Kindern ausweichen konnten. Sie haben den Konsum dieser Bilder als ungefährliche Alternative erlebt und sich so als geschützt gesehen.

Wir möchten aber noch einmal darauf hinweisen: Wer sie nutzt, beteiligt sich zum einen durch das Zuschauen indirekt an dem dargestellten sexuellen Kindesmissbrauch. Und: Er befindet sich zum anderen schon mitten in einem Strudel aus strafbaren Handlungen.

Dazu Dieter: »Das, was ich jeden Tag mache, ist Alltag. So habe ich gedacht und empfunden. Ich habe mir die Kinderpornos ja regelmäßig reingezogen. Mit der Zeit wurde das immer mehr. Ich war auch ständig auf der Suche nach neuem Material. So ist das eben: Du willst ständig neue Reize, andere Darsteller, andere Situationen. Bei der Suche im Internet bin ich dann aufgefallen und mein PC wurde beschlagnahmt. Ich wurde erst mal zu einer Geldstrafe verknackt.«

Dieter beschreibt die Zunahme des Konsums und die Suche nach neuen Bildern. Er hat erlebt, dass sexuelle Handlungen zwischen Kindern und Erwachsenen im Internet als etwas »Normales und Alltägliches« erscheinen, da die Bilder so umfangreich im Internet zu finden sind. Deutlich wird auch, dass Bilder sich abnutzen können, dass die Fantasien immer neues »Futter« zu benötigen scheinen. Es kann sich im schlimmsten Fall eine Art Sucht nach immer wieder neuem Material entwickeln. Oft hören wir in Therapien, wie sich der Alltag erst teilweise, dann mehr und mehr um pornografische

Missbrauchsabbildungen dreht. Nebenbei besteht außerdem das Risiko, mit z. T. exzessiven Gewalthandlungen konfrontiert zu werden, die sich negativ auf die eigene Sexualität auswirken können.

Die Anonymität des Internets und die Distanz zu den realen Handlungen verleiten zu kognitiven Beschönigungen wie »Ich missbrauche das Kind ja nicht«, »Die Bilder existieren ja eh schon« oder »Das machen doch alle, ist doch nicht so schlimm«. Diese Argumente klingen für viele z. T. so überzeugend, dass sie dem spontan gar nichts entgegensetzen können. Mit der Gewöhnung und den fehlenden Konsequenzen wird das eigene Konsumverhalten sehr schnell nicht mehr als rechtswidrig und der dargestellte sexuelle Missbrauch auch nicht mehr als Missbrauch wahrgenommen.

Daher möchten wir Betroffene ermutigen, für die Nutzung von Kindesmissbrauchsabbildungen eine ebenso klare Entscheidung zu treffen wie für reale Missbrauchshandlungen. Ambivalenzen können mit dem vorgestellten Raster der Vor- und Nachteile bearbeitet werden (siehe S. 65 f.).

Auch hier wäre zu prüfen, ob ein »Hintertürchen« offen bleibt, das jemanden daran hindert, sich klar gegen eine Nutzung von Missbrauchsdarstellungen zu entscheiden. Es ist auch zu beobachten und zu besprechen, wie Betroffene mit eventuell auftretenden Rückfällen umgehen. Es ist ziemlich wahrscheinlich – aufgrund des hohen Reizes und der anonymen und leichten Verfügbarkeit – dass Rückfälle passieren. Dies sollte dann jedoch stets Anlass sein, den Rückfall zu reflektieren. Was war der Grund, dass derjenige sich die Erlaubnis gab, die Bilder aufzurufen und anzuschauen? Steht die Entscheidung zum Verzicht auf Kindesmissbrauchsmaterialien noch? Analysieren Sie die Situation und prüfen Sie genau, was die Entscheidung zum Kippen gebracht hat. Nutzen Sie einen solchen Rückfall, um Stolpersteine, die zuvor nicht bedacht wurden, nun in die zukünftige Planung für ein zufriedenstellendes Leben ohne sexuelle Übergriffe einzubeziehen.

Insbesondere bei einer suchtartigen Entwicklung des Bilderkonsums und wiederholten Rückfällen helfen dann nur drastische Mittel, um dem ein Ende zu setzen: die Vernichtung aller einschlägigen Inhalte auf Festplatte, USB-Sticks und DVDs, die Installation eines Kennworts für das Internet, das nur ein guter Freund oder eine gute Freundin weiß.

Dazu noch einmal Dieter: »Als ich den PC verschrottet hatte, fühlte ich mich gut. Der Druck war weg. Dieses Ding in meiner Wohnung, das mir ständig, täglich, rund um die Uhr den Zugang zu den Pornos ermöglichte, hatte keinen Einfluss mehr auf mich. Ich fühlte mich frei. Meine Internetgeschäfte erledige ich heute im Internetcafé, da ist immer etwas los, da ist immer automatische

Kontrolle. Jedes Mal wenn ich da hingehe, fühle ich mich an meine Selbstbefreiung erinnert. Ein tolles Gefühl!«

## Der Glaube an die Einvernehmlichkeit

Für viele pädophile Menschen, die sexuelle Kontakte mit Kindern hatten, spielt die Überzeugung der Einvernehmlichkeit solcher Handlungen eine große Rolle. Die Einschätzung, dass es gleichberechtigte sexuelle Interessen und Handlungen zwischen Erwachsenen und Kindern »auf Augenhöhe« geben kann, entspricht nach unserer Auffassung nicht der Realität. Es ist mehr eine Rechtfertigung vor sich selbst bzw. ein Ausdruck der Hoffnung und Sehnsucht, dass es eine nicht schädigende gemeinsame Sexualität geben kann.
Thomas schätzte den Kontakt zu dem Jungen als normal und ungefährlich ein: »Der Junge hat sich total zu mir hingezogen gefühlt. Er hat mich immer wieder zu Hause besucht. Er war so zutraulich. Der wollte selbst Körperkontakt. Der hat mich immer voll umarmt. Bei dem ging das ja damals los mit der Sexualität. Der hat mich lauter so Sachen gefragt, sexuelle Sachen, wo er sich nicht auskannte. Ich hab ihm das halt erklärt, das hat ja sonst keiner gemacht. Und ich habe es ihm dann halt auch gezeigt, wie das geht, z. B. mit dem Onanieren. Der hat das ja voll gewollt, ich musste ihn doch nicht mal überreden. Wenn dem das nicht gefallen hätte, wäre er doch nicht immer wieder gekommen. Wenn der Angst oder so gehabt hätte, wäre er doch weggeblieben. Aber nein: Er kam immer wieder. Wir haben Playstation gespielt oder am PC, wir hatten Sex und dann haben wir was unternommen, Freizeitpark und so.« Thomas berichtete, dass er das Kind zu den sexuellen Handlungen nicht überreden musste. Er habe auch keine Gewalt angewandt, das hätte er niemals getan. Wenn es einmal so gewesen sei, dass der Junge keine Lust hatte, habe er das akzeptiert. Die sexuellen Kontakte hätten »auf Augenhöhe« stattgefunden, gleichberechtigt.
So wie Thomas nehmen viele pädophile Männer ihre Straftaten wahr. In ihrer Wahrnehmung haben sich die Zärtlichkeiten und sexuellen Handlungen von beiden Seiten aus entwickelt. Weil sie sich mochten, gemeinsam Spaß hatten, hätten beide auch kuscheln wollen. Und wenn man sich an entsprechenden Stellen berührte, wäre da ein Kribbeln gewesen, bei beiden, das hätte ein Verlangen nach mehr ausgelöst. Sie sagen, der Sex war einvernehmlich, von beiden Seiten gewollt.

Die Frage der Einvernehmlichkeit sexueller Kontakte ist für die meisten Menschen mit einer Pädophilie sehr schwierig und wird von ihnen immer wieder umfassend diskutiert. Bei Gegenargumenten kann einem vorgeworfen werden, man habe zu enge moralische Grenzen und sehe nicht, dass Kinder auch ein Interesse an Sex haben.

Ja, Kinder sind neugierig auf sexuelle Gefühle im weitesten Sinn. Jedoch hat das kindliche Erleben von Sexualität mit den sexuellen Vorstellungen von Erwachsenen nichts gemeinsam. Neben der Tatsache, dass man mit einer pädophilen Ausrichtung geneigt ist, sich manches in Bezug auf Sexualität mit Kindern schönzureden, kommt es hier leider auch oft zu fatalen Missverständnissen. Aus diesem Grund haben wir in dem untenstehenden Exkurs die wichtigsten Aspekte der kindlichen Sexualität zusammengefasst und möchten hier noch einmal näher darauf eingehen.

Das kindliche sexuelle Erkundungs- und Experimentierbedürfnis wirkt auf pädophile Erwachsene manchmal als etwas anderes, als es eigentlich ist. Sie erleben es als zielgerichtet und als »eindeutiges Signal«. Dabei sind Kinder nur auf sinnliche Erlebnisse aus, die ihnen ein gutes Gefühl geben. Deshalb spielen schon Zweijährige an ihrer Scheide oder ihrem Penis herum oder Vierjährige reiben gezielt zur sexuellen Erregung an ihren Geschlechtsteilen. Das heißt aber keinesfalls, dass sie den Wunsch haben, dass andere sie an diesen Stellen anfassen, oder gar, dass sie andere an deren Geschlechtsorganen berühren wollen. Das kindliche sexuelle Erleben ist ausschließlich auf sich selbst bezogen.

Natürlich stellen Kinder auch Fragen zu den körperlichen und sexuellen Vorgängen oder wollen mal den Penis von Papa, Onkel oder großem Freund sehen und anfassen. Auch das ist nicht zu verwechseln mit sexueller »Anmache«, sondern ist lediglich auf den unbedarften, oft auch schamlosen und neugierigen Umgang mit dem menschlichen Körper und der Sexualität zurückzuführen. So reagieren auch viele Kinder nicht sofort mit Ablehnung auf sexuelle Annäherungen durch einen Erwachsenen, weil sie diese – je nach Art der Handlung – nicht immer sofort als unangenehm erleben. Das kann schnell zu einer Fehlinterpretation wie bei Thomas führen: Wenn das Kind beim nächsten Mal nicht Nein sagt, scheint es ihm auch zu gefallen, hat es auch ein Bedürfnis nach Sex. Dem ist nicht so! Viele Kinder erkennen erst beim Älterwerden, dass ihre Unschuld und ihr Vertrauen ausgenutzt wurden. Sie fühlen dann, was wirklich passiert ist: Sie wurden sexuell missbraucht.

## Kindliche Sexualität

Kindliche Sexualität bezeichnet die sexuelle Entwicklung von der Geburt bis zur Pubertät (Wanzeck-Sielert 2013). Kinder sind nicht asexuell, ihr sexuelles Erleben unterscheidet sich jedoch wesentlich von dem Erwachsener. Kinder begreifen die Welt durch Beobachtung und Erfahrung. Dinge werden genau untersucht, angefasst, ausprobiert. Der eigene Körper ist ein spannendes Objekt, mit vielfältigen Funktionen, Besonderheiten und Merkmalen. Die kindliche sexuelle Entwicklung ist geprägt durch einen Lernprozess, den Kinder aus ihrem eigenen Bedürfnis nach Entdecken, Experimentieren und Erfahrungen-Sammeln heraus durchlaufen. Erst in der Pubertät sind das sexuelle Erleben und Verhalten allmählich mit dem von Erwachsenen vergleichbar.

Die Sexualität von Kindern ist gekennzeichnet von Spontaneität, Neugier und Unbefangenheit. Die Erregbarkeit von Kindern ist durch alle Sinneswahrnehmungen möglich und kann durch unterschiedliche Reize erfolgen. Bei Säuglingen und Kleinkindern können Wärme, Schmusen oder Stillen sexuelle Reflexe in Form von Erektionen des Penis oder der Klitoris auslösen. Kinder nehmen über die Haut des gesamten Körpers Berührungen als angenehm und lustvoll wahr. Zudem kann man bereits früh beobachten, dass Kinder ihre Genitalien berühren und sich durch Reiben oder Herumspielen selbst stimulieren. Dabei kann es sogar zu einer Art sexuellem Höhepunkt kommen. Diesen kann man sich – ähnlich wie das Gähnen bei Müdigkeit – als einen rein körperlichen Reflex vorstellen.

Es macht für Kinder keinen Unterschied, ob sie die Wärme auf der nackten Haut spüren, gekitzelt werden oder sich am Geschlecht berühren. Das alles sind sinnliche, angenehme Eindrücke. Diese unterschiedlichen Genussmöglichkeiten werden auch nicht bewertet. Es geht einfach darum, Situationen zu suchen, die sich gut anfühlen. Daher ist die eigene Stimulation der Genitalien auch in keiner Weise mit der Selbstbefriedigung eines Erwachsenen vergleichbar. Das Erleben von Lust ist bei Kindern nicht an eine sexuelle Erfahrung geknüpft, es gibt keine sexuellen Fantasien oder Vorstellungen von Berührungen mit oder von anderen Personen. Es ist eine rein sensorisch-körperliche Erfahrung, die sie völlig egozentrisch, d.h. auf sich bezogen, erleben.

Anders als Erwachsene gehen Kinder mit ihrem Körper unbefangen, spontan und offen um. Sie müssen sich in ihrer Suche nach lustvollem Erleben nicht begrenzen. Sie haben noch keine Schamgefühle, weil sie keine zwischenmenschliche Sexualität und damit verbundene gesellschaftliche Normen kennen. Aus ihrer Sicht ist es normal und unproblematisch, wenn sie in der Öffentlichkeit die Hand in ihre Unterhose schieben oder ihrer Tante das T-Shirt hochziehen, um den Busen anzufassen. Dies sind keine sexualisierten Verhaltensweisen, sondern unbedarftes

Befriedigen der eigenen Bedürfnisse. Andere Menschen und deren Empfinden spielen dabei keine Rolle.

Diese im Kleinkindalter von Neugier und Experimentierlust geprägten Verhaltensweisen erfahren ab circa dem dritten Lebensjahr eine Konfrontation mit der Umwelt: Die Wahrnehmung, dass es Unterschiede zwischen Jungen und Mädchen gibt; die Erfahrung, dass andere Kinder oder Erwachsene einschränkend auf bestimmte, vermeintlich sexuelle Verhaltensweisen reagieren; die Vermittlung von Normen und Regeln; das soziale Klima, das von Schamgefühlen geprägt ist – all dies zieht eine Reihe von Lernprozessen nach sich. Gleichzeitig findet eine Selbsterkundung des Körpers und Stimulation der Genitalien über die gesamte Kindheit hinweg weiter statt.

Ab dem dritten Lebensjahr beginnen auch die sogenannten Doktorspiele mit anderen Kindern, bei denen sie gegenseitig die Geschlechtsunterschiede erkunden. Die Kinder nutzen verschiedenste Situationen, z. B. beim gemeinsamen Toilettengang oder beim Schmusen im Bett, um sich nackt anzusehen und ihre Geschlechtsteile zu erforschen. Ihr Ziel ist dabei nicht, sexuelle Erregung oder einen Höhepunkt zu empfinden, sondern lediglich die Neugier zu stillen. Die dabei manchmal auftretende sexuelle Erregung ist quasi eher ein Nebenprodukt. Sexuelle Höhepunkte erleben sie nicht durch Berührungen von anderen, sondern nur durch eigene Stimulation.

Für diese Entdeckungstouren des Körpers machen Kinder keinen Unterschied, mit wem sie die körperliche Nähe teilen. Es kommen alle Personen – Kinder und Erwachsene – infrage, mit denen sie viel zusammen sind. Sie haben keinen »festen Sexualpartner«, wie es bei Erwachsenen üblich ist. Mit den Berührungen ist auch kein Ausdruck von Liebe oder Zuneigung verknüpft. Sie streben daher auch keine gegenseitige Befriedigung oder einen Geschlechtsverkehr an. Es ist ein reines Entdeckungsspiel, das mit der erwachsenen Sexualität nichts gemeinsam hat.

Ab dem fünften Lebensjahr lässt das Interesse an den Doktorspielen wieder nach. Die Kinder haben durch die Reaktionen des Umfelds Schamgrenzen erlernt und verinnerlicht, sodass sie sich mit ihrer Neugier und auch mit ihrem Masturbationsverhalten zurücknehmen. Sie suchen nun eher unbeobachtete Situationen mit Gleichaltrigen auf. Im Grundschulalter beginnt die Zeit der ersten Verliebtheiten. Hier tritt erstmals ein auf ein bestimmtes Kind bezogenes Zärtlichkeitsbedürfnis auf. Aus der Menge der Kindergarten- oder Schulkinder sticht eines heraus, das sie besonders bewundern. Die gesuchten Zärtlichkeiten enden dabei beim Händchenhalten, Kuscheln oder Küsschen. Das Verliebtsein tritt nicht selten gleichgeschlechtlich auf, da auf dieser Entwicklungsstufe mehr Zeit mit gleichgeschlechtlichen Kindern verbracht wird.

Kinder ahmen Verhalten nach und probieren so neue Möglichkeiten aus. Wie beim »Lehrer-Spielen« oder bei »Vater-Mutter-Kind« werden auch sexuelle Verhaltensweisen beim »Liebe-machen-Spielen« imitiert. Das ist also kein sexuelles Verhalten, sondern Rollenspiel, Experiment oder die Suche nach einer lustvollen Erfahrung. Es steckt kein Begehren, kein Wunsch nach Geschlechtsverkehr oder einem Orgasmus dahinter wie in der erwachsenen Sexualität. Letztere ist zielgerichteter, absichtsvoller und mit sexueller Erfahrung verknüpft. Ähnlich wie das Kind mit Genuss an einer Kaugummizigarette zieht und nichts vom Geschmack und der Wirkung einer richtigen Zigarette weiß, ahnt es nicht, was es da genau nachahmt, wenn es stöhnend mit einem anderen Kind aufeinanderliegt. Diese Spiele und Handlungen werden nicht mit sexuellen Fantasien, Liebe oder Zuneigung in Verbindung gebracht. Häufig leben Kinder ihre sexuelle Neugier nicht mit dem Kind aus, in das sie verliebt sind, sondern suchen sich ein anderes. Im Gegensatz zu Erwachsenen ist demnach Zuneigung oder Verliebtheit nicht mit dem Wunsch nach sexuellem Höhepunkt oder Vereinigung mit der geliebten Person verbunden. Umgekehrt werden sexuelle Handlungen und Gefühle auch nicht genutzt, um Nähe herzustellen, wie es bei Erwachsenen üblich ist.
Erst mit Beginn der Pubertät entwickeln Kinder einen Sinn für Erotik und Sexualität und entdecken Lust als eigenständige, faszinierende Dimension. Die Häufigkeit der Masturbation nimmt zu und sie ist nun oft begleitet von Träumen und sexuellen Fantasien. Informationen rund um die Sexualität werden in Zeitschriften, Büchern und Internet neugierig aufgesogen. Bildmaterialien oder erotisch-pornografische Geschichten geben Impulse für das eigene Kopfkino und regen zum Ausprobieren verschiedener Praktiken bei der Selbstbefriedigung an. Außerdem werden sexuelle Gefühle erstmals mit Beziehungswünschen zu einer bestimmten Person verknüpft. Jugendliche sehnen sich nach Zärtlichkeiten, Streicheln, Nacktheit und Petting mit dem Mädchen oder Jungen, in das oder in den sie sich verliebt haben. Nicht selten beziehen sich diese Fantasien auf Musik- oder Kinostars.
Mit Eintritt in die Pubertät und den damit verbundenen körperlichen Veränderungen entwickelt sich auch ein Körperselbstbild. Die Frage der Attraktivität steht im Vordergrund, die sehr das Selbstbewusstsein und den Umgang mit Gleichaltrigen bestimmt. Es werden erste Erfahrungen mit zwischenmenschlichen Sexualkontakten gemacht. Alles ist neu und mit großer Unsicherheit behaftet. Eine gesunde sexuelle Entwicklung mit einem positiven Körperbild ist stark abhängig von den Erfahrungen, die das pubertierende Kind macht. Sexuelle Kontakte mit weitaus älteren Erwachsenen, die eine vertrauensvolle Beziehung zu dem Kind für ihre eigenen Bedürfnisse (aus)nutzen, können diese gesunde Entwicklung schwerwiegend stören.

Die Aufgabe von Erwachsenen ist es, die Entwicklung von Kindern zu schützen und zu fördern. Dafür ist es unabdingbar, Grenzen zu setzen. Dies gilt auch für den Bereich der Sexualität. Wenn Kinder mit ihrer Neugier oder ihren Bedürfnissen nach sinnlichem Erleben auf einen Erwachsenen zukommen, dann ist es seine Verantwortung, diese nicht für die eigene sexuelle Erregung auszunutzen. Da wo der körperliche Kontakt – selbst wenn er von dem Kind gesucht wird – fortgesetzt wird, obwohl oder gerade weil der Erwachsene sexuelle Erregung verspürt, beginnt der sexuelle Missbrauch des Kindes.
Besonders ab der Pubertät verlieben sich Kinder durchaus in Erwachsene, z. B. in die Lehrerin oder den Trainer. Diese Schwärmerei kann dann auch verbunden sein mit Sehnsüchten nach erotischen Berührungen. Hier haben die Erwachsenen eine besondere Verantwortung, eine klare Grenze einzuhalten. Gerade für pädophil oder hebephil empfindende Menschen ist es eine große Herausforderung, diese Signale nicht falsch zu interpretieren. Die Wünsche sind nicht mit dem sexuellen Verlangen Erwachsener zu vergleichen. Kinder oder Pubertierende können auch die Folgen nicht absehen, aus diesem Grund benötigen sie Schutz durch Erwachsene. Erst ab einem Alter von 14 Jahren wird ihnen laut Gesetz diesbezüglich eine gewisse Entscheidungsfreiheit zugestanden. So wie der Wunsch einer Elfjährigen, mal von Papas Bier zu probieren, abgelehnt wird, müssen auch bestimmte körperliche Wünsche eine Grenze erfahren.
In Kontakten zwischen Erwachsenen und Kindern gibt es keine gleichberechtigten Beziehungen. Der Erwachsene hat aufgrund seiner größeren Lebenserfahrung, aufgrund seines Status als derjenige, der über materielle Dinge verfügen und z. B. Geschenke machen kann, eine Playstation besitzt, Unternehmungen finanziert usw., eine natürliche Vorrangstellung. Auch wenn es im Kontakt zwischen Thomas und dem Jungen nicht zur Ausübung direkter Gewalt gekommen ist, hat Thomas diese Vorrangstellung ausgenutzt. Man spricht in diesem Zusammenhang von »struktureller Gewalt«. Gemeint ist damit die Tatsache, dass der Erwachsene immer einen Schritt voraus ist, die Situation besser einschätzen und steuern kann. Einvernehmliche sexuelle Kontakte zwischen Erwachsenen und Kindern auf Basis einer freien Entscheidung beider Seiten sind aus diesen Gründen nicht möglich.

**MAX** Kinder sind aus meiner Sicht nicht fähig zur informierten Zustimmung zu sexuellen Handlungen. Jede sexuelle Handlung eines Erwachsenen mit einem Kind stellt deshalb technisch und moralisch einen sexuellen Übergriff dar. Es scheint zwar Einzelfälle zu geben, in denen größere Kinder oder Jugendliche

solche Übergriffe nachhaltig als neutral oder gar positiv bewerten und sich vehement gegen den Begriff »Übergriff« wehren. Dennoch sind einige dieser Fälle zu bezweifeln, möglich, dass manche sich das Erlebte nur schönreden. Es ist mir kein einziger Fall bekannt, der den Schluss zulässt, dass dem Täter vorher eindeutig klar gewesen sein kann, dass sein Übergriff auf kurze wie auf lange Sicht nicht schaden würde. Insofern gleicht Sex mit Kindern russischem Roulette mit einem mit fünf Kugeln geladenen Revolver.
Kindliche Sexualität sehe ich als etwas sehr auf das Kind selbst Bezogenes. Sexuelle Erregung mag als etwas Schönes, Reizvolles erlebt werden, wie z. B. das Kitzeln. Doch im Gegensatz zu erwachsener Sexualität ist es nicht etwas Gegenseitiges mit einem starken Bezug zu der anderen Person. Es hat eher was mit Neugier zu tun. x

## Berufswahl und Ehrenamt: Wie viel Kontakt zu Kindern ist möglich?

»Wenn ich schon keine erotische Beziehung zu einem Kind haben kann, möchte ich wenigstens so viel Zeit wie möglich mit Kindern verbringen – das kann mir doch keiner verbieten!« Dieser Satz stammt von Markus, den wir vor Jahren in der Therapie kennengelernt haben. Markus arbeitete ehrenamtlich als Fußballtrainer und verbrachte mehrere Abende in der Woche auf dem Fußballplatz. Er trainierte zwei Kindergruppen und fuhr auch an den Wochenenden oft mit zu den Spielen. Nachdem Markus seine pädophile Ausrichtung erkannt und akzeptiert hatte, beschloss er, dass sexuelle Kontakte mit Kindern für ihn tabu sind: »Das war für mich völlig klar: Sex mit Kindern, das geht gar nicht. So etwas wollte ich auf keinen Fall. So einer wollte ich nicht sein.«
Das Ehrenamt als Trainer hatte er schon als Jugendlicher übernommen. Er bemerkte, dass ihm der Kontakt mit den Kindern guttat. »Wenn ich denen zuschauen konnte, wie sie sich bewegen, wie sie in die Zweikämpfe reingehen, wie sie sich auspowern und ins Schwitzen kommen ... das war mein Leben, da ging es mir gut. Die haben auch auf mich gehört. War ja klar, ich war der Trainer, auf den wird gehört. Die haben richtig zu mir aufgeschaut, da habe ich was gegolten.« Markus fühlte sich über Jahre sehr wohl in dieser Rolle. Die Grenzen zu den Kindern hat er immer gewahrt. »Da hatte ich einen richtigen Ehrenkodex: Ich fasse kein Kind an! Das muss im Fußballtraining auch nicht

sein. Das ist ja anders als bei anderen Sportarten. Beim Geräteturnen, da hast du Körperkontakt, geht ja nicht anders. Aber beim Fußball: Ich habe denen immer gesagt, wie sie sich aufwärmen sollen, welche Übungen sie machen sollen, oder ich hab's denen direkt vorgemacht. Ich musste keinen anfassen, höchstens mal, es gab Verletzungen, einen Unfall oder so, aber da waren ja dann die ganzen anderen Kinder außen rum. Das war immer sicher.«

Markus hat in der Therapie beschrieben, wie er sich über zehn Jahre in dieser Situation sicher gefühlt hat. Er war als Trainer anerkannt und beliebt. Er hatte sich nichts vorzuwerfen, seine Arbeit mit den Kindern war gut und tat ihm gut. Die erlebten Situationen im Fußballtraining hat er, nur wenn er allein war, sexuell ausgeschmückt und dazu onaniert. Markus: »Das war für mich okay. Was in meinem Kopf passiert, geht keinen was an. Solange ich kein Kind anfasse, ist alles sicher. Anfangs hatte ich noch ein schlechtes Gewissen, wenn das die Kinder wüssten und so. Ich habe aber gemerkt, dass ich die Sache im Griff habe, und tatsächlich ist ja erst mal jahrelang nichts passiert.« Markus hatte tatsächlich jahrelang die Kontrolle über sich. Er konnte das Training mit den Kindern und seine sexuellen Bedürfnisse gut trennen. Die Situation änderte sich erst nach über zehn Jahren:

»Erst habe ich das gar nicht gemerkt. Da war ein Junge, der Jonas, elf Jahre alt. Der kam immer alleine zum Training, er wurde nie gebracht oder abgeholt von seinen Eltern. Der war auch immer bei den Auswärtsspielen alleine, da kam keiner mit. Die Eltern waren getrennt. Jonas' Mutter musste ja immer arbeiten. Einmal kam sie dann aber doch mit und ich habe ihr angeboten, den Jungen nach einem Auswärtsspiel nach Hause zu fahren. Die war natürlich dankbar, und Jonas fand das auch gut: Der Trainer fährt mich nach Hause! An dem Tag habe ich ihn dann an der Wohnung abgesetzt und es gab einen Abschiedskuss. Ich kann nicht mehr sagen, ob ich ihn geküsst habe oder er mich. Es war einfach eine kurze Umarmung und Küsschen so auf die Wangen, rechts und links. Ich war wie weg. Tagelang konnte ich nur noch daran denken. Ich wollte Jonas wieder sehen. Ich wollte mit ihm zusammen sein. Ich wollte mit ihm alleine sein.«

Markus benennt diese Situation rückblickend als Beginn der sexuellen Übergriffe. Er spricht vom »Dammbruch«. Seine Vorsätze, keinen Körperkontakt zu Kindern zuzulassen, hat er nach und nach aufgegeben. »Ich habe gemerkt, wie gut mir das tut. Jonas fand das ja auch voll gut. Ich habe dann immer öfter solche Angebote gemacht, habe den Jungen mal hierhin gefahren, mal dort abgeholt. Der Mutter war's recht, Jonas fand's super und ich war wie auf Wolke sieben. Es hat kein halbes Jahr gedauert und Jonas war ein Teil meines Alltags.

Er hat mich bei mir zu Hause besucht, wir haben zusammen gegessen, und er durfte schließlich auch bei mir übernachten, wenn es nach einem Auswärtsspiel später geworden war. Es hat nicht lange gedauert und wir hatten Sex.«

Was Markus beschreibt, ist der Prozess einer allmählichen Annäherung im Rahmen seiner Aufsichts- und Erzieherfunktion. Er übernimmt allerdings eine Rolle, die weit über das Trainerhandeln hinausgeht. Es entwickelt sich eine exklusive Beziehung, in der Markus mehr und mehr Bedeutung für Jonas gewinnt und schließlich unentbehrlich wird. Markus verliebt sich, er will und kann – auch aufgrund des regelmäßigen Kontakts – dieser Entwicklung wenig entgegensetzen. Das, was ihn über Jahre vor Übergriffen geschützt hatte, der selbst gewählte Ehrenkodex, steht schließlich nicht mehr zur Verfügung.

Wir wissen aus unserer therapeutischen Arbeit, dass Menschen mit einer pädophilen Ausrichtung oft sehr gute pädagogische Arbeit mit Kindern leisten. Vielen gelingt es, ihre erotischen Empfindungen auszuklammern, sodass ein sicherer Umgang mit Kindern möglich ist. Wir wissen aber auch, dass die fortdauernde Konfrontation mit Kindern in der täglichen Arbeit früher oder später zu Konstellationen führt, die in einer Überforderung enden kann.

Einige Berufe, wie z. B. Erzieherin oder Erzieher, beinhalten von vornherein einen hohen Anteil an Körperkontakt mit Kindern. Es gibt im Kindergarten oder im Heim viele Situationen, in denen die Kinder schmusen wollen, sie beim Toilettengang oder Anziehen Hilfe benötigen oder bei Verletzungen Trost und Versorgung suchen. All das sind Situationen, in denen sie liebevolle Zuwendung und Zärtlichkeiten brauchen. Dies sind gleichzeitig Situationen, in denen sich Erzieher mit einer pädophilen Ausrichtung mit ihren eigenen Gefühlen und Bedürfnissen zurücknehmen müssen. Muss man diese Selbstkontrolle täglich leisten, kann das eine extreme Anstrengung sein, der man aufgrund der Routine irgendwann weniger Aufmerksamkeit widmet und die deshalb fehleranfällig wird.

Außerdem können diese beruflich notwendigen Körperkontakte bei pädophilen Menschen ambivalente Gefühle auslösen, z. B. weil man gerade in einer schwierigen Lebensphase ist oder weil man sich in ein bestimmtes Kind verliebt hat. Selbst wenn man klar entschieden hat, nie sexuell übergriffig zu werden, merkt man doch, wie gut die Berührungen tun. Trotz des Wissens um die negativen Folgen und die drohenden Probleme, wünscht man sich mehr von dem, was einem gefällt und guttut. Solche Entwicklungen können die sexuellen Bedürfnisse verstärken und schließlich zu ihrer Realisierung führen.

Daneben gibt es die Tätigkeiten, wie Markus sie ausgeübt hat: Trainer im Sportverein, Kursleiter in einem Freizeittreff, Leiter eines Kinderchores. Diese häufig ehrenamtlichen Beschäftigungen mit Kindern finden in der Regel nicht täglich statt und führen auch zu weniger Körperkontakt. Sie erscheinen einigen pädophilen Menschen als guter Kompromiss, die das Bedürfnis nach Nähe zu Kindern erfüllen, aber auch eine gewisse Distanz fordern, die helfen kann, nicht sexuell übergriffig zu werden. Das Beispiel von Markus zeigt, dass dies lange Zeit gut gelingen kann. Jedoch bleibt auch hier die Gefahr, sich irgendwann doch zu verlieben und dann die kritische Distanz zur Selbstbeobachtung und -überprüfung zu verlieren.

Ob eine berufliche Tätigkeit mit Kindern sich auf nicht übergriffige pädophile Menschen riskant oder schützend auswirkt, ist in der Wissenschaft noch nicht ausreichend untersucht (Cantor & McPhail 2016). Einsamkeit und soziale Zurückweisung wird als ein zentraler Risikofaktor für sexuelle Übergriffe gesehen. Einige pädophile Menschen berichten, dass der Kontakt mit Kindern ihr Bedürfnis nach sozialen Beziehungen erfüllt und ihnen Liebe und Fürsorge wichtiger ist als eine sexuelle Komponente im Kontakt zu den von ihnen betreuten Kindern.

MAX Allgemein finde ich den Kontakt zu Kindern und Jugendlichen eher schwierig, da ich nicht mit allen von ihnen gut klarkomme. Das hat aber nichts mit meiner Neigung zu tun. Beruflicher oder ehrenamtlicher Kontakt zu Kindern ist mir deshalb fremd. Ich schätze aber, insbesondere Kontakt zu Mädchen zwischen sechs und elf würde mir ab dem Punkt nicht mehr guttun, an dem sich mir sexuelle Fantasien aufdrängen, die vom Kontakt weiter gefüttert werden. x

Wir raten Menschen mit pädophilen Interessen nicht generell von allen Berufen oder Ehrenämtern mit Kindern ab. Unserer Einschätzung nach erschwert aber eine pädagogische Tätigkeit für pädophile Menschen den Weg eines lebenslangen Verzichts auf Sexualität mit Kindern. Auch hier kann ein Ambivalenzraster mit der Darstellung der Vor- und Nachteile, vor allem der damit verbundenen Risiken helfen (siehe Downloadmaterial), abzuwägen, wie viel Kontakt zu Kindern ihnen guttut. Neben den vielen positiven Erlebnissen mit Kindern, der Freude, die sie machen, sind die damit verbunden Kosten nicht zu übersehen. Wie viel Anstrengung und Belastung bedeutet eine tägliche Konfrontation mit Kindern und die immer notwendige Selbstkontrolle? Wie viel Risiko bergen diese Tätigkeiten für die Kinder und auch für die Betroffenen selbst? Wichtig ist dabei Ehrlichkeit mit sich selbst. Die folgende Übung kann von Betroffenen genutzt bzw. diesen an die Hand gegeben werden.

## Umgang mit Kindern

Wir möchten Sie ermutigen, sich selbst kritische Fragen zu stellen und stets gut zu prüfen, ob und wie Sie »sichere Verhältnisse« im Umgang mit Kindern garantieren können. Fragen Sie sich:

- Worauf genau kommt es mir im Kontakt zu den Kindern an?
- Wie viele Situationen gab es bisher, in denen ich körperliche Grenzen nicht klar eingehalten habe? Wie oft war ich bei einem »normalen« körperlichen Kontakt sexuell erregt?
- Gibt es einzelne Kinder, die mich besonders ansprechen? Gibt es besonders bedürftige, nach Kontakt suchende Kinder?
- Habe ich mich schon einmal im Rahmen meiner Tätigkeit in ein Kind verliebt? Kam es zu einer engeren Beziehung, ohne sexuelle Kontakte?
- Tut mir der Kontakt zu den Kindern wirklich gut? Oder zerreißt mich die Spannung zwischen sexuellen Bedürfnissen und dem Vorsatz, sexuelle Handlungen zu unterlassen?
- Welche alternativen Tätigkeiten gibt es für mich? Was würde es für mich bedeuten, wenn ich den Job wechsle?

Die Erkenntnis, dass der regelmäßige Umgang mit Kindern ein zu hohes Risiko und eine zu große Belastung ist, kann Veränderungen notwendig machen, die sehr schmerzhaft sind: die Aufgabe eines Ehrenamts in der Kirchengemeinde, der Verzicht auf den finanziell dringend notwendigen Job im Freizeitpark, die komplette Aufgabe des Berufs als Erzieher oder Erzieherin im Kinderhort mit anschließender Neuorientierung und Umschulung. Wir wissen, dass diese Entscheidungen weitreichend sind und ganze Lebensläufe umkrempeln können. Wir wissen allerdings auch, dass sie manchmal notwendig sind, um Übergriffe zu verhindern und langfristig zu einem zufriedenen, weniger belastenden Leben zu führen.

Die in diesem Kapitel beschriebenen Eigenschaften, Verhaltensweisen oder Lebensumstände, die bei pädophilen Menschen zu einem erhöhten Risiko für einen sexuellen Missbrauch führen können, resultieren aus Untersuchungen mit bereits straffällig gewordenen pädophilen Menschen. In Nachfolgeuntersuchungen (z. B. Hahn 2007) wurde aber auch deutlich, was Menschen mit pädophiler Ausrichtung vor einem Missbrauch von Kindern schützt, denn zwischen denen, die nach der Verurteilung straffrei geblieben sind, und denen, die wieder rückfällig wurden, gibt es klare Unterschiede. Als wichtige Schutzfaktoren gelten z. B. die soziale Integration, also das Eingebundensein in Familie, Freundes- oder Kollegenkreis. Erfolg und Anerkennung im Beruf spielen ebenso eine große Rolle wie die Pflege von Hobbys und Interessen. Im eigenen Leben einen Sinn oder auch Halt in einer religiösen Orientierung zu finden, stellt ebenfalls einen bedeutsamen Schutzfaktor dar.

Auch wenn ohne die Erkenntnis und Akzeptanz der pädophilen Ausrichtung eine fortlaufende Einschätzung der eigenen Gefährlichkeit und die aktive Entscheidung für ein Leben ohne Kindesmissbrauchshandlungen erschwert ist, geht es um mehr als die Kontrolle der pädophilen Wünsche. Positive Erfahrungen in anderen Lebensbereichen, die nichts mit der Pädophilie zu tun haben, erhöhen die Lebenszufriedenheit und diese wiederum wirkt sich nicht nur auf die Stimmung positiv aus, sondern erleichtert es den Betroffenen auch, abstinent zu leben.

# Was passiert mit den Kindern? Die Folgen sexuellen Missbrauchs

Die meisten pädophilen Menschen leben ihre sexuellen Interessen nicht aus. Sie wissen um die Folgen eines sexuellen Kontakts zwischen Erwachsenen und Kindern und möchten die Schädigung eines Kindes auf jeden Fall vermeiden. Aber welche Schäden sind das eigentlich, die als Missbrauchsfolgen auftreten können?
Der Blick auf die Opfer gehört zur Auseinandersetzung mit dem Schicksal Pädophilie dazu. Aus unserer praktischen Arbeit mit Menschen, die einen sexuellen Kindesmissbrauch begangen haben, kennen wir Äußerungen wie: »Ich habe ja keine Gewalt angewendet, habe nur das gemacht, was das Kind wollte. Wenn das Kind etwas nicht wollte oder Schmerzen hatte, habe ich sofort aufgehört. Dem Kind geht es gut, ich habe keinen Schaden hinterlassen.« Hier stellen sich die Fragen: Gibt es »folgenlosen« Sex zwischen Erwachsenen und Kindern? Wovon hängt ab, wie sich die Folgen entwickeln?

## Das Erleben der Kinder

Sexuelle Handlungen mit Kindern hinterlassen immer Folgen. Wir sind bereits ausführlicher auf die sexuellen Entwicklungsstufen und die Frage der »Einvernehmlichkeit« sexueller Kontakte zwischen Kindern und Erwachsenen eingegangen. Wenn wir nun das Erleben der Kinder näher betrachten wollen, müssen wir uns diese Unterschiede wieder vor Augen halten. Kinder befinden sich – sowohl vor als auch während der Pubertät – auf einer anderen geistigen und körperlichen Entwicklungsstufe als Erwachsene. Erwachsene sind aufgrund dessen Kindern immer überlegen. Diese Position erlaubt es ihnen – und verpflichtet sie auch –, Kinder zu beschützen, zu versorgen, ihre Entwicklung zu fördern und sie im Einklang mit den Werten der Gesellschaft zu erziehen. Gleichwohl besteht auch die Gefahr, diese überlegene Position für eigene Interessen zu missbrauchen. Dann steht nicht mehr die Frage »Was braucht das Kind?«, sondern »Was will ich?« im Vordergrund. In diesem Zusammenhang spricht man auch von »struktureller Gewalt«. Gemeint ist Gewalt im Sinne von

Stärke oder Macht, die in der Beziehungsstruktur zwischen zwei Menschen liegt und dem Mächtigeren zur Durchsetzung der eigenen Interessen dient. Bei sexuellen Handlungen an Kindern wird auf diese Weise immer psychischer Zwang oder psychische Gewalt ausgeübt.

Erwachsene müssen nicht drohen oder schlagen, um Kinder dazu zu bewegen, etwas Bestimmtes für sie zu tun. Es reicht aus, Wünsche oder Forderungen klar zu formulieren. Aufgrund der entwicklungsbedingten Überlegenheit von Erwachsenen nehmen Kinder das meist als gegeben hin. »Ich wünsche mir so sehr, dass du zärtlich zu mir bist« wirkt auf ein Kind verbindlicher, fordernder, drängender als auf einen Erwachsenen, der leichter »Nein« sagen kann und auch weiß, dass sein »Nein« berechtigt ist. Kinder, vor allem wenn sie in nahem sozialen Bezug zu dem Erwachsenen stehen, diesen achten oder auch fürchten, können sich nicht so leicht abgrenzen. Sie haben schnell ein schlechtes Gewissen (»Wenn ich nicht mitmache, enttäusche ich ihn«) und geraten so unter Druck.

Dies gilt erst recht für sexuelle Handlungen. Erwachsene wissen, was sie wollen und können die Auswirkungen eines intimen Kontaktes besser einschätzen. Sie kennen die vielen Möglichkeiten der Sexualität und wählen daraus aus. Das Wissen um Sexualität ist größer, meist auch die Erfahrung. Kindern fehlt dieser Erfahrungs- und Wissenshintergrund. Er entwickelt sich erst über die Kindheit, Jugend und das junge Erwachsenenalter, und diese Entwicklung ist leicht störbar. Auch wenn Kinder sexuellen Kontakten mit Erwachsenen zustimmen bzw. sie nicht aktiv ablehnen, können sie aufgrund ihrer psychosexuellen Entwicklungsstufe die Bedeutung und die Folgen dessen gar nicht abschätzen (Enders 2003).

Am Beispiel von Jakob wird dies sehr deutlich: Der zehnjährige Jakob lebt nach der Trennung der Eltern bei seiner Mutter. Nach der Schule ist er oft allein, die Mutter ist berufstätig. Seit einem Jahr besucht er die Musikschule und nimmt am Gruppenunterricht Gitarre teil. Ingo, der Musiklehrer, ist sehr nett und gibt sich viel Mühe. Jakob bleibt nach der Gruppenstunde oft noch etwas länger, um sich zu unterhalten. Der Musiklehrer lobt Jakobs Fortschritte und schlägt vor, ihm zusätzlich Einzelunterricht zu geben. Jakob ist von dem Vorschlag begeistert. Stolz berichtet er seiner Mutter davon. Sie sieht, dass Jakob gern zur Musikschule geht und ist mit den Zusatzstunden einverstanden. Ingo zeigt ihm viele technische Dinge, spielt ihm Gitarrenmusik vor. Rückblickend kommt es öfters zu ersten längeren Berührungen, wenn Ingo ihm Griffe zeigt, die Hand- oder Körperhaltung korrigiert. Jakob denkt, das ist normal. Es fällt ihm kaum auf. Wenn Jakob besonders gut spielt, belohnt Ingo ihn mit Süßigkeiten, nimmt ihn in den Arm und streichelt ihn. Schließlich schlägt der Lehrer vor, Jakob zur Lockerung der Muskeln zu massieren. Jakob soll sein Hemd ausziehen, Ingo tastet seinen Rücken nach Verspannungen ab. Jakob fühlt sich dabei unwohl, akzeptiert die Berührungen jedoch, weil er mit Ingo so viel Schönes erlebt, er ihm so viel Aufmerksamkeit schenkt. Eines Tages fragt Ingo, ob Jakob schon aufgeklärt ist. Ingo ist verunsichert, seine Mutter spricht mit ihm nicht über »solche Sachen«. Es ist ihm zwar etwas peinlich, gleichzeitig ist er aber auch neugierig und lässt sich darauf ein, mit Ingo Aufklärungsbücher, später auch Sexmagazine und Pornohefte anzuschauen. Jakob soll niemandem etwas davon erzählen, weil es sonst Ärger geben könnte. Jetzt haben beide ein Geheimnis, was sie verbindet. Die nächsten Unterrichtsstunden laufen dann immer auf sexuelle Dinge hinaus: Ingo zeigt Jakob immer neue Pornobilder, schließlich auch Filme am PC. Er beginnt sich auszuziehen und vor Jakob zu onanieren und verlangt von ihm, ihn mit der Hand zu befriedigen.

Viele Kinder erleben solche Entwicklungen als Vertrauensbruch, als Verrat. Sie gehen davon aus, dass die erwachsene Person sich tatsächlich um sie kümmert, ihnen eine Freude machen will, sich ihnen uneigennützig zuwendet. Rückblickend zu erkennen, dass es nur um die Befriedigung eigener Bedürfnisse ging, macht sie traurig und verzweifelt. Diese Erkenntnis und die sich daraus ergebenden Belastungen stellen sich oft erst mit zeitlicher Verzögerung ein, nämlich dann, wenn die Kinder aufgrund ihrer psychosexuellen Entwicklung ihre Kontakte und Beziehungen besser hinterfragen und reflektieren können. Entsprechend treten die Folgen des erlebten Missbrauchs oft erst Jahre später auf. Für den sexuell missbrauchenden Erwachsenen ist in so einem Fall keine unmittelbare Schädigung zu erkennen, was fälschlicherweise oft als Hinweis für die »Ungefährlichkeit« der sexuellen Kontakte missinterpretiert wird.

Insbesondere pädophile Personen, die auch an einer emotionalen Beziehung zu dem Kind interessiert sind, bringen viel Zeit, Aufmerksamkeit und Geduld im Vorfeld von Missbrauchshandlungen für das Kind auf. Diese Zuwendung tut dem Kind natürlich gut. Meistens sind es Mädchen und Jungen, die von ihren Eltern ebendies nicht oder viel zu selten erfahren: Zuneigung, Liebe, Interesse, Zärtlichkeit, gemeinsames Spielen. Sie sind dadurch besonders empfänglich, aber auch besonders verletzlich. Wenn dann plötzlich die erotischen oder sexuellen Annäherungen hinzukommen, ist das nicht nur eine Enttäuschung. Diese zwei Seiten des Erwachsenen stürzen das Kind oft in ein Dilemma. Sie mögen ihn, manchmal sind sie sogar auf ihn angewiesen, und gleichzeitig tut er ihnen weh. Ein 22-jähriger Mann beschreibt es so: »Irgendwie bin ich auch gerne zu ihm gegangen. Mir fällt es auch heute noch schwer, ihn als Täter oder gar als

Kinderschänder zu bezeichnen. Er hat mir zwar wehgetan, aber auch einige gute Sachen mit mir gemacht. Und die brauchte ich damals unbedingt« (Bange 2007, S. 134). Aufgrund dieser Zerrissenheit zwischen Sympathie für die Person und Widerwillen gegenüber der sexuell-körperlichen Nähe geben Kinder eine solche Beziehung nicht direkt auf, sie folgen den Wünschen des Erwachsenen und erzählen niemandem, was passiert. Sie entwickeln Strategien, wie Dissoziationen, die sie psychisch die sexuellen Handlungen ertragen lassen, um die Zuneigung des Erwachsenen nicht zu verlieren. Gleichzeitig wird aber das Gefühl von Sicherheit und Geborgenheit in der Welt (»Urvertrauen«) nachhaltig erschüttert und prägt alle weiteren Entwicklungsschritte des betroffenen Menschen, da die Person, an die dieses Vertrauen geknüpft war, es missbraucht hat.

Die meisten Mädchen und Jungen erleben infolge sexuell übergriffiger Handlungen starke Scham- und Schuldgefühle. Sie fühlen sich hilflos, spüren die eigene Unterlegenheit und wissen nicht, wie sie die Situation beenden sollen (Jensen 2004). Sie schämen sich dafür, »mitgemacht« zu haben, sich nicht genug gewehrt zu haben. Das führt häufig dazu, dass die Kinder sich selbst mindestens einen Teil der Schuld an dem erlebten Missbrauch geben. Diese Selbstbeschuldigungen bewirken eine große innere Verunsicherung (»Warum kann ich nicht Nein sagen?«), Selbstabwertung (»Solche Memmen wie ich haben es nicht anders verdient«) bis hin zu Selbsthass.

Viele Kinder entwickeln nach einem sexuellen Missbrauch starke Ängste. Manche haben Angst vor Dunkelheit, vorm Einschlafen, vor bestimmten Personen oder aber ganz diffuse Ängste, die sie gar nicht zuordnen können. Andere Kinder wiederum entwickeln eine starke Wut gegen andere Menschen. Die Wut kann sich gegen denjenigen richten, der sie missbraucht hat, aber auch gegen die Eltern, von denen sie sich nicht geschützt fühlen. Diese Aggressionen können sich auch generell gegenüber anderen Menschen äußern, im Sinne eines Ventils für den inneren Hass. Diese Kinder fallen dann z. B. durch häufige Prügeleien und schnelles »Ausrasten« auf, was wiederum zur Folge hat, dass sie von anderen Kindern gemieden werden (Egle u. a. 2015).

Viele fühlen sich nach einem Missbrauch »schmutzig«. Manche haben das Gefühl, nun einen von außen sichtbaren Makel zu haben. Aufgrund dessen ziehen sie sich zurück und vermeiden Kontakte zu Gleichaltrigen. Durch den erlebten Vertrauensverlust begegnen sie anderen Erwachsenen nur noch mit starker Vorsicht und Skepsis. Diese verständliche Schutzreaktion beraubt sie allerdings auch der Möglichkeit, um Hilfe zu bitten. Manche grübeln darüber nach, warum gerade sie und nicht ein anderes Kind missbraucht wurde. Sie suchen nach Gründen, womit sie diese »Strafe« verdient haben. Sie kommen zu dem Schluss, dass sie »schlecht« oder »böse« sein müssen, sonst wäre das nicht passiert.

Besonders problematisch ist ein sexueller Missbrauch für Kinder und Jugendliche, die während des Übergriffs neben ablehnenden und negativen Gefühlen auch körperliche Reaktionen wie eine Erektion oder eine vermehrte Produktion von Scheidenflüssigkeit (Lubrikation) erleben. Durch die sexuellen Handlungen wird der Körper stimuliert, sodass sie die physiologischen Reaktionen sehen und spüren können. Sie können das damit verbundene Kribbeln, die Spannung, sogar einen Orgasmus erleben, während sie sich gleichzeitig in der Situation unwohl fühlen, ihnen die Handlungen zu intim sind, sie »es« nicht wollen. Da sie außerdem nicht wissen, dass die beschriebenen physiologischen Reaktionen auch durch Angst erzeugt werden können, trauen sie ihren eigenen Gefühlen nicht mehr, weil die körperlichen Reaktionen offenbar anderes signalisieren: »Wenn ich so reagiere, scheine ich es ja doch toll zu finden.« Diese widerstreitenden Gefühle bzw. die dem Gefühl widersprechenden Körpersignale sind sehr schwer zu verstehen und zu verarbeiten.

Verkompliziert wird das eigene Erleben durch Äußerungen des sexuell übergriffigen Erwachsenen, wie z. B. »Siehst du, du hast einen steifen Penis / du wirst ja ganz feucht, es gefällt dir, wie ich es dir versprochen habe.« Und tatsächlich erleben manche die sexuelle Erregung als angenehm und positiv. Aber die Tatsache, wie sie entstanden ist, hinterlässt dennoch Gefühle der Unterlegenheit und Abhängigkeit, der Verunsicherung und des Vertrauensbruchs. Berendzen (1994, nach Bange 2007, S. 54) beschreibt die eigenen Erfahrungen so: »Ich empfand eine abgrundtiefe Abscheu. Mein Körper kannte ein Geheimnis, von dem niemand etwas wissen durfte. Dennoch fühlte ich trotz des Ekelgefühls kurzzeitig Lust und Erregung. Es verwirrte und quälte mich ungemein, gleichzeitig und aus demselben Grund Lust und Abscheu zu empfinden. [...] Ich hasste meinen Körper, weil er mir in einer so ekelerregenden Situation Lustgefühle vermittelte.«

## Kurzfristige Folgen eines sexuellen Missbrauchs

Mit kurzfristigen Folgen sind die Reaktionen des Kindes innerhalb von Tagen, Wochen, Monaten und einigen Jahren nach dem Missbrauch gemeint. Dazu gehören Ängste, Alpträume, depressive Reaktionen, Rückzugsverhalten,

Suizidalität, körperliche Beschwerden (z. B. Bauch- oder Kopfschmerzen), Essstörungen, Schlafstörungen, Schulprobleme, Sprachstörungen, aggressives Verhalten, sexuell auffälliges Verhalten (z. B. sexualisierte Sprache, sexuelle Distanzlosigkeit), regressives Verhalten (z. B. Einnässen), Selbstwertprobleme, Beziehungsschwierigkeiten, Alkohol- und Drogenmissbrauch, Autoaggressionen oder auch (sexuell) aggressive Verhaltensweisen. Neben diesen unmittelbaren psychischen und psychosomatischen Folgen sind auch körperliche Verletzungen im Genital- bzw. Analbereich zu nennen (Bange 2007).
Welche der genannten Folgen wie stark bei einem missbrauchten Kind auftreten, hängt von verschiedenen Faktoren ab.
Zum einen kann man sagen, je

- früher der Missbrauch beginnt,
- länger der Missbrauch anhält,
- stärker das Ausmaß an offener Gewalt oder Bedrohung ist,
- auswegloser die Situation vom Kind erlebt wird,
- geringer die Möglichkeiten sind, sich jemandem anzuvertrauen,
- vertrauter die Beziehung zu dem missbrauchenden Erwachsenen ist,

desto schwerer sind die Missbrauchsfolgen.

Zum anderen hängen die Folgen von den Verarbeitungsmöglichkeiten des Kindes ab. Wie ein Kind den Missbrauch verarbeitet, hat viel mit den sogenannten Schutzfaktoren zu tun. Ein wichtiger Schutzfaktor ist eine warme, zuverlässige und unterstützende Beziehung zu einer erwachsenen Bezugsperson: Kinder sind besonders dann empfänglich für die Zuwendung pädophiler Männer, wenn sie keine oder zu wenig Zuwendung in ihrem familiären Umfeld erleben. Auch gute kognitive Fähigkeiten, eine hohe Intelligenz und die grundsätzliche Auseinandersetzungsbereitschaft mit dem Missbrauch sowie ein langfristig aktiver Bewältigungsstil sind Persönlichkeitseigenschaften, die sich positiv auf die Verarbeitung eines Missbrauchserlebnisses auswirken.
Welche der genannten Folgen bei einem missbrauchten Kind auftreten, hängt nicht zuletzt von der jeweiligen Entwicklungsstufe ab. Jedes Kind, das einen Missbrauch erleben musste, versucht in irgendeiner Weise mit dieser Erfahrung fertigzuwerden. Je nach Alter und Unterstützung durch die Umwelt stehen ihm dabei unterschiedliche Möglichkeiten zur Verfügung. So treten manche Symptome eher bei jüngeren Kindern auf, andere eher bei Kindern, die in die Pubertät kommen. Die Schädigung durch den sexuellen Übergriff beeinflusst die gerade im Entstehen begriffene Persönlichkeit. Die Folgen können Entwicklungsstörungen sein. So kann beispielsweise bei einem fünfjährigen

missbrauchten Jungen das erneute Einnässen auffallen. Später im Grundschulalter nässt er zwar nicht mehr ein, zeigt aber starke Schulprobleme und aggressives Verhalten gegenüber seinen Mitschülern. Als er mit 13 Jahren in die Pubertät kommt, zieht er sich immer mehr zurück, leidet unter Suizidgedanken und versucht, diese mit Drogen zu verdrängen.
Die Folgen sexuellen Missbrauchs für das Kind hängen also von vielen unterschiedlichen Faktoren ab. Die Situation ist unüberschaubar. Der Erwachsene, der sich zum Missbrauch entscheidet und darauf hofft, dass der Kontakt »einvernehmlich« ist, da er ja »keine Gewalt« anwendet, kann gar nicht absehen, in welcher Situation das Kind ist, wie es den Missbrauch erlebt und diesen verarbeiten wird. Die Folgen sind nicht einschätzbar. Keine negativen Folgen anzunehmen, ist verantwortungslos. Selbst wenn aktuell keine Störungen erkennbar sind, die Auswirkungen der Missbrauchserfahrung können noch Jahre später auftreten und langfristig das Leben der betroffenen Menschen beeinträchtigen.

MAX Die Auswirkungen schweren Missbrauchs waren mir schon immer bewusst, aber die von minderschweren Übergriffen wurden mir erst nach meinem Coming-in langsam klar. Insbesondere in der Therapie war das ein Thema. Mitgefühl spielt eine große Rolle für mich, aber Vertrauen eine noch größere: Kinder vertrauen mir, wenn sie Kontakt zu mir suchen. Sie setzen Vertrauen darin, dass Erwachsene ihnen nichts tun, was ihnen schadet oder sie ausnutzt. Mit sexuellen Handlungen, ob auf den Schoß nehmen, weil ich das erregend finde, oder gar zwischen die Beine fassen, nutzt man dieses Vertrauen schamlos aus, selbst wenn den Kindern die konkrete Tat am Ende nicht schaden sollte.
Was ich als äußerst befriedigend empfinde ist, wenn ich erlebe, dass ich mich dieses Vertrauens als würdig erweise, und Kinder mir weiter vertrauen und mich achten, weil ich sie achte. x

## Langfristige Folgen eines sexuellen Missbrauchs

Mit langfristigen Folgen sind die psychischen Symptome gemeint, die Jahre später erstmals auftreten oder von der Kindheit an bis ins Erwachsenenalter anhalten und sich verfestigen. Auch wenn der Missbrauch Jahre zurückliegt, kann das aktuelle Leben der Betroffenen durch die Erinnerungen und Folgen noch immer stark beeinträchtigt werden.

Menschen, die einen sexuellen Missbrauch in der Kindheit erleben mussten, haben ein erhöhtes Erkrankungsrisiko für Posttraumatische Belastungsstörungen, Depressionen, Panikstörungen, Suchtstörungen, sexuelle Funktionsstörungen und Persönlichkeitsstörungen. Sie fallen zudem häufiger durch Suizidversuche oder selbstverletzendes Verhalten auf.
Abhängig von der Schwere des Missbrauchs und der Verletzlichkeit des Kindes kann es zu einer schweren Traumatisierung kommen. Eine Traumatisierung tritt dann ein, wenn ein Ereignis extrem bedrohlich und die eigenen Bewältigungsmöglichkeiten als völlig unzureichend erlebt werden. Dann treten Gefühle von Ohnmacht, Hilflosigkeit, Kontrollverlust, starker Angst und Panik sowie eine dauerhafte Erschütterung des Vertrauens in sich selbst und in die Umwelt auf.
Ein sexueller Missbrauch kann eine traumatische Erfahrung darstellen, die, wenn sie nicht frühzeitig und gut verarbeitet wird, eine dauerhafte Belastung für die Persönlichkeitsentwicklung bedeutet. Aus der Hirnforschung gibt es gesicherte Hinweise, dass die Stresswirkung eines Traumas zu einer Veränderung der Hirnstrukturen führen kann. Betroffen ist vor allem die Gehirnregion, die für das Gedächtnis und die Verarbeitung von Gefühlen wichtig sind. Das hat zur Folge, dass einerseits Gedächtnislücken auftreten können, der sexuelle Missbrauch also nicht mehr bewusst ist, andererseits aber auch sogenannte Flashbacks. Hier lösen bereits geringfügige Reize, wie z. B. ein Geruch oder ein bestimmtes Geräusch, überflutende Erinnerungen an das Trauma aus. Plötzlich fühlen sich die Betroffenen in die Situation zurückversetzt und erleben alles noch einmal, so als würde es gerade eben geschehen. Es treten dieselben Gefühle oder auch körperlichen Reaktionen wieder auf, die zum Zeitpunkt der Traumatisierung erlebt wurden: Zittern, Herzrasen, Angst, Übelkeit, Erstarren, Ekel, Hilflosigkeit usw. Besonders das unvorhersehbare Auftreten dieser Flashbacks macht sie so unerträglich und lässt die Betroffenen einen erneuten Kontrollverlust erleben. Im Alltag sind sie daher äußerst schreckhaft und wachsam. Sie leiden unter Konzentrations- und Schlafstörungen oder können sehr reizbar sein und schnell wütend werden. Diese Beschwerden führen meist zu starken Einschränkungen im Alltag (Job, Partnerschaft, Familie, Freunde), unter denen die Geschädigten sehr leiden. Wenn diese Symptome besonders ausgeprägt sind und dauerhaft anhalten, spricht man von einer Posttraumatischen Belastungsstörung.
Aber auch in abgeschwächter Form können Erinnerungen an den sexuellen Missbrauch und die damit verbundenen Gefühle zu einem negativen Selbstbild führen und zu pessimistischen Einstellungen gegenüber anderen Menschen

und der eigenen Zukunft. Depressive Erkrankungen sind eine sehr häufige Folge von Missbrauchserfahrungen. Dabei fühlen sich die Menschen niedergeschlagen, haben an nichts mehr Freude, erleben eine innere Leere oder Gefühllosigkeit. Manche zweifeln an dem Sinn ihres Lebens und tragen sich mit Selbstmordgedanken. Daneben können Konzentrations- und Schlafstörungen auftreten. Die Überzeugung, an der eigenen Situation nichts ändern zu können (sog. »erlernte Hilflosigkeit«), ist eine von mehreren Erklärungen für Depressionen. Durch die Erfahrung von Hilf- und Machtlosigkeit im Rahmen des sexuellen Missbrauchs kann diese Überzeugung hervorgerufen oder verstärkt werden. Wird das Erlebte auf diese Weise verarbeitet, so kann dies erhebliche negative Auswirkungen auf die Lebensgestaltung und -zufriedenheit haben.

Als ebenfalls gesichert gilt der Zusammenhang zwischen sexuellem Missbrauch und Suchtmittelabhängigkeit. Eine Reihe von Studien belegen, dass sexuelle Missbrauchserfahrungen in der Kindheit die Wahrscheinlichkeit für späteren Suchtmittelkonsum deutlich erhöhen. Mithilfe von Alkohol, Drogen oder Medikamenten versuchen die Betroffenen, negative Erinnerungen und Gefühle zu verdrängen bzw. positive emotionale Zustände herzustellen. Mag diese »Selbstbehandlung« anfangs in manchen Fällen noch funktionieren, führt sie langfristig häufig zu einer Suchtmittelabhängigkeit mit entsprechenden körperlichen Erkrankungen (z. B. Schädigungen der Leber) und sozialen Folgen (z. B. Partnerschaftsprobleme, Arbeitsplatzverlust).

Frauen und Männer, die als Kinder sexuell missbraucht worden sind, erleben in der Entwicklung ihrer eigenen Sexualität häufig große Schwierigkeiten. Besonders Männer erzählen, dass sie aufgrund des Missbrauchs verunsichert sind hinsichtlich ihrer sexuellen Identität. Sie fragen sich, ob sie homosexuell sind, weil sie bei den sexuellen Handlungen durch den erwachsenen Mann eine Erregung verspürt haben. Andere leiden unter einem eingeschränkten Männlichkeitsbild, weil sie sich »nicht genug gewehrt« haben. Viele Frauen und Männer berichten außerdem von starker Verunsicherung oder auch Ekel bei ersten körperlichen Annäherungen im Jugend- oder jungen Erwachsenenalter. Ihnen ist klar, dass diese Reaktion nicht »normal« ist und etwas mit ihrer Missbrauchserfahrung zu tun hat. Dennoch lassen sich die Gefühle nicht einfach ab- bzw. sexuelle Erregung anstellen. In diesen Fällen können Erektions- oder Ejakulationsstörungen bzw. Schmerzen beim Geschlechtsverkehr auftreten. Ebenso typisch ist der generelle Verlust des sexuellen Verlangens.

Diese Störungen des sexuellen Erlebens haben meist gravierende Auswirkungen auf das Selbstwertgefühl. Die Betroffenen fühlen sich in ihrer Männlichkeit bzw. Weiblichkeit unvollständig und glauben, einem Partner, einer Partnerin nicht genügen zu können. Sexualität, die so vielen Menschen Lust schenkt, ist für sie nur noch negativ besetzt. Die Betroffenen verlieren damit die Möglichkeit, auf diese Weise zwischenmenschliche Nähe und Intimität zu erleben. Nicht selten entstehen hieraus Partnerschaftskonflikte, die zusätzlich zu einer Belastung und Einschränkung der Lebensqualität führen. Manche vermeiden dieses »Misserfolgserleben« in der Sexualität, indem sie überhaupt keine Partnerschaften eingehen, und müssen folglich damit auf die Geborgenheit, Nähe und Verlässlichkeit einer intimen Paarbeziehung verzichten.

Eine weitere langfristige Folge sexueller Traumatisierung in der Kindheit ist eine Störung in der Gefühlsregulation. Die Fähigkeit, die eigenen Gefühle wahrzunehmen, sie auszuhalten bzw. beruhigen zu können, ist eine wichtige Grundvoraussetzung für den Umgang mit anderen Menschen. Viele sexuell missbrauchte Menschen leben in einer extremen und labilen Gefühlswelt. Ihre Gefühle sprechen viel schneller und intensiver auf Auslöser an, sodass sie unter schnell wechselnden Stimmungen leiden. Sie können diese starken Gefühle kaum selbst beruhigen. Dies führt dazu, dass sie bei anderen Menschen als impulsiv und sprunghaft gelten. Manche verhalten sich in solchen Momenten auch aggressiv, verletzen sich selbst, andere Menschen oder beschädigen Gegenstände. Aufgrund dieser impulsiven Unberechenbarkeit bekommen sie sowohl im Arbeitsleben als auch in Freundschaften oder Partnerschaften große Schwierigkeiten. Gleichzeitig leiden sie selbst am meisten unter der Angst, von anderen verlassen zu werden.

Neben den aufgeführten gravierenden langfristigen Folgen für die Betroffenen selbst, soll Folgendes nicht unerwähnt bleiben: Der Anteil der als Kind sexuell missbrauchter Männer ist unter den Männern, die Kinder missbrauchen, höher als in der Allgemeinbevölkerung. Das bedeutet nicht, dass missbrauchte Jungen automatisch später selbst solche Missbrauchshandlungen begehen! Für viele gilt der Leitsatz: »Das, was ich erlebt habe, will ich nie einem anderen antun!« Manche, insbesondere männliche Jugendliche und Heranwachsende, fallen jedoch mit sexuell aggressiven Verhaltensweisen auf, die als Folgen des sexuellen Missbrauchs zu bewerten sind. Im Rahmen dieser Auffälligkeiten, manchmal erst Jahre später, begehen sie dann selbst sexuelle Übergriffe. Als Motiv für das Handeln wird u. a. der eigene, nicht verarbeitete Missbrauch gesehen. Das sexuelle Verhalten, mit dem sich die Person als stark und überlegen fühlt, dient der Bewältigung der erlebten Macht- und Hilflosigkeit während des eigenen Missbrauchs. Die Entwicklung zu sexuellem Kindesmissbrauch hat eine Vielzahl von Bedingungen. Eine davon kann die eigene Opfererfahrung sein.

# Sequenzielle Traumatisierung

Mit sequenzieller Traumatisierung sind die negativen Auswirkungen der Reaktionen anderer Menschen auf den sexuellen Missbrauch gemeint. Nicht immer sind die direkten Folgen des Übergriffs für die betroffenen Kinder die schlimmsten. Wenn Eltern oder andere Vertrauenspersonen auf die Offenbarung z. B. mit Schimpfen, Bestrafung oder »Wegschauen« reagieren, so kann das für das Kind sehr belastend sein. Es erfährt in solch einem Moment eine Ablehnung von den Menschen, von denen es Hilfe und Unterstützung erhofft hat. Das kann das Gefühl, »der Welt schutzlos ausgeliefert und allein zu sein« noch verstärken. Es kann dann der Auslöser für die Traumatisierung mit den oben genannten Folgen sein. Die sexuellen Handlungen mit dem Erwachsenen treten vergleichsweise in den Hintergrund.

Auch die auf eine Strafanzeige folgenden Vernehmungen und Kontakte mit Polizei und Justiz können belastende Folgen des sexuellen Missbrauchs darstellen. Dazu berichtet Jens (39), ein Klient aus unserer ambulanten Therapiegruppe, rückblickend: »Da war ich ja gerade 13 geworden, als ich Gerhard kennenlernte. Den fand ich richtig gut, menschlich, was der so draufhatte, aber eben auch körperlich. Der hatte immer viel Sport gemacht und sah gut aus. Er gefiel mir. Wir hatten dann eine richtige Beziehung und eben auch Sex. Das war richtig schön. Gerhard war so zärtlich zu mir. Das war nicht nur rein und raus und fertig. Blöd fand ich nur, dass das Ganze geheim bleiben musste. Ich wusste ja, dass der das nicht darf. Und mir war's natürlich peinlich. Wenn die das in der Schule herausgefunden hätten … Das wollte ich mir gar nicht vorstellen. Zur Belastung wurde die Beziehung zu Gerhard erst, als alles aufflog und er verurteilt wurde. Da war ich richtig schockiert. Ich hatte ja da das Gefühl, dass nichts Schlimmes passiert, und trotzdem schicken die ihn in den Knast. Ich hatte ganz schön Schuldgefühle, weil ich ja auch aussagen sollte vor Gericht.«

Letztlich können auch solche Folgen (Geheimhaltung, Polizeivernehmung, Gerichtsverhandlung, Reaktion der Eltern, Scham- und Schuldgefühle usw.) eine Schädigung des Kindes nach sich ziehen. Für einige pädophile Menschen ist das ein Grund, für die Legalisierung sexueller Beziehungen mit Minderjährigen zu kämpfen. Dagegen ist zum einen einzuwenden, dass es zuvor nicht absehbar ist, ob das Mädchen oder der Junge sich so positiv wie Jens an das Zusammensein erinnern wird. Wesentlich häufiger wird das Geschehene später als sexueller Missbrauch wahrgenommen. Zum anderen sind die gesellschaftlichen Werte und Gesetze nun mal so, wie sie sind. Unter den aktuellen Gegebenheiten setzt somit jeder Erwachsene, der sich für sexuelle Handlungen mit einem minderjährigen Kind entscheidet, dieses Kind neben dem Risiko einer primären auch dem einer weiteren Traumatisierung durch die Reaktionen des Umfelds aus.

Zusammenfassend muss man festhalten, dass sexuelle Handlungen an Kindern nicht folgenlos für diese bleiben. Aus Untersuchungen und Berichten von missbrauchten Mädchen und Jungen wissen wir, dass nicht alle von ihnen gravierende, lebenslange Schäden davontragen. Manche können das Erlebte trotz allem gut verarbeiten und ein zufriedenes Leben führen. Die meisten jedoch leiden ihr gesamtes Leben erheblich unter den Geschehnissen und ihren Auswirkungen und sind nicht oder nur schwer in der Lage, ihr Leben zufriedenstellend zu gestalten. Sie brauchen therapeutische Hilfe und das oft jahrelang. Die Auseinandersetzung mit dem Geschehen prägt dauerhaft ihr Leben.

## Ist Wiedergutmachung möglich?

Viele Menschen, die einen Missbrauch begangen haben, entwickeln einige Zeit nach dem sexuellen Missbrauch den Wunsch, Kontakt zu dem Opfer aufzunehmen. Sie machen sich Gedanken, wie es dem Kind oder dem inzwischen Erwachsenen geht. Sie haben Schuldgefühle, möchten sich entschuldigen und der Person signalisieren, dass sie die volle Verantwortung für die Handlungen übernehmen. Manche hoffen, dass sie damit dem Opfer helfen können, das Erlebte besser zu verarbeiten und sich z. B. nicht selbst Schuld zuzuschreiben. Andere wiederum hoffen, dass die Person die Entschuldigung annimmt, oder sie hoffen zu sehen, dass es ihr gut geht, um so das eigene Gewissen zu erleichtern.

Von einer direkten Kontaktaufnahme (persönlich, telefonisch, per E-Mail oder SMS) zu der missbrauchten Person raten wir grundsätzlich ab. Unabhängig wie lange der Missbrauch zurückliegt, können diejenigen, die den Missbrauch begangen haben, nicht abschätzen, in welcher Lebenssituation und psychischen Verfassung sie den Menschen antreffen, den sie zuletzt als Kind gesehen haben. Sie wissen nicht, wie es ihm geht. Insbesondere wenn dieser Mensch sein Leben als »unbelastet« erlebt, kann das plötzliche Erscheinen des früheren Täters dieses möglicherweise fragile Gleichgewicht stören oder gar zerstören. Die alten Ängste, das Gefühl von Hilflosigkeit und Ohnmacht können sehr leicht wieder durchbrechen. Der Wunsch nach Entschuldigung und die Übernahme der Verantwortung kommen dann bei der Person gar nicht an.

Wir raten Menschen, die sexuell übergriffig geworden sind, so lange zu warten, bis das Opfer sich von sich aus meldet. Ob dies geschieht und wann, ist nicht vorherzusehen. Es bleibt die Last, das Warten auszuhalten, damit Einfühlungsvermögen und Verantwortungsbewusstsein zu zeigen und mögliche weitere Schädigungen durch die Kontaktaufnahme zu verhindern. Sollte dies – aus welchen Gründen auch immer – nicht möglich sein, so sollte ein Kontakt immer nur über Dritte (Eltern, Anwälte, Therapeutinnen, Jugendamt) hergestellt werden. Dann können nahestehende Bezugspersonen der Geschädigten die möglichen Auswirkungen eines Zusammentreffens abschätzen. Sie können das psychische Befinden und die Bedürfnisse der betreffenden Person einschätzen und sie, wenn gewünscht, auf einen Kontakt schrittweise vorbereiten. Wenn die Bezugsperson eine Kontaktaufnahme ablehnt, dann sollte das unbedingt akzeptiert werden.

Den Wunsch, sich zu entschuldigen, bewältigen manche Männer, indem sie einen Brief an ihr Opfer schreiben. Ein solcher Brief sollte natürlich nicht abgeschickt werden. Er dient lediglich dazu, sich mit den Folgen des sexuellen Missbrauchs für die geschädigte Person und der eigenen Schuld auseinanderzusetzen. Eine Wiedergutmachung zur Bearbeitung der Schuld ist in solch einem Fall in der Regel nicht möglich. Es bleibt aber der Weg, sicherzustellen, dass eine solche Schädigung einer anderen Person nie wieder vorkommt. Die Verantwortung klar zu übernehmen, ohne gleichzeitig an Schuldgefühlen zu zerbrechen, ist eine schwere und langwierige Aufgabe. Hier lohnt es sich oft, beraterische oder therapeutische Hilfe zu nutzen.

## Zum Weiterlesen

Christine Birkhoff (2007): Ein falscher Traum von Liebe: Der lange Weg aus der Hölle meiner Kindheit. Köln: Bastei Lübbe.

Kristian Ditlev Jensen (2004): Ich werde es sagen. Geschichten einer missbrauchten Kindheit. Stuttgart: Klett-Cotta.

Nele Glöer & Irmgard Schmiedeskamp-Böhler (1993): Verlorene Kindheit. Jungen als Opfer sexueller Gewalt. München: Kunstmann.

# Selbsthilfe: Möglichkeiten der Selbsteinschätzung, Selbstkontrolle und Veränderung

Mit diesem Kapitel möchten wir uns direkt an Menschen mit pädophilen Interessen wenden. In den vorangegangenen Kapiteln haben wir uns viel mit den Auswirkungen einer pädophilen Ausrichtung auf das eigene Leben und die Lebensgestaltung beschäftigt. Hier soll es jetzt darum gehen, was Sie als Betroffener konkret tun können, um in Ihrem Leben die Grenzen einzuhalten und der Verantwortung für das eigene Handeln nachzukommen, aber auch darum, wie es vielleicht gelingen kann, die eigenen sexuellen Interessen zu verändern.

Das Kapitel kann auch therapiebegleitend genutzt werden. So können Sie gemeinsam in der Therapie oder zusammen mit Ihrer Beraterin oder Ihrem Berater die verschiedenen, in der Praxis erprobten Selbsthilfestrategien kennenlernen.

Aus unserer Arbeit kennen wir viele Betroffene, die über Jahrzehnte erfolgreich ihre Bedürfnisse kontrollieren konnten, auch wenn das zeitweise schwierig und mit einer teils erheblichen psychischen Belastung verbunden war. Es braucht dafür zwei wesentliche Voraussetzungen: Selbsteinschätzung und Selbstkontrolle.

## Selbsteinschätzung

Eine gute Selbsteinschätzung, die genaue Kenntnis der inneren Beweggründe eigenen Handelns ist der erste Schritt, um sein Verhalten zu kontrollieren. Hierfür ist zunächst eine gute Selbstbeobachtung hilfreich. Begeben Sie sich wie ein Detektiv auf die Pirsch und nehmen Sie Ihre Gedanken und Gefühle genauer unter die Lupe.

Die Selbstbeobachtung können Sie sowohl für Ihre sexuellen Fantasien als auch für Ihr Verhalten in Bezug auf Kinder einsetzen. Auf diese Weise können Sie herausfinden, welche Situationen für Sie riskant sind, auf welche Gedanken und Gefühle Sie Einfluss nehmen sollten und wann alles im »grünen Bereich« ist.

Die Zusammenhänge zwischen Situationen, Gedanken, Gefühlen und Handeln kann in einem einfachen A-B-C-Modell dargestellt werden (siehe Abbildung 4). Es beruht auf der Annahme, dass eine Situation nicht auf direktem Weg unser Fühlen und Handeln beeinflusst, sondern die Gedanken, Beurteilungen und Interpretation der Situation entscheidend sind. Schon ein griechischer Philosoph, Epiktet, erkannte: »Es sind nicht die Dinge selbst, die uns bewegen, sondern die Ansichten, die wir von ihnen haben.«

ABBILDUNG 4 ABC-Modell

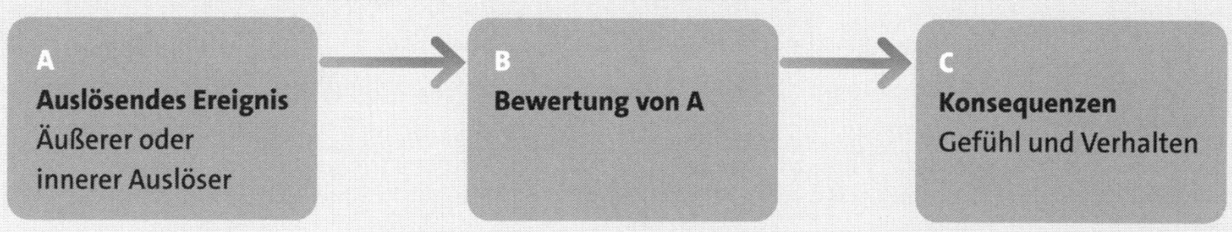


Dies ist an einem einfachen Beispiel nachvollziehbar: Ein Hund rennt auf einer Wiese auf zwei fremde Personen zu. Die eine flüchtet schreiend, die andere streckt die Hand aus und streichelt den Hund. Es ist offensichtlich, dass das auslösende Ereignis »Hund rennt auf mich zu« bei Person 1 andere Gefühle und Verhaltensweisen (Angst, Schreien, Weglaufen) zur Folge hat als bei Person 2 (Freude, Zuwendung). Das auslösende Ereignis (A) ist dasselbe, die Konsequenzen (C) sind sehr unterschiedlich. Dazwischen liegt der entscheidende, innere Bewertungsprozess (B).

Der Bewertungsprozess wird beeinflusst von unseren Lebenserfahrungen, von Erziehung, Temperament, Grundannahmen über uns und die Welt und von den Bedürfnissen, die wir haben. Es steckt ein wichtiger Teil unserer Persönlichkeit dahinter. Das heißt aber nicht, dass der Bewertungsprozess nicht veränderbar ist: Wir können auf diese Gedanken und dadurch auch auf unser Handeln und unser psychisches Befinden Einfluss nehmen. Voraussetzung dafür ist, möglichst genau die Art und Weise unseres Denkens zu verstehen, die dahinter liegenden Bedürfnisse, Sehnsüchte und Wünsche zu erkennen und einzuschätzen. Nur wer sich seiner Wünsche bewusst ist und die auftretenden Gefühle zulässt, kann diese verändern bzw. verantwortlich steuern.

## Selbstbeobachtungsbogen

Um sich in der Selbstbeobachtung zu üben und auch um die Beobachtungen abschließend zusammenfassen und für sich auswerten zu können, hilft es – wie ein richtiger Detektiv – die Beobachtungen zu notieren. Das kann man in unterschiedlicher Weise tun, die Notizen sollten aber möglichst folgende Punkte enthalten, die Sie hier mit einem Beispiel sehen:

| **Tag / Uhrzeit** | **Situation (A)** | **Bewertung (B)** | **Konsequenzen (C)** | |
|---|---|---|---|---|
| | | Gedanken | Gefühl | Verhalten |
| Montag, 12.00 Uhr | Kollege fragt die anderen, ob sie gemeinsam Mittagspause machen. | »Warum fragt der mich nicht? Die wollen mich nicht dabeihaben. Ist ja klar. Wie immer.« | Ich bin ärgerlich, traurig, fühle mich zurückgewiesen und einsam. | Ich gehe schnell raus und allein Mittagessen, denke noch länger darüber nach. |

Einen leeren Selbstbeobachtungsbogen finden Sie im Downloadbereich des Buches als Kopiervorlage.

Wenn Sie sich eine Zeit lang gut beobachten, werden Sie feststellen, dass die Dinge im Alltag meist nicht so einfach gelagert sind, wie sie hier in dem Beispiel dargestellt werden. Vielleicht wird es Ihnen auffallen, dass es manchmal keinen äußeren Anlass für die eigenen Gedanken gibt. Beispielsweise kann ein Gefühl von Traurigkeit (A) ein innerer Auslöser sein für Bewertungen (B) wie »Nur ich bin immer ganz allein, keiner mag mich, keiner kümmert sich um mich und nimmt mich mal in den Arm«, die wiederum die Traurigkeit verstärken (C) und Einsamkeitsgefühle (C) zur Folge haben. Vielleicht greifen Sie zu einer Flasche Bier (C), um diese schmerzvollen Gefühle zu verringern.
Häufig ist unser Verhalten gleichzeitig wieder ein Auslöser für weitere Bewertungen und Gefühle, die dann zu neuen Verhaltensweisen führen. So kann es im Sinne einer längeren Entwicklung (»Erlebniskette«) auch zu pädosexuellen Verhaltensweisen kommen. Auf diese Weise kann das Biertrinken aus dem Beispiel oben wiederum zum Auslöser (A) für Gedanken (B) sein wie »Das war ja klar, dass ich es wieder nicht schaffe, den Abend ohne Alkohol herumzukriegen. Ich bin echt das Allerletzte! Jetzt ist sowieso alles egal. Dann kann ich mich auch an den PC setzen und mit dem neunjährigen Jungen chatten, der mir neulich aufgefallen ist« (C).

Der wiederholte Ablauf von Auslösern, inneren Bewertungen und darauf folgenden Reaktionen kann man sich wie eine Kette mit hintereinander aufgereihten Perlen (A-B-C-A-B-C-A-...) vorstellen oder aber wie einen Kreislauf (siehe Abbildung 5).

**ABBILDUNG 5** ABC-Kreismodell

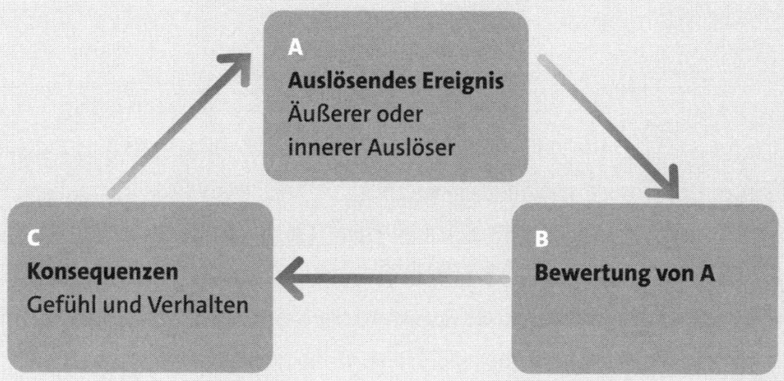


Das genaue Beobachten dieser Prozesse ermöglicht Ihnen, nicht nur die Situationen zu erkennen, die für Sie riskant sind, Sie haben damit auch die Möglichkeit, sich vor Selbsttäuschung zu schützen. So fällt Ihnen dann z. B. vielleicht auf, dass das Chatten mit einem neunjährigen Jungen Ihre sexuellen Fantasien anregt und dazu führt, dass Sie drei Tage später den Jungen nach seinen sexuellen Erfahrungen oder seinem Wissen über Sexualität fragen. Rückblickend ist sehr deutlich zu erkennen, dass bereits das Öffnen des Chatprogramms keine »harmlose Entscheidung« war.

Gedanken wie »Ich habe mir nichts dabei gedacht, es ist doch nicht schlimm, mit einem neunjährigen Jungen zu chatten, das war einfach eine spontane Idee«, werden Sie so rasch als Selbsttäuschung enttarnen. Wer aber, weil der Junge nach der Schule anruft, um von seinen Problemen zu erzählen, und auch beim Thema Sex nicht sofort ausweicht, die Situation bewertet mit »Der Junge mag mich und zeigt mir, dass er mehr will«, der sitzt einer Selbsttäuschung auf, einer sogenannten »kognitiven Verzerrung«, die gravierende Handlungen zur Folge haben kann.

Sie können sich selbst und das Kind vor einem sexuellen Übergriff umso besser schützen, je klarer und früher Sie erkennen und benennen können, welche Situationen, welche Gedanken und Gefühle und welche Verhaltensweisen für

Sie riskant sind. Auf diese Weise können Sie Ihre persönlichen Warnsignale herausarbeiten. In dem obigen Beispiel sind Gedanken wie »Keiner mag mich, ich bin immer allein«, die Selbstabwertungen »Ich bin echt das Allerletzte!« und die Resignation »Jetzt ist auch alles egal!« solche Warnsignale. Während die Einsamkeitsgefühle noch ein geringeres Risiko für die Kontaktaufnahme mit dem Jungen bedeuten, zeigt das momentane Aufgeben mit »Alles egal!« ein deutlich höheres Risiko an. Je früher Sie auf Ihre Warnsignale reagieren, desto eher werden Sie sich von dem riskanten Weg ab- und zu dem sicheren Weg hinbewegen.
Durch das Beobachten und Bewerten der alltäglichen Gedanken, Gefühle und Handlungen werden Sie zu einer guten Selbsteinschätzung gelangen. Der Austausch mit anderen pädophilen Menschen, die sich ebenfalls klar gegen sexuelle Handlungen mit Kindern stellen, kann Ihnen helfen, die eigenen Warnsignale und Selbsttäuschungsversuche besser zu erkennen. Es sind nicht immer die gleichen, aber man versteht, wo man suchen muss. Das Entscheidende ist, dass Sie Ihre ganz persönlichen Warnsignale kennen, um rechtzeitig darauf reagieren und sie kontrollieren zu können.

**NEWMAN** Während meiner Therapie habe ich die Selbstbeobachtung sehr intensiv betrieben. Am Anfang war ich da sehr verkrampft, mittlerweile gelingt mir das viel entspannter, es hat sich eine gewisse Routine oder Automatisierung eingestellt. Als eine zentrale Selbsttäuschung ist mir noch erinnerlich, dass ich davon ausging, dass jeder Mann nackte Mädchen sexuell attraktiv finden würde. Damit fühlte ich mich mit meinem Erleben nicht so allein und fand es eher normal. **x**

**MAX** Mich selbst zu hinterfragen, gehört zu meiner Natur. Mich systematisch selbst zu beobachten, habe ich erst in der Therapie gelernt. Es war für mich wichtig, meine Gefühle und Beweggründe und Wahrnehmungen besser kennenzulernen. In der Therapie ging mir das in Fleisch und Blut über, und es ist bis heute möglich, das immer mal wieder sehr bewusst zu tun.
Meine größte Selbsttäuschung war die Annahme, dass Kinder genauso neugierig auf Sexualität wären wie ich und sich ähnliche Gedanken über Sex machten. Und früher war ich überzeugt, dass ich gar nicht nach Sexualität mit Kindern suche, sondern dass ich einfach nur neugierig bin. Mir war nicht bewusst, dass ich mir da was schönrede. Ich habe mir da ja auch nie so viele Gedanken drüber gemacht. Aber heute weiß ich, dass es eben eine Selbsttäuschung war, die meine eigentlichen Beweggründe verschleiert hat. **x**

## Liste persönlicher Warnsignale

Um eine Übersicht über Ihre persönlichen Warnsignale zu haben, kann es hilfreich sein, diese zusammenfassend festzuhalten. Dabei empfiehlt sich auch, eine Bewertung vorzunehmen, wie stark das jeweilige Warnsignal Sie zu einem sexuell übergriffigen Handeln oder zum Anschauen von Kindesmissbrauchsabbildungen motiviert.

| | Warnsignale | Risiko, das durch das Warnsignal angezeigt wird |
|---|---|---|
| Situationen (A) | | gering – mittel – hoch |
| | | gering – mittel – hoch |
| Gedanken (B) | | gering – mittel – hoch |
| | | gering – mittel – hoch |
| Gefühle (C) | | gering – mittel – hoch |
| | | gering – mittel – hoch |
| Verhalten (C) | | gering – mittel – hoch |
| | | gering – mittel – hoch |

Diese Liste ist Teil des Arbeitsblattes »Persönliche Warnsignale und Strategien«, die im Downloadbereich des Buches zu finden ist.

Im Alltag passiert es oft, dass viele Dinge nebenherlaufen und wir ein sich anbahnendes Problem gar nicht rechtzeitig wahrnehmen. Wir glauben, alles im Griff zu haben und auf der sicheren Seite zu sein. Jeder, der einmal versucht hat, sein Gewicht zu reduzieren, kennt dieses Phänomen: »Ich esse wirklich diszipliniert, aber ich nehme einfach nicht ab.« Das disziplinierte Essen wird aber oft nicht mit realen Fakten verknüpft, sondern an einem Gefühl (»Ich quäle mich doch schon die ganze Zeit mit dem Abnehmen«) festgemacht. Genaue Kriterien für das eigene Verhalten und eine genaue Beobachtung können helfen, eine realistischere Einschätzung vorzunehmen. Selbstbeobachtung sollte dabei nicht nur auf das Verhalten zielen, sondern auch die sexuellen Fantasien mit Kindern einbeziehen. Auch hier kann es hilfreich sein, wenn Sie zumindest am Anfang mit schriftlichen Notizen arbeiten.

## Skala zur Selbsteinschätzung pädophiler Fantasien

Mit der folgenden Skala können Sie sich beobachten und prüfen, inwieweit sexuelle Fantasien mit Kindern im Laufe Ihres Tages eine Rolle gespielt haben bzw. in welcher Intensität sie aufgetreten sind. Nehmen Sie sich am besten jeden Abend einen Augenblick Zeit, um den Tag gedanklich kurz an sich vorüber ziehen zu lassen.

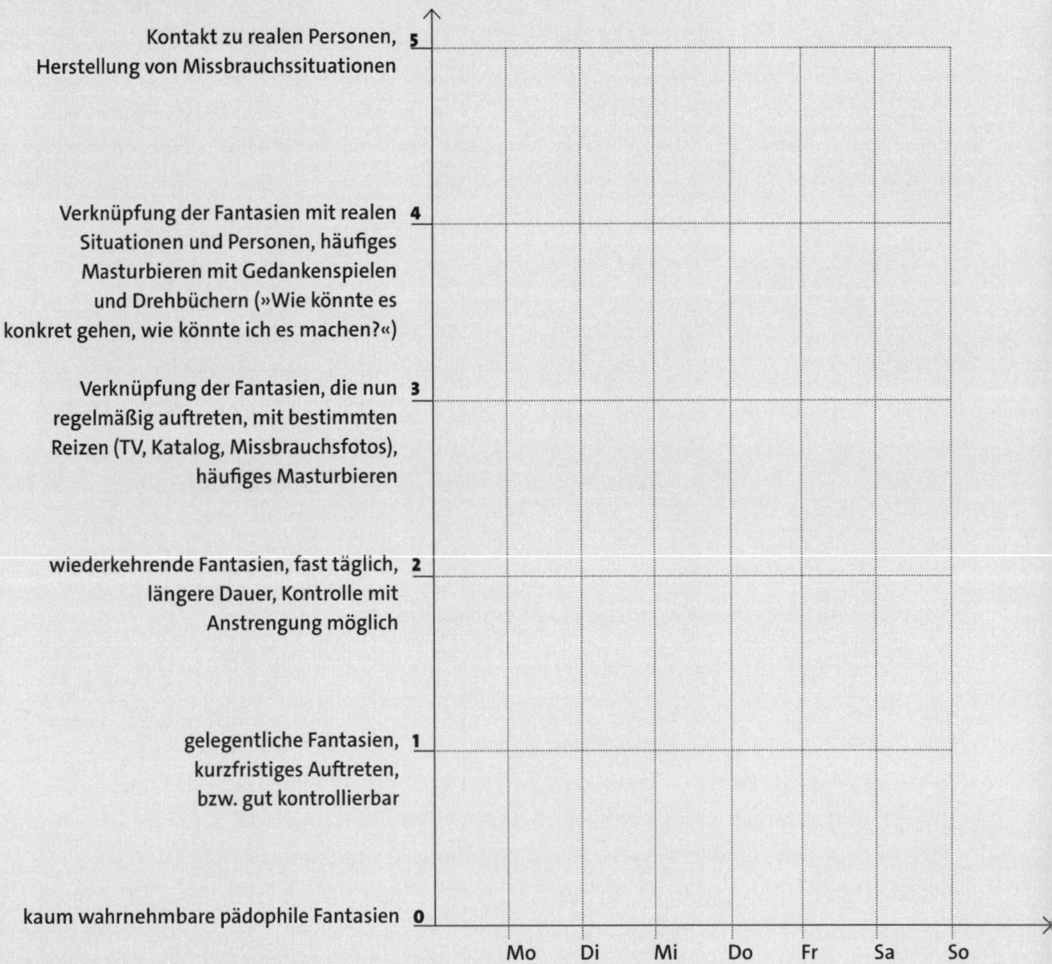

Uwe z. B. berichtete, dass diese Skala schon mehrfach sehr hilfreich für ihn war, um eine sich schleichend anbahnende Mehrbeschäftigung mit pädosexuellen Fantasien zu unterbrechen. So registrierte er an einem Montagabend, dass er – wie auch gelegentlich in den Tagen davor – pädophile Fantasien im Laufe des Tages gehabt hatte. Als er mit der U-Bahn nach Hause fuhr, dachte er an einen Kinofilm, den er kürzlich gesehen hatte. Darin kam ein Junge vor, der ihm sehr gefallen hatte. Er erinnerte sich besonders an eine Filmsequenz, eine Bootsfahrt mit dem Jungen, und spielte diese innerlich immer wieder ab. Als er aus der U-Bahn ausstieg, beendete er dieses Spiel mit den inneren Bildern. Auf der Skala kreuzte er dafür den Wert 1 an.

An den folgenden Tagen fiel Uwe auf, dass er diese Filmsequenz fast täglich erinnerte und in seiner Fantasie weiter ausschmückte. Er markierte dafür den Wert 2. Eine Woche später füllte er den Bogen wieder aus. Er hatte sich zwischenzeitlich den Film gekauft. Die Filmsequenzen, in denen der Junge zu sehen ist, hatte er mehrfach angeschaut. Er träumte tagsüber von dem Jungen, was ihn sexuell stark erregte. Vor dem Schlafengehen nahm er sich Zeit, um diesen »inneren Film« weiter auszugestalten, sich vorzustellen, darin mitzuspielen und zu dieser Vorstellung zu masturbieren. Uwe markierte dafür den Wert 3. Auch wenn Uwe nicht täglich den Selbstbeobachtungsbogen ausgefüllt hatte, bemerkte er, dass seine Beschäftigung mit pädophilen Fantasien stark zugenommen hatte.

Ein Jahr zuvor, als er mit der Selbstbeobachtung begonnen hatte, definierte er den Wert 3 für sich als Schwellenwert: Er weiß, dass er – wenn er jetzt nicht reagiert – in den nächsten Wochen nach Situationen suchen wird, die er in Bezug zu dem Film setzen kann. Vielleicht würde er in der Nachbarschaft nach einem Jungen Ausschau halten, der dem im Film ähnelt und diesen in seine Fantasiespiele einbauen. Dies wäre dann Stufe 4 und er weiß, dass der Wert 4 für ihn die letzte Station vor realen Kontakten zu Jungen darstellt. Ab diesem Punkt, so hat er es festgelegt, wird es gefährlich. Uwe nahm daher seine letzte Bewertung zum Anlass, um diese Entwicklung zu beenden. Auch hierin war er geübt und kannte für ihn hilfreiche Strategien, um seine Selbstkontrolle wieder zu stärken und das Zepter in die Hand zu nehmen.

Die Selbstbeobachtung ist der erste Schritt für eine gute Selbsteinschätzung und Selbstkontrolle. Sie ist jedoch nie wirklich abgeschlossen, sondern wird das ganze Leben notwendig bleiben. Nur so werden Sie z. B. auch einschneidende Lebensveränderungen und deren Auswirkungen auf Ihre Persönlichkeit registrieren.

## Die sexualpädagogische Pädo-Ampel

Eine Möglichkeit, sich über lange Zeiträume im Blick zu behalten, ist das Führen eines Tagebuchs. In diesem können Sie u. a. auch festhalten, ob bzw. welche riskanten Momente aufgetreten sind. Ein Abgleich der aktuellen Beobachtungen mit der sexualpädagogischen Pädo-Ampel, einem Verhaltensleitfaden für den Umgang mit Pädophilie (Ahlers u. a. 2008), kann Ihnen helfen, das eigene Risiko rasch mithilfe dieser Ampel einzuordnen.

| | **Grün**<br>**ENTWARNUNG!**<br>Keine Gefahr, weder für Kinder noch für mich<br>Kein Problemverhalten | **Gelb**<br>**ACHTUNG!**<br>Potenzielle Gefahr für Kinder und für mich<br>Risikoverhalten auf der Schwelle zum Problemverhalten | **Rot**<br>**STOPP!**<br>Akute Gefahr für Kinder und für mich<br>Problemverhalten – verboten |
|---|---|---|---|
| Sozialer Kontakt | Sozialer Kontakt mit Kindern im Beisein anderer Erwachsener aus dem eigenen sozialen Umfeld, z. B. Familie, Nachbarschaft, Vereine | Sozialer Kontakt mit einzelnen Kindern in der Öffentlichkeit ohne Beisein anderer Erwachsener aus dem eigenen sozialen Umfeld, z. B. Park, Zoo, Kirmes, Kino, Schwimmbad | Sozialer Kontakt mit einzelnen Kindern außerhalb der Öffentlichkeit, ohne Beisein anderer Erwachsener, z. B. in der Wohnung, im Keller, auf dem Dachboden, im Garten oder im Wald |
| Körperlicher Kontakt | Körperlicher Kontakt mit Kindern im Beisein anderer Erwachsener aus dem eigenen sozialen Umfeld, z. B. Hand geben, an die Hand nehmen, auf die Schulter klopfen, Kopf streicheln, einhaken, Arm umlegen | Körperlicher Kontakt mit einzelnen Kindern in der Öffentlichkeit ohne Beisein anderer Erwachsener aus dem eigenen sozialen Umfeld, z. B. Händchenhalten, auf den Schoß nehmen, Umarmen, im Arm halten, drücken | Jede Form von sexuellen Kontakten! Merke: Jede sexuell motivierte Handlung ist eine sexuelle Handlung, z. B. Streicheln, Schmusen, Küssen, Berühren und Anfassen von Brust, Po oder Genitalien |
| Sexuell erregende Bilder | Katalog-, Akt-, FKK-Bilder, z. B. Unterwäsche- und Badehosen- bzw. Urlaubs- und Strandbilder | Nackt-, Erotik- und Posingbilder ohne Fokussierung auf Genitalien und sexuelle Handlungen | Pornografie, Fokussierung auf Genitalien und sexuelle Handlungen |
| Sexueller Kontakt | Erwachsene | Jugendliche in und nach der Pubertät | Kinder vor und in der Pubertät |

# Selbstkontrolle

Nach der genauen Kenntnis der persönlich schwierigen oder riskanten Situationen ist der zweite Schritt entscheidend: die Selbstkontrolle. Diese bezieht sich auf all die schon beschriebenen Bereiche: auf die auslösenden Situationen, die Gedanken, die Gefühle und das Verhalten. Selbstkontrolle heißt dabei nicht nur, »sich zusammenzureißen« oder sich von der Fantasie, dem Wunsch, der Sehnsucht abzulenken oder sich sinngemäß »auf die Finger zu klopfen«. Zur Selbstkontrolle gehört auch, sich Alternativen zu überlegen, zu schauen, womit die eigenen Bedürfnisse alternativ gestillt werden können. Wer schon verzichtet und sich zusammenreißen muss, sollte also auf jeden Fall wissen, was ihm stattdessen guttut.

Hier gilt: Das, was ich will, kann ich tun, ich muss es aber nicht. Wenn ich unbedingt in den Urlaub fahren will, aber nicht über die finanziellen Mittel verfüge, habe ich mehrere Auswahlmöglichkeiten: Ich kann den Urlaub streichen. Ich kann warten, bis ich mir das Geld zusammengespart habe. Ich kann mir Geld leihen. Ich kann eine Bank überfallen.

Je stärker der Wunsch ist, desto eher wähle ich Verhaltensweisen, die eine Erfüllung wahrscheinlich erscheinen lassen (sparen, leihen, Bank überfallen). Wenn es mir nicht gelingt, Wünsche aufzuschieben, steigt die Wahrscheinlichkeit, dass ich schnelle Lösungen wähle (leihen, Bank überfallen). Wenn meine sozialen Möglichkeiten eine legale Lösung (leihen) nicht zulassen, steigt die Wahrscheinlichkeit für eine schnelle illegale Lösung (Bank überfallen). Vielleicht bewerte ich meinen Wunsch nach einer Reise aber auch als Traum, den ich nie erfüllen werde. Das würde dazu führen, dass die Dringlichkeit geringer wird und ich gar keine der Lösungen verfolge.

Wenn sich mein Urlaubsbedürfnis auf eine mehrwöchige Südseereise mit meiner Familie bezieht und ich diese nicht umsetzen kann, so kann ich nach Alternativen suchen. Diese Alternativen sind nie ein vollständiger Ersatz für den eigentlichen Traum! Wenn ich aber verstanden habe, welches Bedürfnis hinter dem starken Wunsch steckt, dann kann ich es zumindest zu einem Teil befriedigen. Geht es mir darum, endlich mal wieder an einem breiten Strand zu spazieren oder in Salzwasser zu schwimmen, dann könnte ich einen Wochenendausflug an die Nordsee planen. Ist eher das Bedürfnis nach Wärme, Palmen und leckeren Südseefrüchten entscheidend, dann könnte ich mir eine Auszeit in einem Badeparadies mit Sauna und vorbereitetem Fruchtcocktail vornehmen. Und steht eher das Bedürfnis, endlich mal wieder Ruhe zu haben und Zeit mit meiner Familie zu verbringen, im Vordergrund, dann könnte ich mir diesen Wunsch sogar zu Hause erfüllen, indem ich mir vornehme, alle Pflichten zur Seite zu schieben und stattdessen mit Radtouren, Kino, gemeinsamem Kochen und Ähnlichem meinem Bedürfnis gerecht zu werden.

Natürlich ist der Wunsch nach Urlaub nicht mit dem nach Beziehung, Nähe oder Sexualität zu vergleichen. Diese Bedürfnisse sind für die meisten Menschen wichtiger und drängender. Aber auch mit solchen Wünschen und Sehnsüchten kann man lernen, auf diese Weise umzugehen: Selbstkontrolle erhalten und Alternativen nutzen.

Selbstkontrolle ist nur immer dann nötig, wenn es zwei konkurrierende Bedürfnisse gleichzeitig gibt. So brauche ich keine Selbstkontrolle, wenn ich beim Einkaufen am Süßigkeitenregal vorbeigehe, solange ich kein Bedürfnis nach Schokolade habe. Ich brauche auch dann keine Selbstkontrolle, wenn ich mir gar nicht vorgenommen habe, weniger Schokolade zu essen und genug Geld für Schokolade habe. Wenn ich jedoch zuvor die Entscheidung getroffen habe, auf Schokolade zu verzichten, und gleichzeitig Appetit darauf habe und der Hunger nach Schokolade durch den Anblick der vielen Schokoladentafeln noch verstärkt wird, dann ist dieses Bedürfnis in dem Moment viel anziehender als die zuvor getroffene Entscheidung. Die gegenwärtige Verlockung ist mit positiven Gefühlen verknüpft, regt meine Fantasie an, hält mich gedanklich fest und macht mich »heiß« auf die Befriedigung des Bedürfnisses: ein Fall für die Selbstkontrolle.

Eine effektive Selbstkontrolle hängt also immer davon ab, ob es mir gelingt,

- eine klare Entscheidung für ein Ziel im Vorfeld zu treffen;
- kurzfristig lustbezogene, »heiße« Ziele »abzukühlen«;
- »kalte«, auf langfristigen Nutzen bezogene Ziele »aufzuheizen«.

Selbstkontrolle beansprucht immer Aufmerksamkeit. In Phasen von Müdigkeit, Stress oder emotionaler Belastung fällt es uns deshalb extrem viel schwerer, Versuchungen zu widerstehen oder unangenehme Zustände auszuhalten. Um dennoch die selbstgesetzten Vorsätze durchzuhalten, ist es wichtig, gut vorbereitet zu sein und einen Plan zu haben, wie ich im »Notfall« reagieren kann. Selbst Odysseus setzte schon solche Notfallstrategien ein: Er wusste, dass er sich nicht allein kontrollieren kann, wenn er die verlockenden Gesänge der Sirenen hört. Deshalb ließ er sich von seinen Wegbegleitern an den Mast des Schiffes fesseln und die Ohren mit Wachs verstopfen. Er hatte verstanden, dass die Sirenen eine zu starke Verlockung für ihn sind, sodass er zu harten Strategien greifen muss. Nur so gelang es ihm, standhaft zu bleiben und seinen Kurs so fortzusetzen, wie er es sich zuvor vorgenommen hatte.

Wir stellen Ihnen nun einige Selbsthilfe-Strategien zum Abkühlen der kurzfristigen, lustbezogenen Ziele vor. Je stärker das Risiko für sexuelle Missbrauchshandlungen oder das Konsumieren von Kindesmissbrauchsabbildungen ist, desto stärker müssen die Maßnahmen sein, um dieses »heiße« Ziel im Ernstfall abzukühlen. Und umso gewichtiger müssen die langfristigen Ziele sein (vgl. das Kapitel »Grundbedürfnisse und Werte als Wegweiser für das eigene Leben«), die es »aufzuheizen« gilt. Wichtig ist stets, dass Sie diese Strategien für sich selbst ausprobieren, um zu testen, ob sie stark genug sind und ob sie Ihnen liegen. Jede Strategie, jede neue Verhaltensweise braucht Wiederholungen, bevor sie Teil der jederzeit abrufbaren Handlungsmöglichkeiten wird. Alle Techniken sind grundsätzlich von jedem Menschen erlernbar. Es ist jedoch wie beim Radfahrenlernen: Es reicht nicht, die Theorie zu kennen, wie man das Gleichgewicht hält, um Rad fahren zu können. Man braucht am Anfang helfende Hände oder Stützräder, man braucht häufiges Auf- und Absteigen, auch einige Stürze, und es ist alles furchtbar wackelig. Die ersten Versuche startet man besser nicht auf einem holprigen, abschüssigen Weg oder auf einer stark befahrenen Straße. Um ohne Gefahr die schwierigen Wege mit dem Rad zu bewältigen, braucht es zuvor Übung, Übung, Übung. So ist es auch mit den Selbstkontrollstrategien: Üben Sie am besten in leichteren Alltagssituationen. Erst die regelmäßige Anwendung bringt die notwendige Erfahrung und Sicherheit, die ihren Einsatz im Ernstfall ermöglicht.

**NEWMAN** Für mich ist ein wesentlicher innerer Grundsatz: »Jede sexuell motivierte Handlung ist eine sexuelle Handlung an einem Kind.« Das hilft mir, meine Grenze zu wahren. Als Selbstkontrollstrategie vermeide ich es, meine Nichte oder überhaupt Mädchen aus meinem Bekanntenkreis in meinen Fantasien vorkommen zu lassen. Meine Sexualfantasien im stillen Kämmerlein siedle ich so weit weg von meiner Lebensrealität an, dass Überschneidungen, die eventuell die Handlungskontrolle verwässern könnten, kaum wahrscheinlich sind. Eine weitere gesetzte Grenze ist, dass ich ein Mädchen niemals zwischen den Beinen berühre. Auch nicht in Alltagssituationen, z. B. beim Hochheben oder Tragen. Ich freue mich auf jedes Treffen mit meiner Nichte und genieße diese sehr. Aber ich sexualisiere derartige Begegnungen nicht im Kopf. Sollten diese Schranken aus irgendwelchen Gründen irgendwann nicht mehr zuverlässig halten, wäre es für mich Zeit, über den Einsatz von Medikamenten nachzudenken. x

**MAX** Ich habe mir zehn Strategien zusammengestellt, die sich jeweils auf für mich riskante Situationen beziehen. Dazu gehören mehrere Varianten vom

Gedankenstopp und der Ablenkung von sexuellen Gedanken. Zum Beispiel ist es für mich extrem hilfreich, genau zu wissen, welche Details und Gedanken im Umgang mit Kindern meine Fantasien triggern. Früher habe ich krampfhaft nach solchen erregenden Momenten gesucht. Seit meiner Therapie sage ich genau an diesen Stellen »Stopp!« Damit habe ich schon viele Situationen erfolgreich bewältigt und außerdem wurden viele dieser Reize mit der Zeit weniger problematisch.

Als einmal die Tochter einer Bekannten unbedingt auf meinen Arm wollte, war ich total aufgeregt und verunsichert. Ich habe mir dann explizit vorgenommen, sie so zu halten, dass ich bewusst für mich erregende Stellen vermeide. Zum Beispiel habe ich sie nicht unterm Po gehalten. Klar kamen kurz Gedanken an die Möglichkeiten dieser Situation auf. Diese ließen sich aber mit einem entschiedenem »Nein!« wegschieben. Sonst hätte ich das Mädchen auch sofort wieder abgesetzt. Aber so hatte ich das erste Mal in meinem Leben ein Kind auf dem Arm! Und sie strahlte mich an – ein herrlicher Augenblick! Dass mir das gelungen ist, motiviert mich, diese Strategien weiter anzuwenden. Mit diesem System habe ich bisher schon einen Zustand erreicht, der sich völlig normal anfühlt. Allein, dass mir diese Kontakte und Berührungen mehr bedeuten als anderen. Und darauf passe ich permanent auf.

Und noch etwas: Ich suche Kontakt zu Kindern, aber ich achte darauf, keine unnötigen Risiken einzugehen, z. B. nicht mit Kindern allein zu sein, wenn ich genauso gut im Umkreis ihrer Eltern bleiben kann. Der erste Stichpunkt ist z. B. »Gehe nicht zum Kind, lass es selbst kommen«. Er erinnert mich daran, weniger selbst auf Kinder zuzugehen und ihnen so womöglich meine Kontaktwünsche aufzudrücken, stattdessen will ich eher für sie da sein, wenn sie zu mir kommen x

## Auslöser vermeiden

Eine einfache, weitverbreitete Strategie zur Erhöhung der Selbstkontrolle ist das Vermeiden der auslösenden Situationen. Wenn ich weiß, die Süßigkeitenregale bringen mich jedes Mal in Versuchung, dann gehe ich beim Einkaufen einfach nicht mehr dort vorbei.

Sie haben durch Ihre Selbstbeobachtung sicher verschiedene Bedingungen gefunden, die Ihre sexuellen Fantasien anregen oder die Sie verführen, sich mit einem Kind näher zu beschäftigen als es Ihrem Vorsatz entspricht. Prüfen Sie, ob und wie Sie diese Gegebenheiten vermeiden können. Für viele ist

z. B. der Anblick nackter oder leicht bekleideter Kinder in Schwimmbädern sehr reizvoll. Manche pädophile Menschen berichten, dass dies aber gleichzeitig ihre Fantasien so stark anregt, dass sie sich in den nächsten Tagen und Wochen immer mehr damit beschäftigen. Für diese Personen ist es hilfreich, Schwimmbäder zu meiden oder nur in Zeiten aufzusuchen, in denen kaum Kinder anwesend sind. Für andere sind es der Aufenthalt auf Spiel- oder Bolzplätzen, die Einladung von Freunden mit Kindern, das Anschauen von Kinderfilmen, die gemeinsamen Aktivitäten mit Kindern oder eben das Betrachten von Kindesmissbrauchsabbildungen, die sie vermeiden sollten.
Durch die Vermeidung der Auslöser soll das »Aufheizen« der Bedürfnisse verhindert werden. »Was ich nicht sehe, macht mich nicht an«, hat es ein Klient aus unserer ambulanten Therapiegruppe formuliert. Das, was und in welchem Ausmaß anmacht, ist aber individuell sehr verschieden. Der eine kann problemlos mit seiner Familie ins Schwimmbad gehen, aber beim Kuscheln während der Gute-Nacht-Geschichte wird es für ihn schwierig. Der andere kann mit Kindern problemlos spielen und sie beaufsichtigen, nur wenn er sich in ein bestimmtes Mädchen »verguckt« hat, wird es riskant. Prüfen Sie deshalb, an welchen Stellen für Sie Vermeidung sinnvoll und hilfreich ist.
Vor allem, wenn Sie soziale Situationen, wie einen gemeinsamen Ausflug mit befreundeten Familien, vermeiden wollen, sollten Sie sich mit einigen plausiblen Ausreden vorbereiten. Einige Klienten erzählen, dass sie, insbesondere wenn sie z. B. von Freunden um Hilfe gebeten werden, einige Stunden auf ihr Kind aufzupassen, in ein Dilemma geraten. Nicht selten begeben sie sich trotz besseren Wissens in eine riskante Situation, um die Bitte nicht abschlagen zu müssen. Zugegebenermaßen ist eine Lösung hier nicht einfach. Aber auch nicht unmöglich. Wenn Sie die Situation als Risikosituation identifiziert haben, dann sollten Sie darauf auch reagieren. Wissen die Freunde von den sexuellen Interessen, so können Sie die Bedenken offen ansprechen. Anderenfalls dürfen Sie auch bei Freunden mal Ausreden einsetzen. Vielleicht hilft es Ihnen, sich ein fiktives Gespräch mit ihnen vorzustellen, in dem Sie ihnen wahrheitsgemäß sagen würden, warum Sie nicht auf den Sohn aufpassen möchten. Wie würden die Eltern dann reagieren? Würden sie sagen »Mach's trotzdem, wir vertrauen dir«? Oder würden sie Verständnis zeigen, vielleicht sogar Erleichterung über Ihr verantwortungsbewusstes Handeln?

MAX Ich vermeide es, zu lügen, und habe mir mit der Zeit ein Repertoire an Formulierungen zugelegt, die zwar klar ablehnen und auf denen ich, ohne dabei komisch zu wirken, bestehen kann, die aber nichts über meine Neigung aussagen, wie z. B. »Es geht mir nicht gut« oder »Ich hab gerade andere Sachen im Kopf« oder »Ich fühl' mich krank«. Der andere versteht nicht, dass sich das auf meine Neigung bezieht. x

Sollten Sie die Situation nicht komplett vermeiden können, haben Sie noch andere Handlungsoptionen. Sie können sich fragen, was es Ihnen erleichtern würde, die Situation mit hoher Selbstkontrolle zu meistern: nicht allein mit dem Kind zu sein, die Zeit möglichst kurz zu halten, körperliche Nähe zu vermeiden. Wenn also nicht die gesamte Situation zu vermeiden ist, dann können Sie sich immer noch auf die Vermeidung der Details konzentrieren, die für Sie persönlich schwierig sind.

## Aufmerksamkeit lenken

Nicht alle auslösenden Reize lassen sich zuverlässig vermeiden. Deshalb ist es wichtig, weitere Strategien zur Selbstkontrolle zu beherrschen. So können Sie in einer Situation, die Ihre Gefühle »anheizt«, die Aufmerksamkeit gezielt auf andere Inhalte lenken. Auch hier gilt: Probieren Sie verschiedene Dinge aus und schauen Sie, was Ihnen persönlich bei der Aufmerksamkeitslenkung hilft.
Relativ einfach ist z. B. die Beobachtung des eigenen Atems, des Wechsels zwischen Ein- und Ausatmen. Fühlen Sie nach, wie sich der Brustkorb beim Einatmen hebt und beim Ausatmen senkt. Spüren Sie die Bewegungen Ihrer Bauchdecke beim Ein- und Ausatmen. Achten Sie auf die Geschwindigkeit und die Tiefe Ihrer Atemzüge. Es ist normal, wenn Ihre Gedanken dabei immer wieder abschweifen. Führen Sie dann Ihre Aufmerksamkeit einfach wieder zurück zu Ihrem Atem. Probieren Sie es einmal aus. Nehmen Sie sich bewusst fünf Minuten Zeit für diese Übung, nicht kürzer und nicht länger. Am Anfang führen Sie diese Übung am besten ein- bis zweimal am Tag aus, um sie zu verinnerlichen.
Eine andere Möglichkeit ist, sich mit Rechenaufgaben zu beschäftigen. Hierbei lässt sich gut die Schwierigkeit variieren. Je stärker die Gefühle bzw. der Anreiz ist, desto stärker müssen Sie Ihre Aufmerksamkeit an eine andere Aufgabe binden, d.h. desto schwerer sollte die Rechenaufgabe sein. So können Sie von 100 in 7er-Schritten rückwärts zählen oder sich die Reihe der Primzahlen aufsagen. Weitere Varianten zur Aufmerksamkeitslenkung sind Rätsel lösen, das Alphabet rückwärts aufsagen, entgegenkommende Passanten mit Brille zählen, alle Songs der Lieblingsband auflisten, den nächsten Urlaub detailliert planen usw. Ihrer Fantasie sind keine Grenzen gesetzt, um sich in schwierigen Situationen eine Aufgabe zu stellen, die Ihre Gedanken auf andere Dinge lenkt.

Die Aufgabe sollte lösbar sein, aber nicht zu leicht, sodass Ihre Aufmerksamkeit optimal gefordert ist.
Während die genannten Übungen überall eingesetzt werden können, da man sie unbemerkt nur in seinem Kopf durchführen kann, gibt es natürlich auch die Möglichkeit, durch bestimmte Handlungen die Aufmerksamkeit zu binden. So wird die Ablenkung durch Fernsehen, PC-Spiele oder Musik von vielen Menschen genutzt. Man kann sich aber auch einer körperlich anstrengenden Tätigkeit zuwenden oder sich sportlich betätigen.

**Zum Weiterlesen**

Marie Boden & Doris Feldt (2015): Krisen bewältigen, Stabilität erhalten, Veränderung ermöglichen. 5. Aufl. Köln: Psychiatrie Verlag.

## Zu Ende denken

Eine weitere Möglichkeit ist, die angenehmen, reizvollen Vorstellungen in aller Konsequenz zu Ende zu denken. Meist bleiben wir mit unseren Fantasien an den Punkten stehen, die unseren Bedürfnissen entsprechen und uns somit gut tun. Störende Aspekte werden ausgeblendet, wir malen uns die Dinge schön. Um die damit verbundenen Gefühle wieder abzukühlen und Distanz zu ihnen zu bekommen, hilft es, den realistischen Blick zu schärfen.
Wenn Sie z. B. überlegen, einen Jungen in die Eisdiele einzuladen, mit ihm in den Zoo oder ins Freibad zu gehen, dann überlegen Sie, wie es weitergeht. Die meisten wissen ziemlich genau, was passieren kann: Sie werden gemeinsam Spaß haben, der Junge wird sich freuen, dass er einen großen Freund gewonnen hat. Sie werden weitere schöne Dinge unternehmen. Sie werden sich zunehmend nach ihm sehnen, werden ihre Freizeit auf ihn ausrichten und andere Kontakte vernachlässigen. Ihre Wünsche nach gegenseitiger Liebe werden größer, sexuelle Fantasien mit ihm werden angeregt. Sie werden das Bedürfnis haben, ihn zu berühren, vermehrt in Situationen geraten, in denen Sie sich nur schwer zurückhalten können. Der Frust darüber, dass Sie nicht tun können, wonach Sie sich so sehr sehnen, wird immer größer. Die Traurigkeit über die Grenzen der Beziehung zu dem Jungen nimmt zu. Gleichzeitig werden Zuneigung, Sehnsucht und sexuelle Gefühle durch den inzwischen intensiven Kontakt zu dem Jungen weiter angeheizt. Sie stecken in einem großen Dilemma und wissen nicht, wie Sie da wieder rauskommen, weil Sie den Jungen nicht verletzen, ihn als Freund nicht im Stich lassen wollen. Am Ende werden Sie entweder den Jungen enttäuschen müssen, indem Sie sich

von ihm zurückziehen. Oder Sie werden den anstrengenden inneren Kampf fortführen, der Ihre Lebensqualität erheblich beeinträchtigt und Ihnen auf die Stimmung schlägt. Oder aber Sie werden den Kampf verlieren und gegenüber dem Jungen sexuell übergriffig werden. Dann werden Sie Angst bekommen, dass es rauskommen könnte. Vielleicht werden Sie auch Schuldgefühle haben, weil Sie wissen, dass der Junge das in dieser Weise nicht wollte. Der Junge wird vielleicht weniger freudestrahlende Augen haben, wenn er Sie sieht, er wird zurückhaltender sein, sich Ihnen nicht mehr unbedarft nähern. Vielleicht meidet er auch ganz den Kontakt mit Ihnen und macht Ihnen später Vorwürfe, dass Sie sein Vertrauen ausgenutzt haben. Sie werden sich schämen und wütend auf sich sein, weil Sie Ihrem Vorsatz, sich keinem Kind sexuell zu nähern, nicht treu geblieben sind, weil Sie es nicht geschafft haben. Sie werden über Jahre nicht sicher sein, ob nicht doch irgendwann die Polizei vor der Tür steht. Wenn es zu einer Anzeige kommt, werden Sie sich sorgen, ob die Nachbarn, Familie, Freunde, Arbeitskolleginnen etwas mitbekommen haben. Es wird eine öffentliche Verhandlung geben, bei der Sie sich fremden Menschen gegenüber über persönliche und intime Dinge äußern sollen. Sie werden sich extrem schlecht fühlen. Wenn Sie zu einer Gefängnisstrafe verurteilt werden, verlieren Sie Ihre Arbeit, Ihre Wohnung, möglicherweise auch Ihre Freunde oder Familienmitglieder. Sie werden sich unter den anderen Gefangenen behaupten müssen und in einem völlig anderen Alltag zurechtkommen müssen. Sie werden Ihre Freiheit und Ihre Selbstbestimmung weitgehend verlieren.

Möglicherweise haben Sie die letzten Sätze kaum zu Ende lesen können oder empfinden diese Vorstellungen als Schwarzmalerei. Tatsächlich sind es aber sehr realistische Folgen, die sich jeweils aus dem Davor ergeben. Sie zerstören allerdings so sehr den schönen Anfangsgedanken, dass man sie lieber nicht denken will. Zur Erhöhung der Selbstkontrolle und zum Abkühlen der Gefühle ist es aber eine sehr effektive Strategie, die angenehmen Gedanken konsequent über den schönsten Punkt hinaus weiterzuverfolgen.

## Sexuelle Fantasien beeinflussen

Fantasien sind die kreativen Fähigkeiten des Menschen, sich ein Bild von den Dingen zu machen, wie sie sein könnten. Die Vorstellungskraft beschreibt die Energie, die hinter unseren Fantasien stecken kann. Ziele, die wir erreichen möchten, werden häufig auf der Fantasieebene ausprobiert und vorbereitet. Gedankenspiele (»Wie werde ich es machen?«) und auf die Zukunft bezogene

Gefühlseinschätzungen (»Wie werde ich mich dann fühlen?«) bereiten das künftige eigene Verhalten vor.
Dasselbe kann mit sexuellen Fantasien passieren. Wenn diese häufiger, unkontrollierter und immer detailreicher auftreten, verstärken sie die eigenen sexuellen Bedürfnisse und feuern diese an. Auf der Fantasieebene werden konkrete Schritte für das zukünftige Verhalten »ausprobiert«. Der Sprung vom Wunsch zur Handlung wird damit kleiner, die reale Umsetzung wahrscheinlicher. Daher ist die Beeinflussung der sexuellen Fantasien für die Selbstkontrolle von Menschen mit pädophilen Interessen enorm wichtig.
Zur Übung sind zunächst nichtsexuelle Bilder hilfreich. Stellen Sie sich ein schönes Urlaubsmotiv oder die Lieblingsszene aus einem Film oder dem letzten Fußballspiel vor. Schließen Sie die Augen und schauen Sie auf die Details des inneren Bildes, bis Sie es wirklich gut »sehen« können. Dann stellen Sie sich vor, Ihre Fantasie wäre ein Film, bei dem Sie an einer beliebigen Stelle die »Pause«-Taste drücken können. Den Film anzuhalten und bei dem Standbild zu verweilen, ist der erste Schritt, die Kontrolle über die Fantasie zu gewinnen. Im nächsten Schritt zoomen Sie das Bild weg, bis Sie sich immer mehr von der Szene entfernen, bis die Gegenstände und Personen immer kleiner werden und nur noch kleine Punkte darstellen oder ganz miteinander verschwimmen. Alternativ können Sie das Standbild auch mit einem vorgestellten Fernglas unscharf stellen. Schrittweise verschwimmen die Konturen, bis man kaum noch erkennen kann, was in dem Bild gerade passiert. Verändern Sie nun die Farbe, lassen Sie das Bild in Schwarz-Weiß erscheinen.
Sie können noch weiter gehen: Stellen Sie sich die gesamte Szene in strömendem Regen oder in grauem, dichtem Nebel vor. Auch einige Umgebungsbedingungen können Sie entzaubern, indem z. B. Ölverschmutzungen am Strand das Bild »verderben«. Bei einer sexuellen Fantasie können Sie sich vorstellen, dass Sie nicht mehr allein mit dem Kind sind, sondern dass jemand zuschaut, der von Ihren pädophilen Interessen möglichst nichts wissen soll, z. B. der Arbeitskollege.
Mit diesen Techniken werden Sie recht schnell merken, dass Sie Ihre sexuellen Fantasien nicht nur wie bisher in die positive, anregende, sondern auch in die negative, abtörnende Richtung beeinflussen können. Wenn Sie also durch Ihre Selbstbeobachtung zu der Einschätzung kommen, dass sich Ihre Fantasien problematisch entwickeln, dann sollten Sie handeln. So behalten Sie die Kontrolle über Ihre Fantasien und können in Risikosituationen das kurzfristige, lustbezogene Ziel »abkühlen«.

## Sich selbst anleiten

Eine recht einfach klingende, aber dennoch ungemein wirksame Technik ist das Selbstgespräch, mit dem man sich selbst Anweisungen gibt. Dieses Vorgehen kann man in ganz verschiedenen Situationen einsetzen und hat sich bei Stress, Ängsten und beim Verfolgen von Zielen als sehr effektiv erwiesen.

Befinden Sie sich in einer Situation, von der Sie wissen, dass sie für Sie riskant ist, so können Sie sich im Selbstgespräch anleiten. Beispielsweise wenn Sie im Bus sitzen, und ein Mädchen steigt ein, das Sie schon oft gesehen und beobachtet haben. Sie wissen, wo das Mädchen wohnt und haben sich schon oft vorgestellt, es einfach mal anzusprechen. Sie wissen gleichzeitig, dass dies nur der Anfang von einer längeren Geschichte wäre. Ihr Ziel, keine enge Beziehung zu einem Kind einzugehen, würden Sie damit in Gefahr bringen.

Ein Mittel, sich selbst zu helfen, gut durch die Situation zu kommen, ist, sich selbst innerlich zu instruieren und sich zu sagen, was als Nächstes zu tun ist, z. B.: »Du bleibst jetzt einfach hier im Bus sitzen. Du schaust aus dem Fenster. Du lenkst dich ab. Wenn deine Haltestelle kommt, steigst du als Erster aus und gehst in zügigem Schritt nach Hause.« Ermutigen Sie sich dabei: »Du bist total nervös, aber das kennst du ja schon. Das ist nicht schlimm. Entspanne dich! Du schaffst das!« Und wenn die kritische Situation bewältigt ist, dann klopfen Sie sich sinnbildlich auf die Schulter: »Du hast es geschafft! Super! Es war noch besser als beim letzten Mal!«

Manchen Menschen hilft es, kleine Karteikärtchen bei sich zu tragen, auf die sie Sätze aufgeschrieben haben, die grundsätzlich für alle riskanten Situationen passen, z. B. »Ich halte Abstand zu Kindern!«, »Ich spreche kein Kind an!«. Wenn die Nervosität oder die Gefühle so stark sind, dass man keine klaren Gedanken mehr fassen kann, greift man zu diesen Erinnerungskärtchen und liest sich die Sätze mehrfach durch.

Sicher kennen Sie solche Selbstinstruktionen schon aus Ihrem Alltag, sei es, dass Sie sich z. B. zur Ruhe mahnen, wenn Sie sich geärgert haben oder wenn Sie vor einer neuen Aufgabe stehen. Versuchen Sie doch einmal, diese Strategie auch in für Sie riskanten Situationen mit Kindern oder mit Kindesmissbrauchsabbildungen bewusst einzusetzen. Sie können damit sich selbst bei der Bewältigung schwieriger Situationen unterstützen.

## Sich selbst belohnen

Zu einer guten Selbstkontrolle gehört es auch, sich selbst zu belohnen. Sie erinnern sich: Selbstkontrolle ist immer dann nötig, wenn man auf kurzfristige, lustbezogene Ziele verzichten will (z. B. keine Schokolade), um langfristig gesetzte, positive Ziele (z. B. Gewichtsreduktion) zu erreichen. Das bedeutet, dass man im Moment des Verzichts etwas Schönes verliert, ohne schon etwas anderes Positives zu haben. Um dann nicht vor dem »Nichts« zu stehen, ist es enorm wichtig, dass Sie sich selbst für den Schritt des Verzichtens belohnen und dafür sorgen, dass Sie auch kurzfristig etwas gewinnen.

Also würdigen Sie Ihre Erfolge! Seien Sie stolz, wenn Sie es geschafft haben, Ihren pädosexuellen Wünschen und Sehnsüchten zu widerstehen. Das kann – wie zuvor beschrieben – in Form von inneren Selbstbestätigungen (»Gut gemacht!«) geschehen. Sie können sich aber auch überlegen, womit Sie sich selbst Gutes tun wollen. Manchmal ist es hilfreich, vorher festzulegen, wann und wie man sich belohnen will, damit es nicht in Vergessenheit gerät. Auf diese Weise können Sie die Selbstkontrolle in etwas verwandeln, was nicht nur schwer, sondern auch mit positiven Gefühlen verbunden ist. Dies erhöht zum einen die Motivation, sich auch in der nächsten Situation zu kontrollieren, und verstärkt zum anderen den Glauben an die eigenen Fähigkeiten.

Besonders wenn Ihnen die Selbstkontrolle noch sehr schwerfällt, sollten Sie umso konsequenter jeden einzelnen Schritt honorieren. So können Sie sich z. B. am Abend mit einem guten Essen belohnen, weil Sie keine Kindesmissbrauchsabbildungen im Internet angeschaut haben. Wenn Sie schon Übung haben, feiern Sie vielleicht in größeren Abständen und belohnen sich für die letzten drei Monate des Verzichts. Auch wenn Sie schon über Jahre eine sehr gute Selbstkontrolle praktizieren, sollten Sie nicht vergessen, Ihre Leistung zu würdigen und darauf stolz zu sein. Dieser Erfolg ist nur eingetreten, weil Sie sich entschieden haben, keine sexuellen Übergriffe zu begehen und konsequent dieses Ziel verfolgt haben. Es ist keine Selbstverständlichkeit, auf solch grundlegende Wünsche wie intime Beziehung und Sexualität zu verzichten. Ihre Werte und Ziele waren stärker als Ihre Sehnsüchte und Impulse. Das verdient eine Belohnung!

## Unterstützung annehmen

Zu einer guten Selbstkontrolle gehört auch, die eigenen Fähigkeiten nicht zu überschätzen und rechtzeitig zu erkennen, wann die Selbstkontrolle nicht mehr funktioniert. In diesem Moment ist es wichtig, wie Odysseus andere Menschen um Unterstützung zu bitten und diese auch anzunehmen.

Prüfen Sie, ob es eine besondere Vertrauensperson in Ihrem Umfeld gibt. Es sollte eine Person sein, mit der Sie offen über Ihre pädophilen Wünsche und Ihre momentane Überforderung reden können. Das können Angehörige, Freunde oder auch professionelle Personen sein. Besprechen Sie mit dieser Person, in welchen Situationen Sie welche Hilfe brauchen und wie diese Unterstützung konkret aussehen kann. Es ist ebenso wichtig, die gegenseitigen Vorstellungen und Erwartungen klar auszusprechen. Ein Mensch, der in einem Krisenfall einfach nur reden muss, bis alles aus ihm herausgesprudelt ist und sich darüber die Gefühle abkühlen, braucht andere Unterstützung als ein Mensch, der im Krisenfall verstummt und kaum noch ein Wort herausbringt, weil er innerlich erstarrt. Entsprechend unterschiedlich sind die Anforderungen für einen Gesprächspartner, der helfen möchte. So ist es für beide Seiten leichter, wenn Sie zuvor gemeinsam geklärt haben, was genau hilft. Für akute Krisenfälle können Sie gezielte Vereinbarungen treffen (siehe S. 79), auf die Sie beide dann verbindlich zurückgreifen können.

Uwe hat z. B. mit einem sehr guten Freund Folgendes vereinbart: Stellt sich heraus, dass Uwe kurz vor einem sexuellen Übergriff steht, seine Möglichkeiten der Selbstkontrolle ausgeschöpft sind, andere Entlastungsmöglichkeiten nicht mehr zur Verfügung stehen, dann darf sein Freund ihn in eine psychiatrische Klinik bringen. Er wird dort als Grund starke depressive Zustände seines Freundes und seine Sorge vor suizidalen Handlungen beschreiben. Uwe hat sich erst nach längerer Bedenkzeit zu dieser Regelung entschließen können. Er fürchtete, dass der wahre Grund seiner Krise bekannt werden könnte, wenn die Klinik von der Pädophilie erfahre. Uwe hat in den letzten vier Jahren, seit diese Absprache besteht, bislang nicht darauf zurückgreifen müssen. Die Vorstellung, über ein letztes Hilfsmittel zu verfügen, hilft ihm aber: »Es war zum Glück noch nicht so weit, dass ich meinen Freund hätte auffordern müssen, mich einzuweisen. In letzter Zeit gelingt es mir sogar immer besser, die Pädo-Fantasien in einem kleinen Rahmen zu halten. Der Gedanke, dass es da aber einen ›Sicherheitsgurt‹ gibt, eine letzte Möglichkeit, die mich vor Schlimmeren bewahrt, die beruhigt mich ungemein.«

Doch es muss nicht immer der äußerste Notfall sein, der dazu führt, Hilfe zu suchen. Im besten Fall verhindert ja die Berücksichtigung der eigenen Bedürfnisse und Warnsignale die Entwicklung einer Krisensituation. Wenn Sie z. B. Einsamkeit oder Langeweile als Warnsignale erkannt haben, kann es in einer solchen Situation hilfreich sein, zu Freunden Kontakt aufzunehmen

und sich zu gemeinsamen Aktivitäten zu verabreden. Wenn Sie sich z. B. in ein Nachbarsmädchen verliebt haben, dann kann es schon entlasten, ein paar Tage bei Angehörigen zu übernachten, um ihr nicht täglich begegnen zu müssen. Vielleicht hilft es Ihnen auch, mit eingeweihten Personen über den inneren Kampf, Ihre Zerrissenheit in Bezug auf das Mädchen zu reden und so von außen in dem Vorhaben des Verzichts bestärkt zu werden.
Unterstützung von anderen kann sehr vielfältig sein. Sie entscheiden, was Ihnen bei Ihrer Selbstkontrolle hilft. Wichtig ist dabei, selbst aktiv zu werden und auf andere zuzugehen.

## Das Ruder herumreißen

Wenn Sie einmal feststellen, dass die Umsetzung Ihrer sexuellen Fantasien in reale Handlungen unmittelbar bevorsteht, müssen Sie entschieden handeln und schnell die Richtung wechseln. Unabhängig von den Gründen, die Sie anschließend auch analysieren sollten, ist es in einem solchen Moment nur wichtig, sofort den Kurs zu korrigieren, das Ruder quasi im letzten Moment herumzureißen. Selbst wenn Sie schon sexuell erregt mit einem Kind allein in einer Wohnung sind und gerade ein gemeinsames Bad vorbereiten, auch dann können Sie noch etwas tun. Um den starken Gefühlen und unbefriedigten Bedürfnissen etwas Wirksames entgegenzusetzen, braucht es dann allerdings sehr kraftvolle Methoden. In der Regel helfen starke sensorische Reize, wie z. B. auf eine frische, scharfe Chilischote beißen, an Ammoniak riechen oder sich ein Coolpack auf empfindliche Hautstellen legen. Sie können auch kalt duschen, mit nackten Füßen auf einen Igelball treten, sehr scharfe oder saure Bonbons lutschen, mit einer harten Bürste über die Haut fahren oder einen Löffel extra scharfen Senf essen. Auch hier heißt es im Vorfeld auszuprobieren, was stark genug ist, um Ihre sexuelle Erregung sofort zu stoppen und den Kopf klar zu bekommen. Am besten wählen Sie Hilfsmittel aus, die Sie im Notfall auch in Reichweite haben, bzw. sorgen Sie dafür, dass sie in Reichweite sind, indem Sie z. B. etwas davon immer bei sich haben.
Wenn Sie die Eskalation der Situation erfolgreich abgebrochen haben, sollten Sie die Situation sofort verlassen und einen Ort aufsuchen, der keine sexuell stimulierenden Reize bietet. Das kann der Wald sein, der Bahnhof oder ein Fitnesscenter. Wichtig ist, dass die aktiv aufgesuchte Situation ein völlig neues Umfeld darstellt, möglichst neutral ist oder aber über Reize verfügt, die Ihre gesamte Aufmerksamkeit von sexuellen Inhalten ablenkt.

Wenn dies nicht möglich ist, weil Sie z. B. die Aufsicht für ein Kind übernommen haben, sollten Sie versuchen, sofort Öffentlichkeit zu schaffen. Das kann bedeuten, gemeinsam die Wohnung zu verlassen und in die Stadt zu gehen. Alternativ können Sie andere Erwachsene bitten, zu Besuch zu kommen, oder Sie halten telefonisch Kontakt, während Sie mit dem Kind zusammen sind. Vielleicht fallen Ihnen noch ganz andere Methoden ein, mit denen Sie auch im letzten Moment noch das Ruder herumreißen können. Dennoch: Lassen Sie es möglichst nicht so weit kommen. Ein Moment, in dem die sexuellen Gefühle so stark sind, ist eine Hoch-Risikosituation, deren Abbruch enorm viel Kraft kostet. Sie sind dabei schon längst nicht mehr auf der sicheren Seite.
Auch wenn wir Ihnen viele Möglichkeiten vorgestellt haben, wie Sie sich und Ihre Gedanken, Gefühle und Bedürfnisse kurzfristig regulieren können: Notfälle kann man nicht trainieren, man kann sich nur vorbereiten und verschiedene Strategien ausprobieren. Nur so können Sie erkennen, ob sie Ihnen tatsächlich helfen. Wenn Sie eine praktikable und funktionierende Strategie für sich gefunden haben, sollten Sie diese üben, denn das Gehirn kann auf trainierte Fertigkeiten im Ernstfall leichter zugreifen.

## Persönliche Warnsignale und Strategien

Vielleicht merken Sie beim Ausprobieren der verschiedenen Strategien, dass manche nur in bestimmten Situationen oder nur bei bestimmten Gefühlen helfen. Dann notieren Sie sich am besten, welche Methode bei welchem Warnsignal nützlich sein könnte in Ihren individuellen Plan. Je mehr Bewältigungsstrategien Sie zur Verfügung haben, desto wahrscheinlicher ist es, dass Sie in der jeweiligen Situation das passende »Werkzeug« zur Hand haben.

Für alle Strategien zur Selbstkontrolle gelten die folgenden Regeln (Hargens 2019):

- Übung macht den Meister!
- Ändere nicht die Dinge, die funktionieren!
- Wenn etwas funktioniert, mach mehr davon!
- Wenn etwas nicht funktioniert, hör auf damit!

Zum Abschluss möchten wir noch auf drei Aspekte hinweisen, die grundsätzlich für eine gute Selbstkontrolle wichtig sind. Das ist zum einen eine stabile Lebensführung mit ausreichendem und regelmäßigem Schlaf. Zu wenig Schlaf macht uns Menschen stressanfällig und emotional labil. Entsprechend schlechter ist es dann um unsere Selbstkontrolle bestellt. Ebenso können psychische Erkrankungen, wie z. B. depressive Verstimmungen, zu einer emotionalen

| | Warnsignale | Risiko, das durch das Warnsignal angezeigt wird | Mögliche Strategien |
|---|---|---|---|
| Situationen (A) | | gering mittel hoch | |
| | | gering mittel hoch | |
| Gedanken (B) | | gering mittel hoch | |
| | | gering mittel hoch | |
| Gefühle (C) | | gering mittel hoch | |
| | | gering mittel hoch | |
| Verhalten (C) | | gering mittel hoch | |
| | | gering mittel hoch | |

Instabilität führen. Wenn psychische Krisen länger andauern, ist es deshalb wichtig, dass Sie sich professionelle Hilfe holen. Des Weiteren vertragen sich eine gesunde Lebensführung und gute Selbstkontrolle nicht mit Alkohol- und Drogenkonsum. Bereits geringe Mengen führen zu deutlichen Veränderungen im Denken und Fühlen. Das wirkt sich dann nicht nur negativ auf die Selbsteinschätzung aus, sondern schränkt auch die Handlungskontrolle ein. In der Regel unterschätzen die Menschen – insbesondere diejenigen, die denken, einen gewissen Konsum gewöhnt zu sein – den Einfluss von Alkohol oder Drogen bzw. sie überschätzen ihre eigenen Willenskräfte.

Auf Ihrem verantwortungsvollen Weg der Selbstbeobachtung und Selbstkontrolle ist es deshalb wichtig, dass Sie sich bewusst machen, dass diese generellen Faktoren die Nutzung der vorgestellten Strategien einschränken können. Für solche Situationen sollten Sie sich dann zusätzliche Strategien überlegen.

Die in diesem Kapitel enthaltenen Überlegungen und Handlungsansätze zielen auf den verantwortungsvollen Umgang mit der eigenen pädophilen Ausrichtung, darauf, Kindern nicht zu schaden, keine Straftaten zu begehen und einen Weg zu finden, sicher und zufrieden mit einer solchen Selbstverpflichtung zu leben. Die Verantwortlichen der Selbsthilfeplattform »Schicksal und Herausforderung« haben als Grundlage dafür einen »Ehrenkodex für Pädophile« formuliert, der die wichtigsten Punkte für eine freiwillige Verpflichtung zum Kinderschutz enthält (www.suh-ev.de/persoenliches/marco/marcos-ehrenkodex). Der Ehrenkodex ist auch im Downloadbereich dieses Buchs enthalten.

## Veränderung pädophiler Interessen

Es ist bisher empirisch nicht eindeutig geklärt, ob die pädophilen Interessen eines Menschen veränderbar sind. In der Sexualwissenschaft werden unterschiedliche Positionen vertreten. Die einen sind der Auffassung, dass sexuelle Interessen am Ende der Pubertät unveränderbar feststehen. Die anderen gehen davon aus, dass sich die sexuelle Ausrichtung im Laufe des Lebens verändern kann. Aus diesen Annahmen folgen unterschiedliche Möglichkeiten des Umgangs mit der Pädophilie. Wir sind bisher auf die erste Position eingegangen und haben Ihnen Anregungen gegeben, wie Sie Ihre Selbstkontrolle und Ihre Lebenszufriedenheit erhöhen können.
Nun wollen wir Techniken vorstellen, mit der Sie versuchen können, gezielt auf die Inhalte Ihrer sexuellen Fantasien Einfluss zu nehmen. Diese wurde von einem der einflussreichsten Sexualtherapeuten der Gegenwart vorgeschlagen und auch erfolgreich angewendet (Marshall u. a. 2009). Da die Studien zu den Ergebnissen dieser Techniken noch unvollständig sind, raten wir, das Vorgehen als Versuch zu sehen, dessen Erfolg möglich, aber nicht sicher ist. Jüngste Metaanalysen zeigen jedoch, dass die Therapie von pädophilen Menschen erfolgreicher ist, wenn Methoden einbezogen werden, die mit der Masturbation und der sexuellen Erregung arbeiten und die auf die Veränderung der sexuellen Fantasien abzielen (Gannon u.a. 2019; McPhail & Olver 2020).
Die Techniken knüpfen an das Wissen um den sexuellen Erregungsverlauf bei Männern an, wie er in Abbildung 6 dargestellt ist. Zum Erregungsaufbau nutzen wir alle Reize oder Fantasiebilder, die uns sexuell stimulieren. Oft gibt es auf der höchsten Erregungsstufe kurz vor dem Orgasmus andere Fantasien als zu Beginn der Erregungsphase. Nach dem Orgasmus fällt die Erregungskurve steil ab. Bereits nach knapp zwei Minuten beginnt die sogenannte Refraktärzeit. In dieser Phase ist der Mann nicht empfänglich für sexuelle Reize und kann keine neue Erregung aufbauen. Diese Reizunempfindlichkeit dauert circa 20 Minuten, bei jüngeren Männern ist sie kürzer.

Die Selbstbefriedigung können Sie nun gezielt nutzen, um Ihre sexuellen Interessen zu beeinflussen. Dabei konzentrieren Sie sich zum einen auf den Erregungsaufbau, bei dem zunehmend Fantasien mit Erwachsenen aufgebaut werden, und zum anderen auf die Refraktärphase, in der die pädophilen Fantasien gehemmt werden sollen.
Beginnen Sie mit der Vorbereitung: Erstellen Sie zunächst eine Liste mit den pädophilen Fantasien, die Sie am stärksten erregen. Erstellen Sie dann eine zweite Liste, in der diese pädophilen Reize durch Fantasien mit einem erwachsenen Sexualpartner ersetzt werden. Überlegen Sie, welche Personen und sexuellen Spielvarianten für Sie am ehesten vorstellbar sind.

**ABBILDUNG 6** Schematische Darstellung der sexuellen Erregung bei Männern

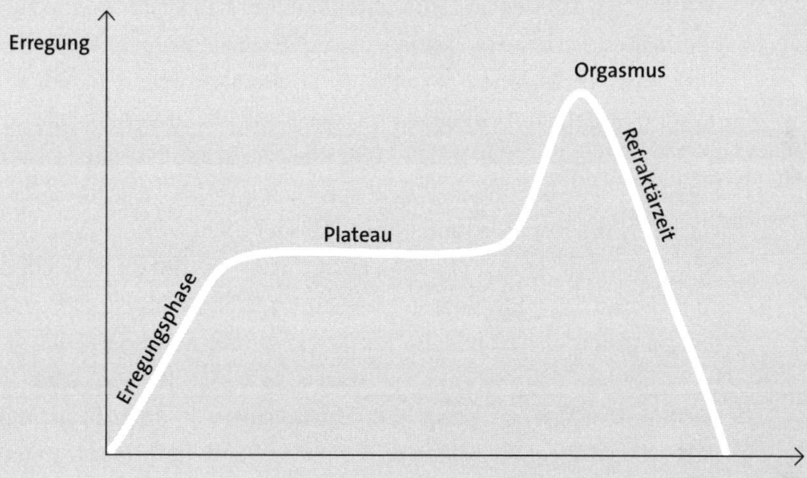


Nutzen Sie zunächst die erste Liste zum Aufbau der sexuellen Erregung und masturbieren Sie zu den notierten Fantasien. Wenn Sie stark erregt sind, dann wechseln Sie zu den Fantasien aus der zweiten Liste und masturbieren damit bis zum Orgasmus. Sollte Ihre Erregung nachlassen, kehren Sie wieder zu den Szenarien der ersten Liste zurück, um dann abermals bei starker Erregung den Wechsel zu den nicht pädophilen Fantasien zu wiederholen und dazu bis zum Orgasmus zu masturbieren. Wenn Sie eine pädophile Nebenströmung haben und durch erwachsene Frauen oder Männer gleichermaßen sexuell erregt werden, dann nutzen Sie keine pädophilen Fantasien zum Erregungsaufbau, sondern ausschließlich solche mit erwachsenen Sexualpartnern.

Nach dem Orgasmus schließt sich die zweite entscheidende Technik an, mit der Sie die Unempfindlichkeit der Refraktärphase nutzen. Sprechen Sie circa zehn Minuten lang die erregendsten pädosexuellen Szenarien der ersten Liste immer wieder laut aus oder – wenn Sie nicht ungestört sind – flüstern Sie diese vor sich hin. Wenn möglich, masturbieren Sie dabei noch eine Zeit lang weiter. Das ist anstrengend. Halten Sie dennoch durch, denn diese Kopplung der pädophilen Fantasien mit der Refraktärphase soll zu einer Hemmung der Verbindung »kindlicher Körper – sexuelle Erregung« führen.

Die beschriebenen Techniken sind nicht einfach durchzuführen. Wenn Sie versuchen wollen, Ihre pädophilen Fantasien zu reduzieren und stattdessen sexuelle Fantasien mit Erwachsenen aufzubauen, dann ist es wichtig, dass Sie eine Zeit lang konsequent das Vorgehen wiederholen. Das erfordert einiges an Durchhaltevermögen. Nichts ist anstrengender – und frustrierender –, als sich in lustvollen Momenten zu beschränken und sich an einen Plan zu halten, der eine hemmungslose Hingabe verhindert. Es braucht einen sehr starken Wunsch nach einer veränderten Sexualität und eine gute Disziplin. Im Vergleich zu diesem Weg scheint ein Leben mit der Kontrolle dieser Fantasien manchmal leichter. Auch hier gibt es keine für alle Menschen passende Lösung. Prüfen Sie für sich, ob Sie diesen Weg ausprobieren wollen, um zu erfahren, ob Ihre sexuellen Interessen veränderbar sind oder nicht.

Bitte bedenken Sie auch: Es kann gut sein, dass Sie mit dieser Technik zunächst eine Hemmung pädophiler Interessen erreichen können, dass jedoch die alten Fantasien insbesondere unter Stress wieder auftreten. Dies muss jedoch nicht heißen, dass Sie erfolglos waren oder eine weitere Arbeit sinnlos ist. Grundsätzlich ist es so, dass alte Verhaltensweisen unter Belastungen wieder auftreten können. Sie sollten also nicht in Panik und Katastrophengedanken verfallen, sondern schauen, ob Sie mithilfe der hier beschriebenen Techniken die pädophilen Interessen abermals hemmen können.

Sollten Sie auch durch erwachsene Frauen oder Männer sexuell erregt werden, ist es sinnvoll, parallel zu diesem Vorgehen auch reale sexuelle Erfahrungen zu sammeln. Möglicherweise merken Sie, dass Sie sich nicht trauen, mit Gleichaltrigen in Kontakt zu treten oder zu flirten, sich körperlich anzunähern. Wenn aus diesem Grund keine altersadäquate Erfahrung zustande kommt, ist es für Sie wichtig, zunächst Kompetenzen im zwischenmenschlichen Bereich aufzubauen, sei es die Selbstsicherheit oder die Kommunikation zu trainieren oder aber eine Art Flirtkurs zu besuchen, um Mut und die Fähigkeiten für die ersten Schritte in Richtung körperlicher Nähe und Sex zu gewinnen.

Generell empfehlen wir Ihnen, für dieses nicht ganz einfache Vorgehen therapeutische Unterstützung zu suchen. Auf diese Weise können Sie Ihre Erfahrungen mit einer fachlich kompetenten Person reflektieren, mögliche Veränderungen im sexuellen Erleben beobachten und besprechen, aber auch eventuell notwendige Anpassungen beim Vorgehen beraten. Wichtig ist, dass diese Techniken eingebettet sind in eine umfassende Hilfestellung, die z. B. auch auf die Verbesserung der intimen Beziehungen zu Gleichaltrigen abzielt.

# Professionelle Hilfe und Therapie

Viele pädophile Männer stoßen in der Auseinandersetzung mit ihren sexuellen Bedürfnissen und ihren Versuchen, ein zufriedenes, sicheres Leben zu führen, an Grenzen. Zum Teil treibt sie die Frage um, ob und wie man die pädophilen Interessen wieder loswird. Manche leiden unter Problemen oder psychischen Erkrankungen wie Ängste, Depressionen und Suchtstörungen, die sich infolge von Scham- und Schuldgefühlen, Einsamkeit und Frust entwickelt haben. Andere wiederum berichten, dass es ihnen zunehmend schwerer fällt, ihre pädophilen Fantasien nicht auszuleben, dass sie Angst haben, sexuelle Übergriffe zu begehen. Manchen ist es auch einfach unerträglich, mit niemandem über die eigenen Bedürfnisse und die daraus erwachsenden Konflikte reden zu können. Dies alles können Anlässe sein, um professionelle Hilfe zu suchen und zu nutzen.

Viele Klienten berichten uns, dass sie einige Jahre gebraucht haben, bis sie den Schritt zu einer Beratung oder Therapie wagten. Eine häufige Befürchtung ist, auf direkte Ablehnung oder Widerwillen des Therapeuten bzw. der Therapeutin zu treffen. Es fällt uns schwer, einzuschätzen, wie wahrscheinlich eine solche Erfahrung ist. Wir wissen jedoch, dass die Sorge nicht unbegründet ist und manche pädophile Menschen dieses Erlebnis machen mussten. Es ist schwer, sich davon nicht abhalten und entmutigen zu lassen, auch wenn man weiß, dass einem professionelle Hilfe zusteht wie jedem anderen Menschen auch. Das Problem liegt in solch einem Fall bei den Therapeuten oder den Beraterinnen, die sich mit ihrer Zurückweisung oder Abneigung gänzlich unprofessionell verhalten.

Eine andere häufige Sorge betrifft die Schweigepflicht. Klienten erzählen, dass sie unsicher sind, ob der Therapeut oder die Beraterin sich wirklich an die gesetzliche Schweigepflicht hält: Ist die Fachperson nicht verpflichtet, Straftaten anzuzeigen? Kann ich mir wirklich sicher sein, dass die Polizei nichts davon erfährt, wenn ich alles auf den Tisch lege und z. B. auch von früheren strafbaren Handlungen erzähle, die bisher nie bekannt wurden? Die Angst, fortan aufgrund der sexuellen Ausrichtung unter Beobachtung zu stehen, ist groß.

Die Rechtslage zur Schweigepflicht ist jedoch recht klar: In § 203 StGB ist festgehalten, dass Ärztinnen und Psychologen sowie Beratende einer staatlich

anerkannten Beratungsstelle die ihnen anvertrauten Informationen nicht unbefugt weitergeben dürfen. Brechen Sie diese Verschwiegenheitspflicht, so droht ihnen nicht nur ein Berufsverbot, sondern auch Haftstrafe. Die Offenbarungspflicht (§ 138 StGB) gilt im Bereich sexuellen Missbrauchs nicht. Allerdings gibt es eine Offenbarungsbefugnis (§ 34 StGB), die den genannten Berufsgruppen erlaubt, Informationen dann an andere Stellen weiterzugeben, wenn sie damit eine erhebliche, akute Gefahr für Leib und Leben abwenden können. Voraussetzung ist jedoch, dass zuvor andere (therapeutische) Mittel eingesetzt wurden, um die Gefahr abzuwenden. Vergangene Straftaten fallen nur unter sehr engen Kriterien unter die Offenbarungsbefugnis: Allein bei einer zukünftigen hochgradigen Gefährlichkeit für andere Menschen dürfen Therapeutinnen und Therapeuten diese Straftaten berichten. Jedoch auch hier nur dann, wenn es ihnen mit anderen Mitteln nicht gelungen ist, die Gefährlichkeit zu reduzieren.
Zusammenfassend ist zu sagen, dass professionell Helfende die ihnen anvertrauten Geheimnisse für sich bewahren müssen. Nur in extremen Ausnahmefällen sind sie befugt, andere Stellen einzubeziehen. Im Beitrag der Kolleginnen und Kollegen aus dem Projekt »Kein Täter werden« wird das ausführlich dargestellt (siehe S. 182 ff.).

## Beratung

Für manche der infolge der Pädophilie entstandenen Schwierigkeiten bedarf es nicht immer einer Psychotherapie. Eine ausführliche, fachliche Beratung oder auch mehrere eine Lebensphase begleitende Beratungsgespräche können insbesondere dann ausreichen, wenn die Probleme weniger schwerwiegend sind. Beratungsstellen haben sich zum Ziel gesetzt, Unterstützung bei schwierigen Entscheidungen, persönlichen oder zwischenmenschlichen Konflikten, Lebenskrisen oder Partnerschaftsproblematiken zu geben oder aber Informationen zu bestimmten Themen zu vermitteln. Entsprechend haben sich die meisten Einrichtungen auf bestimmte Bereiche spezialisiert. In der Regel sind Ehe-, Familien- und Lebensberatungsstellen die richtigen Ansprechpartner für die hier besprochenen Themen. Dort können beispielsweise Paargespräche wahrgenommen werden. Angehörige können sich bei Unterstützungsbedarf (z. B. nachdem sie von der Pädophilie ihres Sohnes erfahren haben) auch an Erziehungs- und Familienberatungsstellen wenden. Zudem gibt es

Sexualberatungsstellen, wie z. B. pro familia, die für spezifische Fragestellungen in diesem Bereich zur Verfügung stehen. Das gleiche gilt für Suchtberatungsstellen. Die Beratung durch die sozialpädagogischen und psychologischen Fachkräfte der jeweiligen Einrichtung ist kostenfrei. In der Regel erhalten Ratsuchende zeitnah einen Termin oder können in eine offene Sprechstunde gehen. Sehr kurzfristige Beratung ist auch durch Selbsthilfegruppen wie www.suh-ev.de, www.wir-sind-auch-menschen.de und www.virped.org möglich, dort jedoch nicht durch Fachpersonen.

## Ambulante Psychotherapie

Die Gründe für den Beginn einer Psychotherapie können sehr unterschiedlich sein. Wir gehen an dieser Stelle nur auf die Pädophilie als Therapieanlass ein. Sollten andere psychische Störungen wie Depression, Ängste oder Suchterkrankungen eine Rolle spielen, verweisen wir auf Patientenratgeber zu diesen Themen. Gleichzeitig möchten wir betonen, dass diese Probleme ebenso ein berechtigter Anlass für psychotherapeutische Hilfe sind und eher ein weiterer Grund, diese auch in Anspruch zu nehmen.

### Worum soll es in der Psychotherapie gehen? Was sind realistische Ziele?

Die meisten Klienten, die sich aufgrund ihrer pädophilen Ausrichtung an psychotherapeutische Fachkräfte wenden, bemerken eine Zunahme ihrer sexuellen Fantasien und fürchten, einen sexuellen Übergriff zu begehen. Andere leiden unter den Schuld- und Schamgefühlen, weil sie in der Vergangenheit einem Kind bereits zu nahe getreten oder sexuell übergriffig geworden sind. Wiederum andere quälen sich mit der Frage, wie sie denn mit dieser Ausrichtung leben sollen. Fast alle Personen stellen sich irgendwann die Frage: »Geht das wieder weg?« Sie wollen die Pädophilie loswerden.

Die meisten Therapeutinnen und Therapeuten gehen davon aus, dass die sexuelle Präferenz für Kinder nicht veränderbar ist. Sie konzentrierten sich somit auf die Akzeptanz und Kontrolle der pädophilen Bedürfnisse. Die Zielrichtung ist ähnlich den Informationen in diesem Buch. Auch die Strategien, die wir im Kapitel zur Selbsthilfe vorgestellt haben, sind Bestandteil solcher Therapieansätze. Durch die regelmäßigen Therapiesitzungen und die fachliche Begleitung ist die Auseinandersetzung aber wesentlich intensiver, sie braucht auch ihre Zeit. Die direkte Interaktion mit dem Therapeuten und dessen Impulse eröffnen oft neue Blickwinkel, die helfen können, die eigene Lebenssituation zu verbessern.

Es gibt jedoch auch etliche Sexualwissenschaftler und Sexualwissenschaftlerinnen, die die Unveränderbarkeit der pädophilen Ausrichtung bezweifeln. Einige Betroffene berichten, dass sich ihre sexuellen Interessen im Laufe des Lebens oder auch durch eine Therapie verändert haben. Diese Erfahrungen und Erkenntnisse haben sich jedoch bislang nur in wenigen Therapiekonzepten (siehe Empfehlungen »Zum Weiterlesen«) niedergeschlagen. Es gibt einzelne therapeutische Methoden, z. B. die sogenannte masturbatorische Sättigung, die darauf abzielen, die sexuellen Interessen zu verändern (siehe S. 160 f.). Möglicherweise hängt die Veränderbarkeit der pädophilen Präferenz u. a. mit der Stärke der Bedürfnisse zusammen. So gelingt es wahrscheinlich Menschen mit nicht ausschließlicher Ausrichtung leichter, ihre sexuellen Interessen für Erwachsene zu stärken und die für Kinder abzuschwächen.

Als generell bedeutsame Aspekte für die Veränderung sexueller Interessen haben sich soziale Kompetenzen und das Erschließen von Alternativen erwiesen. Manche pädophile Menschen beschreiben sich als unsicher und unbeholfen im Kontakt mit Erwachsenen. Während sie zu Kindern problemlos Verbindung aufnehmen und Freundschaften aufbauen können, fehlt es ihnen an gemeinsamen Gesprächsthemen mit Gleichaltrigen. Infolge des häufig unsicheren oder unbeholfenen Verhaltens werden diese Personen manchmal als Einzelgänger oder Außenseiter wahrgenommen und ignoriert oder gemieden. Über diese sich gegenseitig bedingenden Reaktionen werden gleichaltrige Kontakte behindert. Durch das Lernen bestimmter sozialer Fertigkeiten, die es zum »Mitspielen« in der Erwachsenenwelt braucht, kann die Beziehungsfähigkeit zu Gleichaltrigen verbessert werden. In diesem Zusammenhang wird oft von einer »Nachreifung« gesprochen. Gemeint ist damit, dass bestimmte Denk- und Verhaltensmuster entsprechend dem Alter und der damit verbundenen Entwicklungsstufe weiterentwickelt werden.

Wenn es gelingt, sich von der kindlichen Welt zu lösen, zu »wachsen« und sich der Erwachsenenwelt zugehörig zu fühlen, dann erwächst daraus die Chance auf enge Bindungen. In Freundschaften oder Partnerschaften mit Gleichaltrigen kann das Bedürfnis nach Akzeptanz, nach Geborgenheit, nach Sicherheit und Vertrauen befriedigt werden. Unabhängig von den sexuellen Interessen stellt die Befriedigung dieser grundlegenden menschlichen Bedürfnisse einen starken Halt dar. Bessere soziale Kontakte zu Erwachsenen bedeuten nicht, dass man die Nähe und das Verbundenheitsgefühl zu Kindern verliert.

Freundschaften mit Gleichaltrigen sind eher als zusätzliche Verbindungen zu anderen zu sehen. Die verbesserte Beziehungsfähigkeit kann schließlich aber auch ein erster Schritt sein, um Sexualkontakte mit Erwachsenen – in der Regel werden junge bzw. jung aussehende Menschen bevorzugt – auszuprobieren.

Das Zusammenspiel von sexuellen Fantasien, Selbstbefriedigung, der Funktion der Masturbation (Spannungsabbau, Reduktion negativer Gefühle), dem Bedürfnis nach Nähe zu Kindern und der eigenen sexuellen Identität ist sehr komplex und individuell verschieden. Daher sind unsere Ausführungen hier nur als ein Ausschnitt dessen zu verstehen, was Ziel und Inhalt einer Psychotherapie sein kann. Letztlich sollten Betroffene in der Therapie eine genaue Analyse der Zusammenhänge und ihrer Motivation vornehmen. Erst dann können sie entscheiden, ob sie versuchen wollen, ihre sexuellen Interessen zu verändern und auf Erwachsene auszurichten, oder ob sie Akzeptanz üben, um auf diese Weise zu einer höheren Lebenszufriedenheit zu finden. Die Verbesserung der Lebensqualität sollte in jedem Fall – unabhängig, welchen Weg sie wählen – als Ziel der Therapie stehen. Ebenso gehören selbstverständlich bei beiden Wegen das rechtzeitige Erkennen von riskanten Situationen und die Verbesserung der Selbstkontrolle dazu.

Auch Angehörige können, wie wir am Beispiel von Felix‘ Mutter gesehen haben, von Beratung und Therapie profitieren. Dabei geht es dann um die Bedürfnisse und Sorgen der Angehörigen. Stellvertretend Hilfe z. B. für den Sohn oder den Partner zu suchen, über den Kopf desjenigen hinweg, ist tabu.

## Die Suche nach einem Therapieplatz

Inzwischen gibt es in Deutschland, aber auch in Österreich und der Schweiz, in verschiedenen Städten kostenlose und durch die ärztliche Schweigepflicht geschützte Therapieangebote (Adressen im Anhang). Hier wird eine qualifizierte Therapie speziell für Menschen mit einer Pädophilie angeboten. Sie können dort anonym und kostenfrei an einer Behandlung teilnehmen. Voraussetzung ist meist, dass aktuell keine Strafanzeige gegen sie vorliegt und keine Therapieauflage durch ein Gericht verordnet wurde (nähere Beschreibung des Therapieangebots ab S. 184).

Möglich, aber ungleich schwerer ist es, einen ambulanten Psychotherapieplatz zu finden. Grundsätzlich steht das Behandlungsangebot niedergelassener Ärztlicher und Psychologischer Psychotherapeutinnen und -therapeuten allen Menschen offen. Die gesetzlichen Krankenkassen sind für eine flächendeckende, bedarfsgerechte und wohnortnahe Versorgung der Versicherten verantwortlich. Tatsächlich kommt es jedoch immer wieder zu Versorgungsengpässen und unzumutbaren Wartezeiten. Dieser Umstand betrifft alle Menschen, tritt jedoch bei Personen mit einer Pädophilie noch einmal verschärft auf. Hintergrund ist, dass viele niedergelassene Therapeuten mit der Behandlung von Menschen mit pädophilen Interessen keine Erfahrung haben, sich nicht als ausreichend kompetent einschätzen oder womöglich auch persönliche Vorbehalte haben, die eine erfolgreiche Behandlung behindern würden.

Eine ambulante Psychotherapie wird von den Krankenkassen finanziert. Die Dauer einer Therapie hängt von der Schwere und Vielfalt der Problematik ab. Im Durchschnitt kann man bei vorwiegend wöchentlicher Sitzungsfrequenz mit anderthalb bis zwei Jahren rechnen. Voraussetzung für die Kostenübernahme ist eine diagnostizierte »psychische Störung mit Krankheitswert«. Vor Behandlungsbeginn muss also fachlich festgestellt werden, dass eine solche psychische Störung nach ICD-10 (ICD-11 ist noch nicht offiziell eingeführt) vorliegt. Wie wir am Anfang dargelegt haben, fällt eine sexuelle Präferenzstörung wie z. B. die Pädophilie generell in diese Kategorie. Zur Diagnostik sind anfangs viele Fragen zu dem aktuellen psychischen Befinden, der Lebensgeschichte und früheren Belastungen, zu sozialen Beziehungen und Ähnliches zu klären. Oft werden dazu auch Fragebögen verwendet.

Bei der Suche nach einem Therapieplatz kann man die Internetportale der Kassenärztliche Vereinigung oder der Psychotherapeutenkammer des jeweiligen Bundeslandes nutzen. Auch andere überregionale Internetseiten helfen weiter, z. B. www.therapie.de, www.deutschepsychotherapeutenvereinigung.de, www.dgsmtw.de, www.dgfs.info. Leider sind hier nur selten die Arbeitsschwerpunkte und nie die freien Kapazitäten angegeben. Auch die eigene Krankenkasse kann bei der Suche nach freien Plätzen behilflich sein.

Daneben besteht die Möglichkeit, bei Psychotherapeuten, die über keine Kassenzulassung verfügen, eine Therapie zu beginnen. Die Kosten können über das sogenannte Kostenerstattungsverfahren (§ 13, 3 SGB V) von der Krankenkasse übernommen werden. Voraussetzung ist häufig der Nachweis, dass man trotz Anfragen bei mehreren niedergelassenen Psychotherapeutinnen und Psychotherapeuten keinen Therapieplatz innerhalb von zwei Monaten bekommen hat. Zudem muss die Fachkraft eine Weiterbildung in einem der vier zugelassenen Therapieverfahren (Psychoanalyse, tiefenpsychologisch fundierte Therapie, Verhaltenstherapie, systemische Psychotherapie) nachweisen können. Am besten ist es, vorab mit Ihrer Krankenkasse das genaue Vorgehen für das Kostenerstattungsverfahren zu besprechen.

## Die Suche nach einer geeigneten Therapiestelle

Es gibt verschiedene Therapieschulen. Die am häufigsten vertretenen sind Verhaltenstherapie, Psychoanalyse, tiefenpsychologisch fundierte Therapie, systemische Psychotherapie und Gesprächspsychotherapie. Nur die ersten vier Therapieverfahren werden von den Krankenkassen finanziert.

Die verschiedenen Schulen unterscheiden sich in ihren theoretischen Annahmen über die Entstehung von psychischen Störungen. Dementsprechend unterscheiden sie sich ebenfalls in den aus den Krankheitsmodellen abgeleiteten Behandlungsmethoden. Wir verzichten hier auf eine nähere Darstellung der einzelnen Therapierichtungen. Auch wenn sich in der Behandlung der Pädophilie die Verhaltenstherapie weitgehend durchgesetzt hat, bleibt der entscheidende Erfolgsfaktor immer noch die therapeutische Beziehung. Die Qualität der Beziehung zwischen Therapeut und Klient sagt – unabhängig von der Therapieschule – am meisten darüber aus, ob eine Psychotherapie erfolgreich sein wird oder nicht. Daher ist bei der Suche nach einem Therapeuten oder einer Therapeutin vor allem darauf zu achten, ob »die Chemie stimmt«, ob Wertschätzung, Loyalität und Respekt eine vertrauensvolle Beziehung wahrscheinlich erscheinen lassen. Natürlich kann man das nicht immer in der ersten Stunde feststellen. Manche dieser Aspekte können sich erst mit der Zeit entwickeln. Die Krankenkasse finanziert fünf sogenannte probatorische Sitzungen, in denen beide Seiten prüfen können, ob sie miteinander arbeiten wollen oder nicht.

Anders als in Unterhaltungen mit Freunden geht es in den Therapiegesprächen nicht nur um das Erzählen von Sorgen und Belastungen. Das kann zwar zur kurzfristigen Entlastung führen, aber eben noch nicht zu einer langfristigen Veränderung. Therapie ist Arbeit. Es geht darum, die anfangs gesetzten Ziele zu erreichen, indem man Einfluss auf das eigene Denken und Handeln nimmt. Die Therapeutin hat dabei nicht nur die Aufgabe, gut zuzuhören und zu verstehen. Sie soll gleichzeitig auch zu neuen (Selbst-)Erkenntnissen anleiten, zu neuen Verhaltensweisen ermutigen, zu neuen Sichtweisen anregen, Stärken fördern und bei der Problemlösung unterstützen. An all diesen Aspekten können Klienten ihre Therapeutinnen und Therapeuten messen und einschätzen, ob er oder sie für ihr spezifisches Problem kompetent ist. Wenn Zweifel auftauchen, sollte man sich nicht scheuen, diese anzusprechen. Die Behandlung sollte immer auf Augenhöhe stattfinden und daher auch Platz für Kritik bieten.

Wer zu Beginn oder auch im Laufe der Behandlung merkt, dass es ihm schlechter geht, z. B. die sexuellen Gedanken weiter zu- statt abnehmen oder die

Stimmung depressiver wird, dann ist das in gewisser Weise normal. Es ist (noch) kein Zeichen, dass der Psychotherapeut schlechte Arbeit macht oder eine Therapie schadet. Wenn man sich ernsthaft mit belastenden Themen auseinandersetzt, statt sie zu verdrängen, dann ist es zwangsläufig so, dass alle damit verbundenen negativen Gefühle zunächst stärker werden. Diese Phase kann durchaus einige Wochen dauern, ist in der Regel aber vorübergehend. Es ist allerdings wichtig, diese Verschlechterung dem Therapeuten in der nächsten Sitzung sofort mitzuteilen, damit dieser darauf eingehen und gemeinsam mit dem Klienten entgegenwirken kann. Bei einer sehr starken »Symptomverschlechterung« können eine stationäre Krisenintervention oder auch eine medikamentöse Behandlung als vorübergehende Maßnahmen helfen. Sie sollten in diesem Fall mit dem Therapeuten abgesprochen werden.

**NEWMAN** Ich habe mich nach der Hausdurchsuchung wegen Kinderpornografie bei meiner Psychologin geoutet. Diese war recht verständnisvoll und hat mir zugehört, dann aber eröffnet, dass sie von diesen Themen keine Ahnung hat. Einem niedergelassenen Psychologen würde ich mich nur anvertrauen, wenn ich ihn vom PPD (Präventionsprojekt Dunkelfeld) vermittelt bekommen habe. Ansonsten habe ich an den Gruppen des Präventionsprojektes teilgenommen und dann noch zwei Jahre lang eine Nachsorgegruppe besucht, bis diese aus Geldgründen eingestellt werden musste. Hier waren meine Erfahrungen recht positiv, auch wenn ich mit einigen Aspekten des Präventionsprojektes nicht konform gehe, wie den Anspruch, niemals mit einem Kind alleine sein zu dürfen. Aus gesundheitlichen Gründen war ich zur Diagnostik in einer psychosomatischen Klinik. Hier habe ich mich dem Bezugstherapeuten anvertraut, der von diesen Themen bis dahin noch kaum Ahnung hatte. Von den Gesprächen haben wir beide sehr profitiert.. x

## Zum Weiterlesen

**Für Klienten und Klientinnen**

Frederick H. Kanfer & Dietrich Schmelzer (2005): Wegweiser Verhaltenstherapie: Psychotherapie als Chance. 2. Aufl. Berlin: Springer.

**Für psychotherapeutische Fachkräfte**

Klaus M. Beier (Hg.) (2018): Pädophilie, Hebephilie und sexueller Kindesmissbrauch: Die Berliner Dissexualitätstherapie. Berlin: Springer.

Peer Briken, Wolfgang Berner, Annika Flöter, Vivian Jückstock, Fritjof von Franqué (2017): Prävention sexuellen Kindesmissbrauchs im Dunkelfeld – das Hamburger Modell. In: PSYCH up2date, 11, S. 1–20.

Fritjof von Franqué & Peer Briken (2017): Psychotherapeutische Behandlung bei pädophiler Störung. In: Verhaltenstherapie und Verhaltensmedizin, 38 (1), S. 6–41.
Fritjof von Franqué & Timo O. Nieder (2018): Allgemeine Psychotherapie bei paraphiler Störung – ein Behandlungsvorschlag. In: Psych Up2Date, 12 (4), S. 307–326.
Tina Schulz, Corinna Hofter, Jürgen L. Müller (2017): Prävention sexuellen Missbrauchs: Therapiemanual zur Arbeit mit (potenziellen) Tätern. Weinheim, Basel: Beltz.

## Stationäre Krisenintervention

Zu einer stationären Aufnahme in einem psychiatrischen Krankenhaus kann es im Zusammenhang mit der Pädophilie dann kommen, wenn sich eine Krise anbahnt oder aktuell bereits existiert. Anlass können zum einen schwere Suizidgedanken oder bereits getätigte Suizidversuche sein. Aber auch bei einer Zunahme von sexuellen Fantasien und Handlungsimpulsen, die nur noch schwer kontrollierbar sind, kann eine Krisenintervention in der Psychiatrie notwendig und hilfreich sein.

Ziel einer solchen Maßnahme ist die kurzfristige Entlastung und Stabilisierung des psychischen Zustands. Die Psychiatrie ist kein stressfreier Ort. Dennoch bietet das Verlassen der gewohnten Umgebung die Chance, auch die gewohnten Denk- und Verhaltensmuster zu unterbrechen. Die Alltagsaufgaben wie Einkaufen, Essen kochen, Arbeiten, Putzen werden für diese Zeit von anderen übernommen, es gibt immer einen Ansprechpartner vor Ort und leichte, kreative und tagestrukturierende Beschäftigungsangebote, die das Grübeln erschweren. In der stationären Therapie wird auch die Zeit nach der Entlassung geplant, gemeinsam wird überlegt, wie man zukünftig besser für sich sorgen und Krisen verhindern kann. Der Austausch mit Mitpatientinnen und Mitpatienten kann helfen, sich mit den eigenen Problemen nicht mehr isoliert und allein zu fühlen. Oft erhält man sogar Anregungen, die für das eigene Leben nützlich sein können.

Meistens wird diese Stabilisierung mit einer medikamentösen Behandlung unterstützt. Diese kann vorübergehend der Krisenbewältigung dienen. Bei Vorliegen einer weiteren psychischen Störung neben der Pädophilie kann aber auch eine längerfristige Medikation sinnvoll sein. Der Aufenthalt im

Krankenhaus dauert zwischen einigen Tagen und einigen Wochen und wird durch die Krankenkassen finanziert.
Die Aufnahme kann man selbst einleiten, indem man die zur Klinik gehörende Psychiatrische Institutsambulanz (PIA) aufsucht. Außerhalb der Öffnungszeiten sollte man den ärztlichen Dienst der Klinik sprechen oder die Hausarztpraxis, das zuständige ambulante psychotherapeutische bzw. psychiatrische Fachpersonal oder den Sozialpsychiatrischen Dienst kontaktieren. Diese werden bei Erklärung der Notlage eine stationäre Aufnahme unterstützen.
Manchmal geschieht es, dass Menschen ihr eigenes psychisches Befinden oder ihre Handlungskontrolle anders einschätzen als Außenstehende. Während Freunde oder Therapeutinnen sagen: »Jetzt müssen wir handeln, sonst passiert etwas«, denken sie selbst noch, dass sie es allein schaffen. Die Selbsteinschätzung kann richtig sein. Sie kann jedoch auch falsch sein, eher von Ängsten vor dem Krankenhaus bestimmt sein oder auf Überschätzung der eigenen Kräfte beruhen. Gut ist es, wenn für diese Fälle eine Krisenvereinbarung vorliegt, in der die Betroffenen selbst festgelegt haben, unter welchen Umständen es für sie besser ist, stationäre Hilfe anzunehmen. Dort sollte eine Vertrauensperson benannt sein( (siehe S. 79). Wenn diese Person sagt: »Geh ins Krankenhaus!«, wissen die Betroffenen, dass sie dem Rat folgen sollten, obwohl es sich in dem Moment nicht danach anfühlt.

MAX Für mich gab es zwei gute und eine schlechte Erfahrung mit Psychiatrien. Die Gruppe, in die man kommt, scheint einen großen Ausschlag zu geben, etwa genauso viel wie die Frage, ob man sich auf die angebotene Therapie einlässt. Einmal bin ich zwecks Krisenintervention für zwei Wochen in die Psychiatrie gegangen. Ich war akut suizidgefährdet und hatte in einem Moment, in dem ich eine Zeit lang von den drängenden Suizidgedanken weggekommen war, eine Vertrauensperson angerufen, eine befreundete psychologische Beraterin. Sie besprach vieles mit mir und gab mir dann die konkrete Anweisung, eine weitere Vertrauensperson anzurufen, ein paar Sachen zu packen und mich in die Notaufnahme fahren zu lassen. Dort angekommen, habe ich manchen der Ärzte und Therapeuten auch von meiner pädophilen Neigung erzählt und dass sie zu meiner Belastung beiträgt. Die erste Nacht kam ich in die «Geschlossene«, Standardprozedur bei akuten Selbstmordplänen. Am Folgetag ging es in die offene Psychiatrie mit wiederkehrenden Strukturen an jedem Tag, Qigong am Vormittag und verschiedene Gruppenaktivitäten auch ohne Therapeuten. Für das Thema meiner pädophilen Neigung war nicht immer ein Ansprechpartner da. Für alles andere jedoch schon.

Die Interaktion in der Gruppe tat mir sehr gut. Auch die Tatsache, dass wir alle im selben Boot saßen: die »Psychos«, die alle gar nicht in dem Sinne «verrückt« waren, wie man sich das naiv oft vorstellt. In der Tat machten wir Witze darüber, einfach mal nackt über das Gelände zu laufen, jetzt wo wir eh in der Psychiatrie waren und es dem Klischee entsprochen hätte. Ein weiterer wichtiger Punkt: Diese zwei Wochen war ich zwangsweise aus dem üblichen Alltag herausgerissen, was dafür sorgte, dass ich mir ganz neu über vieles Gedanken machte. Und noch ein Punkt, der gut tat: die Balance zwischen festen Regeln und Konsequenz, zwischen der eigenen Verantwortung innerhalb geplanter Aktivitäten und Flexibilität. x

## Medikamentöse Behandlung

Für pädophile Menschen mit einem starken sexuellen Drang oder aber mit Schwierigkeiten in der Impulskontrolle sind Medikamente eine wichtige, zusätzliche Behandlungsmöglichkeit. Für alle, die z. B. merken, dass Gedanken an sexuelle oder emotionale Beziehungen zu Kindern den Großteil ihres Tages einnehmen, die das Gefühl haben, an diesem Thema zu haften und sich nur noch schwer davon ablenken können, oder aber in Alltagssituationen mit Kindern schnell eine Erektion bekommen oder ständig masturbieren müssen, kann eine solche Behandlung sinnvoll sein.

Ziel einer medikamentösen Behandlung ist die Reduktion des sexuellen Verlangens oder die Optimierung der Impulskontrolle. Auf diese Weise werden sexuelle Funktionen wie Erektionsfähigkeit, Häufigkeit der Selbstbefriedigung und Ejakulationsfähigkeit verringert oder ganz blockiert. In diesem Zusammenhang wird deshalb auch manchmal von »chemischer Kastration« gesprochen. Dabei werden nicht spezifisch pädosexuelle Interessen unterdrückt, sondern die sexuelle Aktivität insgesamt wird gehemmt. Ein Medikament, das nur auf bestimmte Inhalte der Sexualität wirkt, existiert nicht. Auch aus diesem Grund sollte eine medikamentöse Therapie immer nur in Kombination mit psychotherapeutischer Behandlung stattfinden.

Neben diesen erwünschten Veränderungen auf körperlicher Ebene berichten Klienten, dass das Thema Sexualität im Alltag in den Hintergrund gedrängt wird. Für manche ist es entlastend, von den Gedanken an Sex nicht ständig eingenommen zu werden bzw. über diese wieder mehr Kontrolle zu haben. Sie fühlen sich vor allem emotional ausgeglichener und erleben, dass sie den

Kopf frei haben für andere wichtige Themen in ihrem Leben wie Jobsuche, Freundschaften, Freizeitaktivitäten.

Andere sind überrascht, dass sie Dinge anders wahrnehmen. Plötzlich erkennen sie, was sie sich zuvor schöngeredet haben. Das Medikament kann eine innere Distanz zum eigenen Erleben schaffen, die es möglich macht, die eigenen Selbsttäuschungen zu erkennen. Manche Klienten berichten daher, dass sie erst mit einer medikamentösen Behandlung entscheidende Fortschritte in der Psychotherapie machen konnten. Eine Auseinandersetzung mit der Sexualität und die Schaffung einer neuen Lebensperspektive wurden so überhaupt erst möglich.

Die beschriebenen Wirkungen hängen natürlich zum einen von der Art und Dosis des Medikamentes ab, zum anderen reagiert jede Person etwas unterschiedlich darauf. Die Dauer der medikamentösen Behandlung ist – je nach Zielsetzung und Verträglichkeit – ebenfalls sehr unterschiedlich. Geht es um eine kurzfristige Entlastung oder die Unterstützung einer begonnenen Psychotherapie, so kann ein zwölfmonatiger Behandlungszeitraum ausreichend sein. Ist das Ziel aber eine langfristige Verbesserung der Impulskontrolle, die mit anderen therapeutischen Methoden nicht erreicht werden konnte, so ist oft eine mehrjährige Medikation notwendig. Manchmal ist sogar zu prüfen, ob nicht eine dauerhafte Medikation sinnvoll ist, um die gewonnenen, günstigen Lebensumstände nicht wieder zu gefährden. Selbst dann sollte jedoch in regelmäßigen Abständen überprüft werden, ob eine Dosisreduktion oder das Absetzen des Medikamentes vertretbar erscheint.

Viele Klienten entscheiden sich für eine Probezeit. Sie wollen erst die Wirkung und eventuelle Nebenwirkungen erfahren, bevor sie einschätzen, ob das Medikament ihnen hilft oder nicht. Zu einem vorher festgelegten Zeitpunkt – sinnvoll sind mindestens vier Monate – bilanzieren sie gemeinsam mit ihrem Arzt: Wie umfassend ist die triebdämpfende Wirkung? Was habe ich durch sie gewonnen? Was fehlt mir? Treten Nebenwirkungen auf? Wenn ja, wie belastend sind diese? Wie reagiert meine Partnerin, mein Partner auf die reduzierte Lust? Nach allem Für und Wider: Hat sich die Gesamtsituation verbessert oder verschlechtert?

Die Behandlung mit einem triebdämpfenden Medikament sollte niemals der alleinige Therapieansatz sein. Es wäre ein Fehler, ausschließlich auf die Wirkung des Medikaments zu vertrauen. Der anerkannt beste Weg ist eine Psychotherapie als Basisbehandlung und eine Medikation als Begleitbehandlung. In der Regel ist das »medikamentöse Ausschalten« der Sexualität keine lebenslange Option. Es bleibt die Notwendigkeit, sich mit den eigenen sexuellen und emotionalen Bedürfnissen und Sehnsüchten auseinanderzusetzen sowie Strategien für ein zufriedenstellendes Leben ohne sexuellen Missbrauch zu finden. Für manche ist es leichter, neue Verhaltensweisen zu lernen, wenn sie nicht immer gleichzeitig von ihren pädophilen Fantasien abgelenkt sind. Sie erleben es als Freiheit, sich mit neuen Dingen beschäftigen zu können. Sind die Verhaltensmuster ausreichend stabil, wird das Medikament schrittweise abgesetzt.

Im Rahmen der Psychotherapie sollten auch die Auswirkungen der Medikation auf das eigene Leben Thema sein: In welchen Situationen fehlt mir die Sexualität besonders? Wie verändert das mein Selbstbild als Mann? Welche Auswirkungen hat das auf andere Lebensbereiche? Treten unerwünschte Nebenwirkungen (z. B. Depressionen, Gewichtszunahme) auf, gegen die ich im Rahmen der Therapie etwas tun kann?

Die Entscheidung für eine medikamentöse Behandlung sollte immer in Ruhe und nach ausführlicher persönlicher Beratung durch einen in diesem Bereich fachkundigen Arzt getroffen werden. Für manche Medikamente müssen zuvor persönliche Risikofaktoren (z. B. Diabetes, Herz-Kreislauf-Erkrankungen, Osteoporose) abgeklärt werden. Begleitend sind meist regelmäßige Blutkontrollen und Knochendichtemessungen notwendig. Unabhängig davon, welches Medikament gewählt wird, sollte die gesamte Behandlungszeit von Beginn der Aufdosierung bis zum Absetzen des Medikamentes von einem erfahrenen Arzt begleitet werden.

Beim Absetzen der Medikation muss dringend darauf geachtet werden, welche körperlichen, aber vor allem auch welche psychischen Effekte auftreten. Manche Menschen haben sich an den schützenden Effekt der Triebdämpfung gewöhnt. Sie verlassen sich darauf, im Alltag nicht selbst die Kontrolle über sexuelle Impulse ausüben zu müssen. Diese Entlastung fällt nach Absetzen der Medikamente weg, und die Kontrolle muss wieder selbst übernommen werden. In dieser Phase zeigt sich, ob die in der Psychotherapie entwickelten Strategien tatsächlich tragen. Einige pädophile Menschen haben genau davor auch Angst oder sind verunsichert. Sie fragen sich, in welcher Intensität die pädosexuellen Fantasien und Impulse wieder zurückkommen. Manche haben Sorge, dass sie ohne Medikamente nicht zurechtkommen. Für alle diese Themen braucht es unbedingt eine unterstützende Begleitung durch einen Arzt oder eine Therapeutin.

**MAX** Als ich mir zum ersten Mal Androcur® spritzen ließ, spürte ich sofort eine Wirkung: Die Gedanken an Sex nahmen schnell an Stärke und Häufigkeit ab.

Die eigentliche Wirkung setzt zwar erst allmählich nach sechs bis acht Wochen ein, aber bei mir zeigen solche Langzeitmedikamente oft schon in den ersten Tagen eine deutliche Wirkung. Ich fühlte, wie das Verlangen und die Gedanken an Sex schwächer wurden – eine herrliche Befreiung! Die Sexualität war plötzlich nicht mehr so wichtig. Dafür spürte ich zum ersten Mal in meinem Leben schmerzlich, dass mir funktionierende Freundschaften fehlten. Das war mir zuvor herzlich egal gewesen.

Die pädophilen Impulse nahmen ab. Diese Erfahrung war für mich sehr hilfreich, ermöglichte sie mir doch einen distanzierten Blick auf mich selbst und besonders auf meine pädophile Neigung. Es gab mir eine Auszeit, ich konnte das alles mehr von außen betrachten. Die Fantasien verschwanden nicht, auch nicht ihr »Zauber«. Doch ihre immense Wichtigkeit schwand und – wie es schon viele andere ausgedrückt haben – ich konnte mich erst mal anderen Dingen widmen, meine Empfindungen ordnen.

Ich nahm das Medikament insgesamt zwei Jahre ein. Eigentlich plante ich mein Leben mit einer dauerhaften Einnahme von Androcur®. Aber irgendwann ging es mit meiner Stimmung bergab, ich hatte zeitweise sogar erneut Selbstmordgedanken. Im Gespräch mit den Ärzten stellte sich nach und nach heraus, dass das ziemlich sicher eine Nebenwirkung des Medikaments war. Deshalb entschloss ich mich zum Absetzen.

Letzten Endes geht es mir heute besser als die meiste Zeit unter und vor Androcur®. Trotzdem sehe ich die Zeit der Medikation als sehr wertvolle Erfahrung, die ich auch weiterempfehlen möchte. Sie bietet die Gelegenheit, besser mit der eigenen Angst umzugehen und eine Ruhe zu finden, die für mehr Freiheit in den Gedanken sorgt. Damit wurde es mir leichter, andere Umgangsweisen mit der Pädophilie zu durchdenken, zu erlernen und auszuprobieren. Ohne Androcur® hätte ich das nicht so schnell geschafft. Die Ruhe, die sich durch die Entmachtung der Impulse ergibt, kann eine sehr große Erleichterung für jemanden sein, dessen Impulse ein so hohes Gefahrenpotenzial bergen oder zumindest von ihm so wahrgenommen werden. Und nicht jeder wird dabei Depressionen bekommen, wie ich mittlerweile von einem anderen Gruppenteilnehmer bestätigt bekam. x

**NEWMAN** Ich habe zwei Jahre lang Zoladex® genommen. Es war für mich eine »Auszeit» mit stark reduziertem sexuellem Interesse. Ich nahm die Welt regelrecht asexuell wahr, hatte plötzlich viel mehr Zeit, woran man sieht, wie viel Zeit ich eigentlich mit dem Thema Sex verbrachte. Nachteilig waren die Nebenwirkungen, die mich dann auch zur Beendigung zwangen.

Eine Medikation zur Prävention kann sinnvoll sein. Sie aber durchzuführen, nur um die Gefühle loszuwerden (sich nicht mehr als »Monster« zu fühlen) oder wegen einer Erwartungshaltung der Gesellschaft (weil diese sich besser fühlen will), halte ich für falsch. Auch die Nebenwirkungen machen das Thema kompliziert. Ich würde mir wünschen, die Gesellschaft würde mehr anerkennen, wenn pädophile Menschen diesen Weg wählen, obwohl sie das Risiko der Nebenwirkungen kennen. Eine derartige Entscheidung muss immer eine freie und freiwillige Entscheidung sein und bleiben. x

Grundsätzlich gilt: Die Behandlung mit triebdämpfenden Medikamenten kann nur mit Einwilligung durch die betreffende Person erfolgen. Die Freiheit, sich gegen eine Weiterbehandlung zu entscheiden, bleibt in allen Behandlungssequenzen erhalten.

## Welche Medikamente kommen infrage?

Es gibt drei verschiedene Wirkstoffgruppen, die zur triebdämpfenden Behandlung bei Pädophilie eingesetzt werden. Diese unterscheiden sich vor allem darin, wie stark sie die Sexualität einschränken. In der Behandlungsleitlinie für Störungen der sexuellen Präferenz (DGPPN & DGfS 2007) wird empfohlen, bei Personen mit weniger dranghaften sexuellen Impulsen mit dem »leichteren« Medikament zu beginnen. Bei der Wahl des Medikaments spielt außerdem eine Rolle, ob weitere psychische Störungen (z. B. Depressionen) oder körperliche Krankheiten (z. B. Osteoporose) vorliegen. Wir stellen hier kurz die drei Medikamentengruppen vor:

**Selektive-Serotonin-Reuptake-Inhibitoren (SSRI)** Diese Medikamentengruppe wird in erster Linie zur Behandlung von Depressionen, Angst- und Zwangsstörungen eingesetzt. Sie sind z. B. unter den Handelsnamen Citalopram®, Fluoxetin®, Fluvoxamin®, Paroxetin® oder Sertralin® bekannt. Über die Hälfte der Patienten, die ein Antidepressivum einnehmen, erleben einen starken Libidoverlust. Diese Nebenwirkung wird seit Anfang der 1990er-Jahre gewissermaßen als Hauptwirkung genutzt, d. h., SSRI werden bei sexuell impulsivem Verhalten gezielt eingesetzt.

Das Medikament sorgt im Gehirn für eine erhöhte Konzentration des neuronalen Botenstoffes Serotonin. Dies führt zu einer Stimmungsaufhellung bzw. -stabilisierung und zu einer verbesserten Impulskontrolle. Im Bereich Sexualität verringert sich das sexuelle Verlangen (die Libido), aber auch die Erektions-, Ejakulations- und Orgasmusfähigkeit können spürbar eingeschränkt sein. Die

sexuellen Funktionen kommen meist jedoch nicht vollständig zum Erliegen, sodass partnerschaftliche Sexualität und Selbstbefriedigung noch möglich sind. Bei einer längeren Einnahme (über zwölf Monate) erreichen die sexuellen Funktionen gelegentlich wieder ihr Ausgangsniveau. Die Wirkung des Medikaments ist reversibel, d. h., die sexuelle Erlebnis- und Funktionsfähigkeit ist in der Regel vier bis acht Wochen nach dem Absetzen wiederhergestellt.
Die Einnahme erfolgt meist einmal täglich in Tablettenform. Aufgrund der neurochemischen Prozesse setzt eine Wirkung allerdings frühestens nach zwei Wochen ein. Die SSRI-Medikamente haben relativ selten Nebenwirkungen. Diese treten meist zu Behandlungsbeginn auf. Typisch sind Nervosität, Schlafstörungen, Zittern, Benommenheitsgefühle, Kopfschmerzen, Störungen im Magen-Darm-Trakt.
Die Einschränkung der Sexualität ist nicht so umfassend wie bei den beiden nachfolgenden Wirkstoffgruppen. Allerdings wirkt das Medikament nicht bei jeder Person, und es liegen keine anerkannten Effektstudien vor. Aus der klinischen Praxis wissen wir jedoch, dass SSRI bei weniger ausgeprägter sexueller Impulsivität gute Ergebnisse erzielt. Ob eine solche Wirkung eintritt, lässt sich nur über einen Versuch herausfinden.
**Cyproteronacetat (CPA)** Die zweite Wirkstoffgruppe ist besser unter dem Handelsnamen Androcur® bekannt. Das Medikament blockiert die Androgenrezeptoren, z. B. an der Prostata, und reduziert so das männliche Sexualhormon Testosteron im Körper. Infolgedessen kommt es zu einer starken Einschränkung bzw. zum Verlust des sexuellen Verlangens und der Erektionsfähigkeit. Die Wirkung des Medikaments ist reversibel, d. h., die sexuelle Funktionsfähigkeit wird nach dem Absetzen wiederhergestellt.
Das CPA ist seit 1996 für die Behandlung von sexuellen Präferenzstörungen zugelassen. Die Wirksamkeit ist durch Langzeitstudien belegt. Die Medikamenteneinnahme erfolgt zwei- bis dreimal täglich in Form von Tabletten oder alle zehn bis vierzehn Tage als Depotinjektion. Die Wirkung tritt nach circa zwei bis vier Wochen ein. Aufgrund eines möglichen Anpassungsprozesses auf Rezeptorebene kann es sein, dass die Dosis nach längerer Gabe erhöht werden muss.
Als Nebenwirkungen treten häufig Müdigkeit, Hitzewallungen, Kurzatmigkeit, Hauttrockenheit und Gewichtszunahme auf. Der Bartwuchs kann eingeschränkt sein, und es kann zu einem Brustwachstum kommen. Problematisch sind vor allem die nicht selten auftretenden Depressionen und Veränderungen im Leberstoffwechsel. Aus diesem Grund sind regelmäßige Kontrolluntersuchungen unbedingt einzuhalten. Wegen der Nebenwirkungen und

der gelegentlich unsicheren Wirkung wird das Medikament heute seltener verordnet.

**GnRH-Analoga** Die dritte Medikamentengruppe sind die Gonadotropin-Releasing-Hormon-Analoga. Analoga bedeutet, dass das künstlich hergestellte Medikament in seiner Struktur und Funktion dem vom Körper natürlich erzeugten GnRH-Hormon entspricht. Die Wirkstoffe werden z. B. unter den Handelsnamen Decapeptyl®, Enantone®, Trenantone®, Zoladex® und Salvacyl® vertrieben. Allerdings ist nur Salvacyl® seit 2009 für die Behandlung von sexuellen Präferenzstörungen zugelassen.

Der Wirkstoff hemmt die Hormonproduktion über die Hirnregionen Hypothalamus und Hypophyse. Auf diese Weise kommt es zu einer Absenkung des Testosteronspiegels im Blut. Die Folge ist der Verlust sexuellen Verlangens, der Erektions-, Orgasmus- und Ejakulationsfähigkeit. In den ersten zwei Wochen der Behandlung steigt jedoch der Testosteronspiegel zunächst an (sog. Flare-up-Effekt). Somit nehmen auch die sexuellen Gefühle und Impulse in dieser Zeit zu. Um dem entgegenzuwirken, wird hier vorübergehend das oben beschriebene Medikament Androcur® zusätzlich verabreicht. Dieses gleicht durch die Blockierung der Rezeptoren in der Genitalregion den Testosteronanstieg wieder aus. Hat der Testosteronanteil ein ausreichend niedriges Niveau erreicht, wird Androcur® wieder abgesetzt.

Die Wirksamkeit der GnRH-Analoga ist durch eine Vielzahl wissenschaftlicher Studien belegt. Bisher wird davon ausgegangen, dass die Wirkung reversibel ist und die sexuelle Erlebnis- und Funktionsfähigkeit nach Absetzen des Medikaments vollständig zurückkehrt. Allerdings fehlen hierzu aussagekräftige Langzeitstudien. Einzelne Klienten bemerkten nach dem Ende der Behandlung Einschränkungen in der Sexualität.

Das Medikament wird in Depotform durch Injektion im monatlichen, Salvacyl® auch im vierteljährlichen Turnus gegeben. Als Nebenwirkungen treten vor allem depressive Verstimmungen, Gewichtszunahme, Müdigkeit, Schmerzen an der Injektionsstelle und auch Osteoporose auf. Deswegen sind auch bei Medikamenten dieser Wirkstoffgruppe regelmäßige Arzttermine und Kontrolluntersuchungen notwendig.

Die Kosten für die z. T. sehr teuren Medikamente werden durch die Krankenkassen getragen. Als Eigenbeteiligung fallen die üblichen Rezeptkosten und Zuzahlungen an (circa 40 Euro). Zusätzliche Kosten können durch die Kontrolluntersuchungen entstehen, insbesondere die im eigenen Interesse jährlich bis spätestens alle zwei Jahre durchzuführende Knochendichtemessung, um die Osteoporosegefahr im Blick zu behalten.

Eine (vorübergehende) medikamentöse Behandlung sollte erst nach umfassender Aufklärung und Beratung erfolgen. Fachlich kompetente Ärzte sind in den Ambulanzen des Präventionsnetzwerks »Kein Täter werden« oder auch in Forensisch-psychiatrischen Ambulanzen zu finden, ebenso in sexualmedizinischen Schwerpunktpraxen. Da die medikamentöse Behandlung immer nur als Begleitbehandlung zu einer Psychotherapie durchgeführt werden sollte, wird auch ein erfahrener Therapeut bei der Suche nach einem in diesem Bereich kompetenten Facharzt (Psychiater, Urologe) weiterhelfen.

Wir haben schon mehrmals darauf hingewiesen, dass bei einer medikamentösen Behandlung eine fortlaufende ärztliche Begleitung unabdingbar ist. So ist z. B. die Kontrolle der Blutwerte, des Gewichts und der psychischen Situation anfangs monatlich, später im drei- bis sechsmonatigen Turnus üblich. Oft gehen solche Verlaufsgespräche in die Tiefe, etwa wenn emotionale Veränderungen angesprochen werden oder Unsicherheiten hinsichtlich der Medikamentenwirkung bestehen. Schnell sind dann die zeitlichen Grenzen der individuellen Beratung beim Facharzt erreicht. In diesem Fall ist ein Austausch mit dem zuständigen Therapeuten sinnvoll, um an den aufkommenden Themen weiter zu arbeiten.

In diesem Zusammenhang möchten wir noch einmal daran erinnern: Ärztinnen und Ärzte unterliegen der Schweigepflicht! Wer bei einem Urologen wegen einer triebdämpfenden Medikation in Behandlung ist, kann sicher sein, dass keine dritte Person davon erfährt.

# Spezialisierte Therapieangebote für Menschen mit pädophilen Neigungen – »Kein Täter werden« und andere Möglichkeiten

*Ralf Bergner-Köther, Matthias Butz, Marion Dörfler, Petya Schuhmann, Michael Osterheider & Göran Hajak*

Wie bereits weiter oben erwähnt, gibt es in Deutschland, Österreich und der Schweiz, mittlerweile unterschiedliche, durch die ärztliche Schweigepflicht geschützte Therapieangebote (Adressen im Anhang). So bietet beispielsweise das Präventionsnetzwerk »Kein Täter werden« an 13 verschiedenen Standorten in Deutschland ein speziell für Menschen mit einer Pädophilie entworfenes Hilfsangebot an. Zusätzlich existiert ein Fernbehandlungsangebot in Sachsen-Anhalt, ein internetbasiertes Selbstmanagementprogramm (»Troubled Desire«), das in den Sprachen Deutsch, Englisch, Französisch, Hindi, Marathi, Portugiesisch, Spanisch, Russisch und Türkisch verfügbar ist, und mehrere Angebote speziell für Jugendliche, die bei sich eine sexuelle Ansprechbarkeit für den kindlichen Körper bemerken (z. B. Präventionsprojekt für Jugendliche der Charité »Du träumst von ihnen«). Auch in der Schweiz finden sich vier Anlaufstellen des Präventionsnetzwerks. Da »Kein Täter werden« wohl das bekannteste Therapieangebot darstellt, sollen im Folgenden die Hintergründe und die therapeutische Vorgehensweise am Beispiel der Standorte Bamberg und Regensburg erläutert werden. Die Informationen zur Arbeit werden ergänzt durch Schilderungen der zwei Patienten Paul und Stefan, die kurz vor dem Ende ihrer Gruppentherapie am Standort in Regensburg befragt wurden.

Es ist darauf hinzuweisen, dass auch andere Therapieangebote bestehen, die sich auf eine Behandlung der pädophilen Störung spezialisiert haben. Diese Projekte weichen teilweise in ihren Zugangsvoraussetzungen vom Projekt »Kein Täter werden« ab, wodurch es letztlich mehr Menschen ermöglicht wird, an einer Therapie teilzunehmen. Ein paar dieser Projekte sollen im Folgenden ebenfalls erwähnt werden, ohne jedoch das therapeutische Vorgehen genauer zu beschreiben.

# Therapie – eine Lücke im Versorgungssystem?

Für Menschen, die sexuellen Kindesmissbrauch begangen haben und hierfür verurteilt wurden, finden sich unterschiedliche Behandlungsmöglichkeiten im Rahmen des Strafvollzugs. Auch Personen, die Kindesmissbrauchsabbildungen konsumiert haben, werden immer häufiger im Rahmen eines Strafprozesses vom Gericht angewiesen, am Therapieangebot einer spezialisierten Fachambulanz oder forensischen Institutsambulanz teilzunehmen. Diese Angebote stehen in der Regel nur Personen mit einer gerichtlichen Therapieweisung zur Verfügung. Personen ohne gerichtliche Auflagen, die eine Therapie aufnehmen möchten, finden hingegen sehr schwer ein passendes Therapieangebot. So fielen beispielsweise Personen in einem laufenden Ermittlungsverfahren jahrelang in eine Versorgungslücke. Aufgrund des Ermittlungsverfahrens wurden sie von präventiven Angeboten ausgeschlossen und von den forensischen Einrichtungen abgelehnt, solange keine gerichtliche Anweisung zur Therapie vorlag. Seit 2022 steht diesem speziellen Personenkreis in Bamberg das »Projekt Hellfeld – Therapie im Verfahren« zur Verfügung, das vom bayerischen Ministerium für Justiz finanziert wird.

Die bisher erwähnten Therapieangebote haben gemein, dass sie sich mit der Problematik des sexuellen Kindesmissbrauchs meistens »sekundärpräventiv« beschäftigen: Das heißt, Anlass für die Therapie ist ein tatsächlich geschehener und aufgedeckter sexueller Übergriff bzw. der Konsum von Kindesmissbrauchsabbildungen. Personen, die aufgrund einer vorliegenden sexuellen Ansprechbarkeit auf den kindlichen oder jugendlichen Körper zwar ein statistisch gesehen erhöhtes Risiko für einen sexuellen Übergriff aufweisen, aber bisher keinen begangen haben (oder noch nicht entdeckt wurden), werden nicht angesprochen. Dabei berichten diese Personen oft von einem starken Leidensdruck und großer Abneigung gegenüber ihren eigenen sexuellen Vorlieben und Verhaltensweisen. Zusätzlich werden Ängste vor sozialer Ausgrenzung bis hin zu Depressionen berichtet. Insbesondere sozial gut integrierte Personen haben große Angst, erkannt und stigmatisiert zu werden. Zwar verfügen viele der Betroffenen über ein Problembewusstsein und unterliegen aufgrund ihrer sexuellen Impulse einem enormen Leidensdruck, haben aber große Hemmungen, sich an Therapieeinrichtungen zu wenden. Sollten die Betroffenen irgendwann den Mut aufbringen, sich einer Fachkraft des Gesundheitssystems anzuvertrauen, machen sie immer wieder die Erfahrung, abgelehnt zu werden.

Häufig fehlt es Psychotherapeutinnen und Psychotherapeuten an entsprechendem Fachwissen, wodurch sie sich eine Behandlung nicht zutrauen. Bei den wenigen Behandelnden, die sich auf eine Therapie einlassen, fehlt es teilweise an fachlich kompetenter Diagnostik, um dann eine gezielte Therapie anbieten zu können.

Um diesen Umstand zu verbessern, wird seit 2018 ein spezielles Modellvorhaben nach § 65d SGB V vom Spitzenverband der gesetzlichen Krankenkassen gefördert. Hierbei werden Behandelnde finanziert, die sich dazu verpflichten, Personen mit einer pädophilen Sexualausrichtung zu behandeln, und die über entsprechende Fachkunde verfügen. Die Aufsuchenden erhalten hierbei die Möglichkeit, komplett anonym, kostenfrei und unter ärztlicher Schweigepflicht an einer Therapie teilzunehmen. Somit soll die Angst vor Stigmatisierung und Ausgrenzung reduziert werden. Es soll Betroffenen ermöglicht werden, frühzeitig Hilfe in Anspruch zu nehmen, bevor es zu stärkeren psychischen Beeinträchtigungen kommt. Zusätzlich wird eine sinnvolle »Primärprävention« betrieben, indem Traumafolgestörungen bei potenziell geschädigten Kindern oder Jugendlichen verhindert werden. Die ärztliche Schweigepflicht ermöglicht es zudem, von vergangenen Straftaten und Fehlverhalten zu berichten, ohne Angst vor einer Strafanzeige haben zu müssen. Bis zum Jahr 2025 werden im Zuge des Modellvorhabens verschiedene Behandlungskonzepte und Rahmenbedingungen wissenschaftlich evaluiert. Ziel ist es, ein stetiges und flächendeckendes Angebot im gesundheitlichen Versorgungssystem anbieten zu können. Das Präventionsnetzwerk »Kein Täter werden« nimmt an diesem Modellvorhaben teil. Das Projekt »Stopp – bevor was passiert« war bis 2023 im Modellvorhaben vertreten.

Zusammenfassend lässt sich sagen, dass sich die Versorgungssituation in den letzten Jahren leicht verbessert hat. Für jede Personengruppe (mit oder ohne Pädophilie, mit oder ohne Strafverfahren, mit oder ohne Therapieweisung) existiert ein spezielles Behandlungsangebot. Dennoch sind die Anlaufstellen in der Versorgungslandschaft rar gesät. Die spezialisierten Einrichtungen finden sich nur in wenigen Städten und sind häufig bereits mit Patienten und Patientinnen überlaufen, während die Behandelnden der flächendeckenden Versorgung in ambulanten Niederlassungen sich oft nicht gut für die spezielle Thematik ausgebildet fühlen. Mit der Beendigung des Modellvorhabens »§ 65d SGB V« im Jahr 2025 könnten neue Veränderungen in der Versorgungslandschaft geschehen. Es ist zu hoffen, dass diese zu einer Verbesserung der Erreichbarkeit für die Betroffenen beitragen werden. Denkbar wäre ein Modell, wie es bereits an anderer Stelle mit Straftätern praktiziert wird: Spezialisierte

Zentren übernehmen die Koordination der Behandlung und unterstützen niedergelassene Behandelnde bei der Umsetzung.

**PAUL** Ich hatte zuvor eine Einzeltherapie und ich war sehr, sehr skeptisch, dass es Menschen gibt, die normal veranlagt sind von ihrer sexuellen Neigung her, die mich verstehen könnten, die meine Gefühle verstehen könnten. Eben aus der Erfahrung der Einzeltherapie heraus: Das war ein Psychologe, der mit dem Thema – im Nachhinein betrachtet – völlig überfordert war. Somit hat mir das auch relativ wenig gebracht, und ich musste schnell erkennen, dass ich allein auf der Welt bin, bevor ich die Therapie hier kennengelernt habe. x

## Das Präventionsnetzwerk »Kein Täter werden«

Das therapeutische Angebot des Präventionsnetzwerks »Kein Täter werden« richtet sich speziell an die unterversorgte Gruppe von Personen mit pädophiler und / oder hebephiler Sexualpräferenz. Die Hauptziele bestehen darin, die Betroffenen dabei zu unterstützen, ihre sexuelle Neigung zu reflektieren und einen verantwortungsvollen Umgang damit zu finden. Hierdurch sollen der eigene Leidensdruck verringert und sexuelle Übergriffe an Kindern bzw. Jugendlichen verhindert werden. Dies schließt sowohl direkte Übergriffe durch realen Kontakt als auch indirekte Übergriffe durch den Konsum oder die Verbreitung von Kindesmissbrauchsabbildungen ein.

Als gesundheitsorientiertes Präventionsprojekt richtet sich das Angebot nur an Betroffene mit pädophiler Sexualausrichtung im juristischen »Dunkelfeld«, also Personen ohne jeglichen justiziellen Kontakt. Das bedeutet, nur Personen, die derzeit nicht oder nicht mehr aufgrund eines sexuellen Missbrauchs von Kindern oder indirekten Übergriffs in Form der Nutzung von Kindesmissbrauchsabbildungen mit der Justiz im Kontakt stehen, können an diesem Behandlungsangebot teilnehmen. Darüber hinaus unterstützen die einzelnen Standorte auch Angehörige betroffener Personen und geben verschiedenen öffentlichen Stellen oder anderen Behandelnden Auskunft über Fragen zum Thema Pädophilie oder sexuellen Missbrauch.

Das teilweise auch unter dem Namen Präventionsprojekt Dunkelfeld (PPD) bekannte Projekt wurde 2005 am Institut für Sexualwissenschaft und Sexualmedizin des Universitätsklinikums Charité in Berlin unter dem Leitsatz

»Kein Täter werden« ins Leben gerufen und hat sich mittlerweile, wie bereits oben erwähnt, auf 13 kooperierende Standorte und diverse Ableger erweitert (www.kein-taeter-werden.de). Die 13 Standorte verteilen sich über die gesamte Bundesrepublik, wobei Bayern mit drei Standorten in Bamberg, München und Regensburg bisher die größte Versorgungsdichte anzubieten hat. Insgesamt haben bis zum 31.12.2020 ca. 2000 Personen ein Therapieangebot an einem der 13 Standorte erhalten. Etwa 1400 dieser Personen nahmen letztlich an der Therapie teil (Kuhle u.a. 2021).

Das Therapiekonzept im Präventionsnetzwerk beinhaltet an allen Standorten identische Ziele. Methodisch finden die anerkannten Psychotherapieverfahren der Verhaltenstherapie, der tiefenpsychologisch fundierten Psychotherapie und der Psychoanalyse Anwendung – mit unterschiedlichem Schwerpunkt an den jeweiligen Standorten. Auch Methoden der Schematherapie können zum Einsatz kommen. Ergänzend dazu fließen Erkenntnisse und Methoden aus dem Bereich der Sexualtherapie und der Sexualmedizin in die psychotherapeutische Behandlung ein. Durch gemeinsame Qualitätsstandards, gegenseitige Schulungen und Fortbildungen wird für alle Standorte des Präventionsnetzwerks ein breites therapeutisches Repertoire angestrebt, das ein flexibles, integratives und kompetentes Arbeiten garantiert. So sind beispielsweise an jedem Standort Psychiater und/oder approbierte psychologische Psychotherapeutinnen mit einer spezialisierten sexualtherapeutischen Weiterbildung anzutreffen.

Der Zusammenschluss im Präventionsnetzwerk dient nicht nur einer bestmöglichen und vergleichbaren Vorgehensweise in Diagnostik und Therapie, sondern auch einer einheitlichen Außendarstellung in der Öffentlichkeit. So trug das Präventionsnetzwerk dazu bei, sowohl die Öffentlichkeit als auch die Politik darauf aufmerksam zu machen, dass die Anzahl der Personen, die aufgrund eines hohen Leidensdrucks eigenmotiviert therapeutische Hilfe in Anspruch nehmen möchten, größer ist, als bisher angenommen. Infolgedessen wurde eine weltweit einzigartige neue gesetzliche Regelung eingeführt, die zum bereits oben erwähnten durch den Spitzenverband der gesetzlichen Krankenkassen finanzierten Modellvorhaben gemäß § 65d SGB V führte. Hierbei war es wichtig, aufzuzeigen, dass die Diagnose einer Pädophilie nicht zwangsläufig das Begehen einer Missbrauchshandlung bedeutet, sondern auch völlig unschuldige Personen unter ihrer Sexualausrichtung leiden können (Beier & Krüger 2020).

Insbesondere selbstabwertende Gedanken, die Angst vor sozialer Ausgrenzung, aber auch die Angst, einen Missbrauch begehen zu können, stellen im Präventionsnetzwerk immer wieder Motive dar, die zu einer Therapieaufnahme führen. Sowohl die klinische Erfahrung als auch die Forschung zeigen, dass eine angemessene Lebensqualität und Lebenszufriedenheit dabei helfen können, keinen Missbrauch zu begehen bzw. auf den Konsum von Kindesmissbrauchsabbildungen zu verzichten (siehe Good Lives Model, Kap. »Grundbedürfnisse und Werte als Wegweiser für das eigene Leben«, S. 68 ff.). Somit wird die im Gesundheitssektor anzusiedelnde Arbeit des Präventionsnetzwerks auch für den präventiven Opferschutz und das Justizsystem relevant. Es scheint unumgänglich, therapeutische Bemühungen auf Entlastung und Verringerung des subjektiven Leidensgefühls betroffener Personen zu konzentrieren. Ein verantwortungsvoller Umgang mit der pädophilen Neigung ist untrennbar verbunden mit einer Unterstützung betroffener Personen darin, ihr Schicksal einer solchen Neigung besser zu (er)tragen.

**PAUL** Was ich als Ziel am Anfang formuliert habe, was ich mit dieser Therapie erreichen möchte: Das ist ein Lebensgefühl, das ist Lebensqualität, das ist Selbstwertgefühl und die Sicherheit vor allen Dingen, mit mir als Person, mit meinen Neigungen umgehen zu können. Das habe ich hier gelernt und verinnerlicht. x

## Kontaktaufnahme, Anonymität und Schweigepflicht

**STEFAN** Bei mir war es so, dass ich ja ganz lange mich geweigert habe, ein Problem zu sehen in meinen sexuellen Fantasien. Oder wenn ich es gesehen habe, habe ich es kleingeredet, und erst der Punkt, wo das in dem Sinne öffentlich wurde, dass meine Frau es mitbekommen hat und weil dieser Vorfall war und ich mich damit konfrontiert sah, dass ich es nicht mehr verheimlichen kann. An dem Punkt habe ich dann sehr schnell mir Hilfe gesucht und habe dann auch gemerkt, wie nötig ich sie gehabt hätte – was ich vorher nicht wahrgenommen habe. Und war dann sehr dankbar, dass ich dann das mit Regensburg gefunden habe, weil ich tatsächlich zwei Jahre vorher schon mal gesucht hatte nach Hilfe und da habe ich nichts gefunden. x

Interessierte und Betroffene, die sich aus diagnostischen Fragestellungen (»Bin ich pädophil?«) oder auf der Suche nach therapeutischer Unterstützung an einen der Standorte wenden, haben die Möglichkeit, per E-Mail oder Telefon

Kontakt aufzunehmen. Die Kontaktaufnahme kann – sofern es ein Betroffener wünscht – vollkommen anonym erfolgen. Für die gesetzlich vorgeschriebene Dokumentation der therapeutischen Leistung werden verschlüsselte PIN-Codes verwendet, die gemeinsam mit jedem Patienten bzw. jeder Patientin individuell erstellt werden. So kann die Anonymität auch nach außen hin und im weiteren Verlauf gewährleistet werden. Auch in der Gruppentherapie ist es den Teilnehmenden freigestellt, ob sie Angaben zu ihrer Identität machen möchten oder nicht.

Zudem finden die gesamte Behandlung und Versorgung unter therapeutischer Schweigepflicht statt. Therapeutische und ärztliche Schweigepflicht sind in Deutschland in § 203 des Strafgesetzbuchs geregelt: Ohne ausdrückliche und schriftliche Zustimmung dürfen und werden keinerlei Informationen an Dritte, an Angehörige, offizielle Stellen, Behörden oder Kliniken weitergegeben. Unter die Schweigepflicht fallen auch Straftaten, die von Projektinteressierten in der Vergangenheit begangen wurden und gegenüber den Mitarbeitenden geäußert werden. Es muss somit keine Anzeige oder Strafverfolgung befürchtet werden, wenn im Rahmen der Behandlung von vergangenen Delikten berichtet wird.

Die einzigen Situationen, in denen die Schweigepflicht gebrochen werden darf, stellen Situationen der akuten Selbst- oder Fremdgefährdung dar. Sollte z. B. ein Patient im Gespräch eine Straftat für die nahe Zukunft ankündigen, bei der konkrete Opfer in einer konkreten Situation schweren Schaden zu erleiden hätten, ist der Therapeut oder die Therapeutin befugt, Schritte einzuleiten, um die Gefahr abzuwenden. Um die drohende Straftat und den Bruch der Schweigepflicht zu verhindern, steht ein Stufenplan zur Verfügung, anhand dessen zusammen mit der betroffenen Person versucht wird, verschiedene denkbare Lösungsmöglichkeiten zu besprechen und festzulegen. Mögliche Maßnahmen können hierbei etwa eine stationäre Unterbringung in einem psychiatrischen Krankenhaus, Unterstützung durch Angehörige oder auch die Gabe von triebdämpfenden Medikamenten sein. Erfahrungsgemäß kommen derartige Fälle jedoch höchst selten vor und können in der Regel immer positiv und zufriedenstellend für alle Seiten gelöst werden.

**PAUL** Es war sicherlich etwas ungewohnt, weil ich ja dann gefragt wurde zu meiner Neigung und was da alles in meinem Leben schon vorgefallen ist – das war schon ungewöhnlich, weil ich ja das erste Mal jemandem Fremdes davon erzählen musste. Aber irgendwo, wenn du wirklich Hilfe erwartest, dann musst du auch etwas von dir preisgeben, sonst kann dir kein Mensch helfen.

Das habe ich allerdings erst später hier erfahren, dass dem so ist und dass es gut so ist, wenn man etwas von sich preisgeben kann. x

## Erstgespräch und Diagnostikphase

Das ungefähr zweistündige Erstgespräch dient dazu, eine erste Einschätzung über das Vorliegen einer sexuellen Präferenzstörung vorzunehmen. Inhaltlich werden im Gespräch unterschiedliche Informationen erfasst. Beispielsweise wird der Patient oder die Patientin gebeten, biografische Auskünfte zu geben, bei denen das aktuelle Lebensumfeld ebenso eine Rolle spielt wie Erlebnisse und Erfahrungen aus der Vergangenheit. Besonderen Stellenwert nehmen innerhalb dieses diagnostischen Gesprächs die sexuelle Entwicklung und die aktuellen sexuellen Empfindungen, Fantasien und Handlungen ein.

**STEFAN** Was mir von Anfang an schon Vertrauen gegeben hat, war das Gefühl, dass endlich die richtigen Fragen gestellt werden. Also dass nicht um den heißen Brei herumgeredet wird, dass nicht irgendwie in der Familie erst mal nachgeschaut wird, sondern sozusagen gefragt wird: »Auf was stehen Sie?« und »Worum geht es bei Ihnen?«. Hier wird nicht lange herumgeredet, sondern man kommt sehr schnell auf den Punkt. Das fand ich sehr gut. x

Ergänzend zum diagnostischen Gespräch werden weitere diagnostisch relevante Informationen mittels Fragebogen erhoben. Die bearbeiteten Fragebogen werden einerseits durch die Behandelnden vor Ort zu diagnostischen Zwecken ausgewertet, können aber auch bei Einwilligung der Teilnehmenden zu Forschungszwecken genutzt werden. Ohne eine explizite Einwilligungserklärung verbleiben die erhobenen Daten am einzelnen Standort und werden nicht Teil der Forschung. Die Evaluation des bereits erwähnten Modellvorhabens hilft dabei, eine bundesweite Stichprobe zu erheben, deren Forschungsdaten dabei helfen können, bisheriges Wissen zu pädophilen Neigungen zu erweitern und Präventions-, Hilfs- und Therapieangebote zu optimieren.

In aller Regel folgen dem Erstgespräch weitere Termine, die dazu dienen, gemeinsam mit der interessierten Person die diagnostische Einschätzung zu besprechen, offene Fragen zu klären und das weitere Vorgehen zu planen.

Parallel wird der individuelle Fall im Team des jeweiligen Behandlungsstandorts besprochen. Hierbei wird eine Risikoeinschätzung vorgenommen, erörtert, ob eine Behandlungsmöglichkeit besteht und welche Behandlungsmethodik am besten zum Patienten oder zur Patientin passt. Auch die Passung Therapeut – Patient wird besprochen, weshalb es unter Umständen nach der Diagnostikphase zu einem Therapeutenwechsel kommen kann. So können auch individuelle Wünsche und Lebensumstände der Patienten berücksichtigt werden. Durch Veränderungen in der technischen Versorgung wurde die Möglichkeit der Videotherapie geschaffen. Diese Methode kann auf Wunsch der Teilnehmenden teilweise zum Einsatz kommen, sollten lange Anfahrtswege eine Therapieteilnahme erschweren. Dennoch sind insbesondere während der Diagnostikphase immer wieder persönliche Termine notwendig. Gemäß aktueller Bestimmung darf Diagnostik nur im persönlichen Kontakt erfolgen.

## Beginn der Therapiephase: Psychoedukation und vorbereitende Gruppe

Im Anschluss an die Diagnostikphase – und sofern Interesse und Eignung bestehen – beginnt die eigentliche Therapiephase. Diese kann im Einzelgespräch oder in der Gruppe erfolgen. Zusätzlich ist eine medikamentöse Therapiemöglichkeit gegeben. Während eine Einzelbehandlung den Vorteil bietet, individuell auf die Probleme des Einzelnen eingehen zu können, profitiert die Mehrheit der Betroffenen zusätzlich von einer Gruppentherapie.

**STEFAN** Es war am Anfang schon komisch. Man hat sich schon erst mal umgeschaut und sich gedacht: Wer sieht das jetzt, wo ich hier hingehe? Das erste Mal war ja noch nicht Kontakt mit einer Gruppe, d. h., ich wusste, ich treffe nur eine Psychologin und tausche mich mit der aus. Das war noch relativ okay.

Ganz anders war's dann, als ich wusste, jetzt sehe ich zum ersten Mal andere pädophile Männer. Das war für mich ein sehr komisches Gefühl. Ich habe mir da auch wirklich Gedanken gemacht: Wie sehen die aus, was sind das für Leute? Ich habe mir vorgestellt, vielleicht sind das total unangenehme andere Männer, mit denen ich mich überhaupt nicht unterhalten möchte, die sich überhaupt nicht öffnen können, mit denen man nicht reden kann, wo man sich nicht anvertrauen kann, und ich war sehr, sehr positiv überrascht und erleichtert nach der ersten Stunde, wo ich gedacht habe: Mensch, das sind lauter Männer, die ganz normal sind, die nett sind und mit denen man sich unterhalten kann, und man braucht keine Angst vor denen zu haben. x

**PAUL** In der ersten Gruppensitzung, da war schon ein bisschen mulmiges Gefühl auf der Fahrt hierher bei mir: Wer sitzt jetzt da und wie reagieren die Leute, was haben die für Probleme? Es schlug aber sehr schnell in die Erkenntnis um: Es sind Leute wie du und ich. Die haben dieselben Probleme und denen möchte geholfen werden, die möchten sich helfen lassen. x

Oftmals beginnen die psychotherapeutischen Sitzungen mit einer sogenannten Psychoedukation. Hierbei werden den Teilnehmenden beispielsweise gewisse Begriffe zur Sexualität oder gesetzliche Regelungen, aber auch der Ablauf von Psychotherapie nähergebracht. Auch bei einer angestrebten Gruppentherapie besuchen die meisten Teilnehmenden im Vorfeld eine sogenannte Psychoedukationsgruppe oder Infogruppe. Diese dient dazu, den Patienten einen guten Einstieg in die Gruppenarbeit zu ermöglichen und erste Erfahrungen in dieser Konstellation zu sammeln. Der Großteil der Teilnehmenden ist positiv überrascht, wie entlastend es ist, in der Gemeinschaft mit anderen Personen, die ganz ähnliche Probleme haben, zu sprechen und hierbei nicht verurteilt, sondern mit den eigenen Gefühlen und Empfindungen angenommen zu werden. Außerdem sollen die Teilnehmenden unterstützt werden, eine gemeinsame Sprache für Themen zu finden, die im Alltag oft nur selten oder noch nie zuvor besprochen wurden. Den Teilnehmenden bleibt hierbei selbst überlassen, inwieweit sie sich persönlich einbringen, eigene Gedanken und Gefühle mitteilen oder lieber Denkanstöße aufnehmen, ohne selbst intime Dinge preiszugeben. Im Gegensatz zur eigentlichen Gruppentherapie vermitteln die Therapeutinnen und Therapeuten in der psychoedukativen Gruppe noch einmal wichtige Informationen zur Arbeit in der Gruppe oder klären Begrifflichkeiten und Regelungen ab. Sie bringen sich aktiver als »Lehrende« ein und weniger als »Moderatoren«.

Themen der vorbereitenden Gruppe sind zunächst sexuelle Neigungen im Allgemeinen, aber auch »sexuelles Verhalten – sexuelle Übergriffe« und »sexuell erregendes Material – Missbrauchsabbildungen – Kinderpornografie«. Hierbei sollen einerseits juristische Standards vermittelt, andererseits aber auch deren »Grauzonen« verdeutlicht werden, um ein Nachdenken über eigene moralische Werte anzuregen. Zudem wird über Möglichkeiten, Folgen, Vorzüge und Nebenwirkungen einer medikamentösen Behandlung bei Pädophilie und Hebephilie informiert. Schließlich werden allgemeine Faktoren bzw. Situationen, die ein Risiko für sexuelle Übergriffe darstellen können, gesammelt und aufgelistet. Das Thema der Risikofaktoren dient auch als Vorbereitung für die spätere Gruppentherapie. Viele Patienten berichten, dass bereits in der vorbereitenden Gruppe ein Bewusstwerden über eigene, individuelle Risikofaktoren angestoßen wurde, das später in der Gruppentherapie erneut aufgegriffen und vertieft wurde.

## Weiterführende Therapiephase: Ablauf und Behandlungsmöglichkeiten

Im Anschluss an die psychoedukativen Maßnahmen werden die Interessenten nach Absprache mit den Therapeuten und Therapeutinnen in der Einzelbehandlung belassen oder in die bestehenden Gruppen integriert. Einzeltherapie findet in der Regel wöchentlich oder alle zwei Wochen statt. Eine Sitzung dauert 50 Minuten. In Einzelfällen, z. B. wenn es beruflich nicht anders zu vereinbaren ist oder kein großer Leidensdruck vorliegt, können Personen auch in größeren Abständen zur Einzeltherapie erscheinen. Insbesondere gegen Ende der Behandlung vergrößern sich die Abstände immer weiter, um die Therapie langsam auszuschleichen und die Verantwortung für das eigene Empfinden und Handeln immer mehr zurück in die Hände der Teilnehmenden zu übergeben.

Die Gruppentherapie findet in der Regel im wöchentlichen Abstand mit zweistündigen Therapiesitzungen in sogenannten halboffenen Gruppen statt. Das bedeutet, in größeren Zeitabständen werden Teilnehmende aus den Gruppen entlassen, die an allen relevanten Therapieinhalten gearbeitet haben; parallel werden neue Patienten aufgenommen. Dieses halboffene Konzept ermöglicht es den neuen Teilnehmenden, von den erfahreneren Teilnehmenden zu lernen, und macht häufig Mut hinsichtlich einer anstehenden Verbesserung.

**PAUL** Sich dann in der Gruppe zu öffnen, ist wieder ein anderes Thema. Das dauert beim einen ein bisschen länger und beim anderen geht es relativ schnell. Ich brauchte ein bisschen dafür und habe dann auch erkannt, dass es wichtig ist, zu versuchen, sein Innerstes preiszugeben. Nur so kann es dann auch auf den richtigen Weg gebracht werden und dauerhaft eine Hilfe darstellen. **x**

Die Therapiedauer variiert in der Gruppe in der Regel zwischen ein und zwei Jahren. In seltenen Fällen kann diese Dauer aber auch überschritten werden, wenn eine Person sich selbst noch nicht sicher ist und lieber einige der bereits bekannten Inhalte wiederholen möchte. Die Zahl der Teilnehmenden schwankt zwischen drei und zehn Personen pro Gruppe. Geleitet werden die

Therapiegruppen in der Regel von mindestens einem approbierten Psychologischen Psychotherapeuten oder einer solchen Therapeutin mit sexualtherapeutischer Weiterbildung.

**STEFAN** Ich war am Anfang sehr skeptisch. Ich hatte schon große Bedenken, ob mir das hier helfen kann. Weil ich Sorgen hatte, dass das in der Gruppe schwer funktionieren kann. Wenn da lauter Leute sitzen mit denselben Problemen, dass das was bringen soll – in der Form. Im Nachhinein denke ich mir, diese Therapie hier hat mir so, so, so viel gebracht, dass ich auf keinen Fall darauf verzichten wollte. Also, ich kann nicht genau benennen, was jetzt das Einzelne war, was mir was gebracht hat. Ich kann nur feststellen, es hat sich fundamental viel verändert und ich glaube, das Allermeiste liegt an dieser Therapie hier. x

Neben der Gruppentherapie besteht für jede teilnehmende Person die Möglichkeit, Einzelgespräche mit einer der therapeutischen Fachkräfte zu führen. Dies kann vereinzelt bei dringendem Gesprächsbedarf oder Krisen sein oder dauerhaft begleitend zur Gruppentherapie, wenn viele individuelle Probleme oder komorbide psychische Erkrankungen vorliegen, die so in der Gruppentherapie keinen Platz finden würden.
Jede Therapiesitzung beginnt mit einer kurzen Themensammlung und Wiederholung der letzten Sitzung. Die teilnehmende Person schildert kurz, wie es ihr seit dem letzten Termin ergangen ist und was sie derzeit bewegt. Hieraus werden Themen für die aktuelle Sitzung abgeleitet, sodass wichtige Erlebnisse des Alltags oder aufkommende Fragen zeitnah bearbeitet werden können, ohne die übergeordneten Ziele aus den Augen zu verlieren. In der Gruppentherapie findet eine sogenannte Eingangsrunde statt, die ähnlich aufgebaut ist. Jede Person berichtet kurz von den vergangenen Tagen und bringt eigene Themen ein, um die individuellen Ziele verfolgen zu können. Häufig profitieren die einzelnen Teilnehmenden von den Themen der anderen und stellen Parallelen zur eigenen Situation her. Zusätzlich bringen die Therapeutinnen und Therapeuten Themen aus den vorliegenden empirisch bewährten Manualen ein. Für die Umsetzung in der Gruppe bieten sich verschiedene Gestaltungsmöglichkeiten an: Gespräche in der gesamten Runde, in Kleingruppen oder auch Einzelarbeit. Begleitet und moderiert durch die leitenden Therapeuten bietet eine Therapiestunde viel Raum für offenen Austausch und Diskussionen. Am Ende jeder Therapiesitzung findet eine Abschlussrunde statt, in der die Patienten mitteilen, welche Inhalte sie »mit nach Hause nehmen« und wie die aktuelle psychische Verfassung ist. Die Abschlussrunde sorgt in der Regel dafür, dass die Teilnehmenden positiv aus der Therapiesitzung herausgehen.

Sollte dies einmal nicht der Fall sein, haben die therapeutischen Fachkräfte Zeit eingeplant, um aufgekommene Krisen nachbesprechen zu können.

**PAUL** Ich freu mich jede Woche, hierherzufahren, auch wenn es ein langer Anfahrtsweg ist. Klar, das ist deutlich Stress. Aber es ist ein positiver Stress, weil ich weiß, der bringt mir etwas. Er bringt mir etwas für den Rest der Woche, ich kann davon zehren und ich wachse daran. x

**STEFAN** Ich habe sehr zu schätzen gewusst, dass ich nicht verurteilt werde. Denn das ist eine Erfahrung, die wir alle gemacht haben. Wir hatten Angst, was zu erzählen und zu hören »Das geht ja gar nicht!« oder »Wie unmöglich ist das denn?«. Und man hat hier aber die Erfahrung gemacht, man wird nicht verurteilt für das, was man getan hat oder das, was man empfindet und fühlt. Auf der anderen Seite merkt man selbst, dass man – wenn man die Menschen und ihren Wunsch kennenlernt, zu lernen und Verantwortung zu übernehmen – dass man dann auch gar nicht anders kann, als das wertzuschätzen und auch nicht ins Verurteilen verfällt. Also man selber urteilt auch nicht über andere und denkt »Gott, der hat das nicht geschafft, wie erbärmlich!«, sondern man sieht immer nur das Positive. Man denkt: »Der ist auch hier, der hat es auch geschafft.« Man sieht sehr die positiven Aspekte und nimmt die als Vorbild. x

Um einen nachhaltigen positiven Effekt auf die Lebensqualität der Betroffenen zu erreichen, erhalten die Teilnehmenden unterstützend und meist schriftlich Therapieaufgaben, die zwischen den Sitzungen zu bearbeiten sind. So kann eine Übertragung in die reale Lebenswelt der Teilnehmenden erleichtert werden. Diese »Hausaufgaben« ergeben sich aus den bearbeiteten Themen der Sitzung oder aber werden zur Vorbereitung der nächsten Sitzung genutzt.

Viele Teilnehmende berichten außerdem, dass es für eine tiefere Auseinandersetzung hilfreich ist, ein Therapietagebuch zu führen. Zentrale Inhalte und Erkenntnisse aus jeder Sitzung können hier notiert und ausgearbeitet werden. Auch Schlagworte, die von den Therapeutinnen und Therapeuten z. B. am Flipchart festgehalten werden, können so mitgenommen werden. Damit bleiben wichtige Themen auch lange Zeit nach Abschluss der Therapie griffbereit und können jederzeit anhand der eigenen Aufzeichnungen in Erinnerung gebracht werden.

Vor bzw. nach jeder Sitzung, egal ob im Einzel- oder Gruppensetting, füllen die Teilnehmenden Fragebogen aus, die ihnen die Möglichkeit geben, eine Art Feedback an die Therapeuten zu richten, um das therapeutische Vorgehen zu verbessern. Zusätzlich werden das sexuelle Verlangen nach Kindern bzw.

Jugendlichen, der Konsum von Kindesmissbrauchsabbildungen oder problematische Situationen mit Kindern/Jugendlichen in der Realität oder online erfasst (z. B. Sex-Chats mit Jugendlichen). Erfahrungsgemäß kann es vorkommen, dass Teilnehmende einen Rückfall aus Scham nicht berichten wollen. Die Fragebogen helfen dabei, sich zu öffnen und die kritischen Situationen zeitnah bearbeiten zu können. Alle zwei Monate wird die aktuelle Lebenszufriedenheit in einzelnen Bereichen des Lebens erfasst. Hierdurch kann der Therapiefortschritt überprüft werden, um notfalls an den Therapieinhalten Veränderungen vorzunehmen.

Da viele der Patienten in festen Partnerschaften leben, werden zusätzlich Paarberatungen oder Paartherapien angeboten. Weiter können sich auch Angehörige Betroffener für einzelne Beratungsgespräche an die Standorte wenden.

Zusätzlich zu den psychotherapeutischen Angeboten besteht in Einzelfällen die Möglichkeit, unterstützend eine medikamentöse Behandlung in Anspruch zu nehmen. Medikamente können die sexuelle Erregbarkeit, den oftmals beschriebenen »Druck«, die Häufigkeit sexueller Fantasien und das Ausmaß des sexuellen Verlangens verringern. Da jedoch damit nicht der Inhalt der sexuellen Fantasien verändert werden kann, werden Medikamente in der Regel nur ergänzend zur Psychotherapie eingesetzt. Lediglich bei Patienten, die von einer psychotherapeutischen Behandlung nicht profitieren würden (z. B. bei vorliegender Intelligenzminderung), kann eine alleinige Medikation in Erwägung gezogen werden. Ob eine medikamentöse Behandlung infrage kommt, wird individuell besprochen: Die betroffene Person kann den Wunsch von sich aus äußern oder aber die therapeutischen Fachkräfte können eine Unterstützung durch Medikamente vorschlagen. Jegliche Medikamenteneinnahme erfolgt stets freiwillig und in Absprache und nach vorheriger Aufklärung.

Gegen Ende der Einzeltherapie werden die Abstände zwischen den Sitzungen immer weiter vergrößert. Nach Abschluss der Therapie haben die ehemaligen Teilnehmenden etwa alle zwei bis drei Monate die Möglichkeit, Nachtreffen in der Gruppe oder im Einzelsetting wahrzunehmen. Durch die Nachsorge können die erlernten Inhalte immer wieder reflektiert werden und geraten nicht in Vergessenheit. Weiter besteht die Möglichkeit, die Therapeutinnen und Therapeuten über die Nachtreffen hinaus in Krisensituationen zu kontaktieren. In Einzelfällen können ehemalige Therapiegruppenteilnehmende erneut in eine Gruppe aufgenommen werden.

# Weiterführende Therapiephase: Methodik und Inhalte

Das psychotherapeutische Grundkonzept basiert primär auf Methoden der kognitiven Verhaltenstherapie, zu denen sexualtherapeutische und sexualmedizinische Aspekte hinzukommen. Die Inhalte orientieren sich an verschiedenen speziell entwickelten Manualen, die einen multimodalen Ansatz verfolgen. So sollen der Störungswert der pädophilen Störung und der psychische Leidensdruck reduziert werden. Zusätzlich trägt die Bearbeitung möglicher Risikofaktoren zum Aufbau einer stabilen Verhaltenskontrolle bei. Das Manual zur Berliner Dissexualitätstherapie (Beier 2018) stellt beispielsweise folgende Module in den Mittelpunkt der Behandlung: Psychoedukation, Akzeptanz, Motivation, Wahrnehmung, Emotionen, sexuelle Fantasien und sexuelle Handlungen, Empathie und Perspektivübernahme, Biografie und Schemata, Bewältigung und Problemlösung, soziale Beziehungen, Intimität und Vertrauen, Zukunftsplanung, Schutzmaßnahmen.

Die Beobachtung und Reflexion des eigenen Erlebens und Verhaltens auf den Ebenen des Denkens, Handelns und Fühlens stellt die Grundlage der therapeutischen Behandlung dar, egal ob im Einzelsetting oder in der Gruppe. Durch den Austausch mit der therapeutischen Fachkraft oder der Gruppe lernen die Teilnehmenden, ihre sexuellen Fantasien oder ihr sexuelles Verhalten selbst zu analysieren, und werden sich ihrer eigenen blinden Flecken bewusst. Gemeint sind hiermit Vorlieben, die man sich lange Zeit nicht oder nur schwer selbst eingestehen konnte. Vorlieben, die bagatellisiert wurden oder für die man sich innerlich abgewertet und geschämt hat. Erst wenn es möglich ist, die eigenen sexuellen Fantasien und Vorlieben zu erkennen und zumindest teilweise zu akzeptieren, kann an einem adäquaten Umgang mit der eigenen Sexualität gearbeitet werden.

Hierbei kann die Erarbeitung und Diskussion subjektiver hypothetischer Entstehungsmodelle, die Erklärungsansätze für das empfundene Leid oder mögliche Straftaten liefern, hilfreich sein. Betrachtet man die individuelle Biografie der Teilnehmenden, lassen sich persönliche Eigenschaften, Einstellungen und Lernerfahrungen identifizieren, die zur Aufrechterhaltung des Leids oder kritischer Verhaltensweisen beitragen. Auch aktuell aufkommende Gefühle und Denkmuster werden in das Modell aufgenommen, um auf der Basis des hypothetischen Entstehungsmodells Therapieziele ableiten zu können.

Sofern Teilnehmende in der Vergangenheit sexuelle Übergriffe begangen

haben, werden auch diese in der Therapie aufgegriffen und bearbeitet. Durch die genaue Analyse der Übergriffe wird dann deutlich, welche individuellen Faktoren dazu geführt haben, dass diese Person einen Übergriff begangen hat. Fragen, die bearbeitet werden, sind z. B.: In welcher Situation hat der Übergriff stattgefunden? Welche Gefühle hatte die Person, welche Gedanken? Welche Verhaltensimpulse hatte sie, wie verhielt sie sich, welche Verhaltensalternativen hätte es geben können?
Solche Verhaltens- und Situationsanalysen werden auch für Begebenheiten durchgeführt, die in der Fantasie der Teilnehmenden vorkommen, und können auch das gedankliche Durchspielen von Missbrauchshandlungen beinhalten. Genauso werden reale Umstände, die als kritisch oder risikoreich vom Betroffenen eingeschätzt werden, analysiert. Die Fähigkeit, künftige Risikosituationen zu vermeiden, wird hierdurch deutlich verbessert. Außerdem werden konkrete und individuelle Handlungs- und Unterstützungsmöglichkeiten für Risiko- oder Krisensituationen der Teilnehmenden erarbeitet. Der therapeutische Rahmen bietet die Möglichkeit, neue Verhaltensweisen im geschützten und förderlichen Umfeld in Rollenspielen und praktischen Übungen auszuprobieren. In der Gruppentherapie spielen dabei die Rückmeldungen der anderen Gruppenteilnehmenden und deren konstruktive Kritik eine wichtige Rolle.

**STEFAN** Ein Punkt, wo ich sehe, das hätte ich nirgendwo anders bekommen können: Das, was wir gemacht haben mit dem Rollenspiel. Weil das geht halt nicht anders als mit Leuten, denen man vertraut und bei denen man sich traut, durchzuspielen. Und das war ein wichtiger Punkt. Das hat mich wirklich schwer mitgenommen, das damals gemacht zu haben, und trotzdem war es ein Erlebnis, das ich auf gar keinen Fall missen möchte, weil es wirklich augenöffnend war und wirklich sehr, sehr wertvoll. x

Großer Wert wird darüber hinaus auf die Aktualisierung des Problems im »echten Leben« gelegt. Also das Trainieren von Aspekten, die nur außerhalb des therapeutischen Rahmens möglich sind. Hierbei wird stets eine mögliche Fremdgefährdung mitberücksichtigt, wodurch die Möglichkeiten zum Training teilweise stark eingeschränkt sein können. Kritische Situationen sollten erst aufgesucht werden, wenn sowohl die teilnehmende Person als auch die therapeutischen Fachkräfte keine Gefahr für Dritte sehen und eine gute Verhaltenskontrolle besteht. Je mehr die Teilnehmenden in die Übertragung des Besprochenen in ihr normales Lebensumfeld investieren, Entwicklungen aus den Sitzungen auf ihren Alltag übertragen, desto deutlicher und nachhaltiger profitieren sie auch von ihrer Therapie.

Weiter setzen sich die Teilnehmenden intensiv mit jenen Gedanken, Einstellungen oder Interpretationen auseinander, die möglicherweise mit einem erhöhten Missbrauchsrisiko in Zusammenhang stehen. Häufig liegen sogenannte kognitive Verzerrungen vor, die es bisher ermöglicht haben, ein straffälliges Verhalten zu zeigen. Um diese zu verändern, bietet das Gruppensetting ideale Voraussetzungen: Patienten hinterfragen sich häufig sehr intensiv und wirkungsvoll gegenseitig oder weisen sich auf möglicherweise problematische Ansichten hin, was dann ein Umdenken bewirken kann.
Darauf aufbauend wird in der Therapie die Fähigkeit trainiert, sich in die Lage anderer Personen hineinzuversetzen und deren Perspektiven und Sichtweisen nachzuempfinden. Die Förderung und Übung von Perspektivenwechsel und Einfühlungsvermögen ermöglicht es den Betroffenen einerseits, sich in die Lage der potenziellen oder vergangenen Opfer eines sexuellen Missbrauchs zu versetzen und eine Vorstellung davon zu entwickeln, welche Folgen sexuelle Übergriffe für die Opfer haben. Darüber hinaus hat die Förderung von Empathie auch auf bestehende soziale Beziehungen positive Wirkungen. So können »psychosoziale Grundbedürfnisse« wie Nähe, Anerkennung oder Zuneigung auch außerhalb des therapeutischen Rahmens besser gestillt werden und tragen zur Verbesserung des allgemeinen psychischen Wohlbefindens bei. Gemäß dem ressourcenorientierten Ansatz des »Good Lives Model« (siehe Kap. »Grundbedürfnisse und Werte als Wegweiser für das eigene Leben«, S. 68 ff.) trägt eine zufriedene Lebensführung dazu bei, keinen (erneuten) Missbrauch zu begehen.

**PAUL** Man ist in der Gruppe auch bereit, die Sorgen und Nöte des anderen anzuhören und Lösungsvorschläge zurückzugeben, weil man sich eben ganz klar mit demselben Thema beschäftigt. Es gab noch keine Stunde, wo ich hier war, wo man nicht die Sorgen und Probleme eines »Kollegen« mit angehört hat, der eben zu Hause nicht zurechtkam oder mit irgendeinem Vorfall zu kämpfen hatte, der ihn berührte. Und wenn man da einen Tipp oder Rat oder Vorschlag geben konnte, dann hat das schon wieder einem selber geholfen. ✕

Ein weiterer Nutzen der Therapie besteht darin, die Therapieteilnehmenden dahingehend zu trainieren, verschiedene alltägliche Probleme und Herausforderungen lösungsorientiert und konstruktiv anzugehen, um so Eigenverantwortung und Alltagskompetenzen zu fördern. Insofern können z. B. berufliche oder familiäre Themen besprochen werden, was wiederum zu einer Verbesserung der allgemeinen Lebenszufriedenheit beitragen kann.
Um die Lebenszufriedenheit und -qualität der Patienten und Patientinnen abschließend und nachhaltig weiter zu verbessern und um das Risiko für

sexuelle Übergriffe gleichzeitig dauerhaft zu verringern, werden schließlich individuelle »Schutz- und Zukunftspläne« für die einzelnen Teilnehmenden erarbeitet. Soziale Unterstützung durch Angehörige und Freunde sowie Ansprechpartner in z.B. psychosozialen Einrichtungen werden für Krisenzeiten als Schutzfaktoren festgelegt. Realistische Zukunftspläne sollen zu einer dauerhaften zufriedenen Lebensführung beitragen.

## Abschluss und Evaluation

Insgesamt konnten erste Evaluationsergebnisse eine Wirksamkeit des Therapieprogramms nachweisen (Beier u.a. 2015; Kuhle u.a. 2013). Auch in der abschließenden Befragung der Teilnehmenden hat sich gezeigt, dass das Therapieangebot für einen Großteil der Teilnehmenden eine Verbesserung der Lebenssituation und eine Reduktion von kritischen Verhaltensweisen bewirken kann. Das aktuell vom Spitzenverband der Krankenkassen veranlasste Evaluationsvorhaben gemäß § 65d SGB V soll weiteren Aufschluss über die Effektivität des Behandlungsprogramms geben. Es bleibt abzuwarten, welche Entwicklungen sich hieraus für die Versorgungslandschaft ergeben. Bis dahin muss auf die wenigen Studien und die Aussagen einzelner Patienten vertraut werden:

**PAUL** Das absolut Positive: Ich fühle mich wieder wie ein vollwertiger Mensch in der Gesellschaft und ich habe die Sicherheit, mit meiner Neigung umzugehen – das habe ich gelernt. Wenn man es nicht ausprobiert, verpasst man Lebensqualität, die man sich wünscht, man verpasst die Chancen in seinem Leben. Man macht sich sein eigenes Leben kaputter, als es eh schon vielleicht ist. Also: Eigentlich kann man nur gewinnen. x

**STEFAN** Ganz klar, das Gefühl, zu lernen mit der Neigung zu leben, sie akzeptieren zu können, die Verantwortung zu erkennen, die sie mit sich bringt, und auch für sich ganz deutlich zu wissen, wo die eigenen Grenzen liegen müssen, und so eine Sicherheit zu bekommen im eigenen Umgang mit der Neigung. Ich würde auch unbedingt raten, es auszuprobieren. Wenn man es ausprobiert, vergibt man sich nicht viel, aber wenn man es nicht tut, kann es sein, dass man viel verpasst. Also: Unbedingt ausprobieren! x

Bei Drucklegung bestanden in Bayern Präventionsangebote an den Standorten Bamberg, München und Regensburg (s. S. 202). Die aktuellen Kontakte finden Sie auf https://www.kein-taeter-werden.de/

# Schlusswort

Mit der Lektüre dieses Buches haben Sie viele Informationen und Hinweise bekommen. Wir hoffen, es war eine Hilfe, um Antworten auf einige Fragen zu finden und Anregungen zu erhalten, wie Sie als Therapeutin oder Mitarbeiter einer Beratungsstelle, als Betroffener oder als Angehörige mit dem Thema Pädophilie umgehen können. Vielleicht haben Sie als Betroffene(r) Gewissheit gefunden, wie es um Ihre sexuelle Ausrichtung steht. Möglicherweise haben Sie als Angehöriger oder Freundin eine Idee davon beklommen, wie Sie sich verhalten können. Als Mitarbeiterin, als Mitarbeiter im psychosozialen Arbeitsfeld haben Sie im besten Fall nun eine Vorstellung, wie Sie einem Klienten oder einer Klientin weiterhelfen können.

Vielleicht steht ein Gespräch an, in dem das Thema Pädophilie erstmals besprochen werden kann. Damit wäre ein wichtiger Anfang gemacht. Vielleicht arbeiten Sie mit dem Material in diesem Buch, versuchen, einzelne Übungen umzusetzen, geben auch Ihren Klienten und Klientinnen das Selbsthilfematerial an die Hand. Aktive Selbstwahrnehmung und -kontrolle gelingt meist nicht von Anfang an. Lassen Sie sich nicht entmutigen, wenn es Krisen und Rückschläge gibt. Übung macht den Meister.

Als Betroffener sollten Sie nach einiger Zeit kritisch Bilanz ziehen: Hat mir das geholfen? Welche Übungen gelingen mir gut, welche nicht? Habe ich mein Ziel dadurch erreicht? Auch sollten Sie wissen: Dieses Buch und auch seine Downloadmaterialien ersetzen keine Therapie. Es zeigt Möglichkeiten für einen sicheren Umgang mit der pädophilen Ausrichtung und Wege für ein zufriedenstellendes Leben auf. Wenn Sie nach der Lektüre zu dem Schluss kommen, dass Sie eine tiefergehende Auseinandersetzung wünschen oder benötigen, möchten wir Sie ermutigen, eine der im Anhang genannten Stellen zu kontaktieren. Das geht anonym und kostenlos. Selbst wenn Sie zum jetzigen Zeitpunkt keine Hilfe benötigen, ist es sinnvoll, sich diese Option offenzuhalten. Sie können regelmäßig auf Ihrem Lebensweg innehalten und sich fragen: Fühle ich mich gut und stabil genug, um ohne professionelle Hilfe weiterzugehen?

Zum Schluss möchten wir Sie ermuntern, Ihre Erfahrungen mit diesem Buch mit uns zu teilen. Fühlen Sie sich mit Ihren Themen und Fragen angesprochen? Was ist hilfreich für Sie? Welche Erfahrungen haben Sie mit den Techniken zur Selbstwahrnehmung und Selbstkontrolle gemacht? Welche Dinge haben Ihnen Mut gemacht, z. B. sich gegenüber einer Vertrauensperson zu öffnen? Was war weniger hilfreich? Was hat Ihnen gefehlt? Wir sind dankbar für Ihre Rückmeldungen, die Sie uns über folgende Mailadresse mitteilen können: herausforderung-paedophilie@hahn-schwarze.de Leider können wir keine Beratungs- oder Therapieanfragen beantworten. Hierfür nutzen Sie bitte die im Anhang angegebenen Adressen.

# Adressen

## Selbsthilfe

Selbsthilfeportale von Betroffenen
Internetpräsenz und Selbsthilfe »Schicksal und Herausforderung e. V.«
www.suh-ev.de
www.virped.org
www.wir-sind-auch-menschen.de

Selbsthilfecommunity für Menschen in Schwierigkeiten
www.regenbogenwald.de

## Fachliche Hilfe

Die folgende Auflistung von Therapie- und Beratungsangeboten ist nicht vollständig, sondern enthält nur die Angebote, die uns besonders geeignet erscheinen.

### Prävention in Deutschland

Kostenlose und durch die Schweigepflicht geschützte Beratung, Diagnostik und Therapie für Menschen mit pädophilen Interessen:
www.kein-taeter-werden.de

Deutschlandweit betreibt das Netzwerk »Kein Täter werden« Beratungs- und Therapieangebote an derzeit (Stand: August 2023) 13 Standorten. Zusätzlich existiert ein Fernbehandlungsangebot in Sachsen-Anhalt und das Onlineprogramm Troubled Desire.

**Bamberg**
Sozialstiftung Bamberg
Abteilung für Sexualmedizin
Telefon: +49 951 503 264 49
E-Mail: kein-taeter-werden@sozialstiftung-bamberg.de

**Berlin**
Institut für Sexualwissenschaft und Sexualmedizin, Charité – Universitätsmedizin Berlin
Telefon: +49 30 450 529 450
E-Mail: praevention@charite.de

**Düsseldorf**
Universitätsklinikum Düsseldorf
Telefon: +49 211 811 9303
E-Mail: praevention@med.uni-duesseldorf.de

**Gießen**
Universitätsklinikum Gießen und Marburg GmbH
Telefon: +49 641 985 451 11
E-Mail: praevention@psycho.med.uni-giessen.de

**Hamburg**
Institut für Sexualforschung, Sexualmedizin und Forensische Psychiatrie am Universitätsklinikum Hamburg-Eppendorf
Präventionsambulanz
Telefon: +49 152 228 166 28
E-Mail: praevention@uke.de

**Hannover**
Arbeitsbereich Klinische Psychologie und Sexualmedizin an der Medizinischen Hochschule Hannover
Telefon: +49 511 532 8052
E-Mail: dunkelfeld.info@mh-hannover.de

**Kiel**
Zentrum für Integrative Psychiatrie – ZIP
Institut für Sexualmedizin und Forensische Psychiatrie und Psychotherapie
Telefon: +49 431 500 986 09
E-Mail: praevention@uksh.de

**Leipzig**
Universitätsmedizin Leipzig
Ambulanz für sexualtherapeutische Prävention und forensisch-psychiatrische Forschung
Telefon: +49 341 972 3958
E-Mail: dunkelfeld@medizin.uni-leipzig.de

**Mainz**
Klinik und Poliklinik für Psychosomatische Medizin und Psychotherapie an der Universitätsmedizin Mainz
Telefon: +49 6131 173 656
E-Mail: praevention-pt@unimedizin-mainz.de
**München**
Ludwig-Maximilians-Universität München
Telefon: +49 89 4400 55055
E-Mail: praevention@med.uni-muenchen
**Regensburg**
LMU Klinikum – Ambulanz für sexuelle Gesundheit und Sexualmedizin in Regensburg
Telefon: +49 941 850 89395
E-Mail: rgb-praevention@med.uni-muenchen.de
**Sachsen-Anhalt**
Onlineangebot »Prävention durch Fernbehandlung«
Telefon: +49 30 450 529 350
E-Mail: sachsen-anhalt@charite.de
**Stralsund**
Kompetenzzentrum Sexualmedizin Mecklenburg-Vorpommern e.V.
Telefon: +49 174 911 304 4 bzw. +49 3831 482 0080
E-Mail: praevention@dunkelfeld-mv.de
**Ulm**
Universitätsklinikum Ulm
Telefon: +49 731 500 619 60
E-Mail: praevention.psysom@uniklinik-ulm.de

## Weitere Angebote

**Bamberg** – bei laufenden Ermittlungsverfahren
Sozialstiftung Bamberg
Projekt Hellfeld – ambulantes Therapieangebot für Menschen in einem aktuellen Ermittlungsverfahren
Telefon: +49 951 503 26390
E-Mail: therapie-im-verfahren@sozialstiftung-bamberg.de
**Göttingen**
Asklepios Fachklinikum Göttingen & Universitätsmedizin Göttingen
Ludwig-Meyer-Institut für forensische Psychiatrie und Psychotherapie

Prävention sexuellen Missbrauchs (PsM)
Telefon: +49 551 402 117 9 bzw. +49 551 402 2110
E-Mail: psm.goettingen@asklepios.com

**Stuttgart**

TatPrävention – Projekt für Tatgeneigte
Präventsozial gGmbH, Stuttgart
Telefon: +49 711 239 88 426
E-Mail: mikuteit@praeventsozial.de

Präventionsprojekt für Jugendliche (PPJ)
Charité Universitätsmedizin Berlin
www.du-traeumst-von-ihnen.charite.de
Telefon: +49 30 450 529 529
E-Mail: ppj-internet@charite.de

Online-Selbsthilfeprogramm
Troubled Desire – Onlinezugang zu einem anonymen, diagnostischen und therapeutischen Angebot für Menschen, die ein sexuelles Interesse an Kindern verspüren
Internet: https://troubled-desire.com/de/
E-Mail: info@troubled-desire.com

## Prävention in Österreich

Nicht Täter werden
Erlachgasse 95 / 5
1100 Wien
Telefon: +43 01603 282 8
E-Mail: ntw@maenner.at

## Prävention in der (deutschsprachigen) Schweiz

**Basel**

Universitäre Psychiatrische Kliniken Basel
Telefon: +41 61 325 55 22
E-Mail: praevention-medizin@unibas.ch

**Frauenfeld**
Hopitaux Universitaires de Genève
Telefon: +41 52 723 30 00
E-Mail: keinmissbrauch@forio.ch
**Genf**
Forio AG
Telefon: +41 22 305 45 11
E-Mail: secretariat.sexuologie@hcuge.ch
**Zürich**
Psychiatrische Universitätsklinik Zürich
Telefon: +41 58 384 39 15
E-Mail: praevention@pukzh.ch

## Suche nach einer Psychotherapie

**Deutschland**
www.therapie.de/psychotherapie
www.deutschepsychotherapeutenvereinigung.de
https://bptk.de/patient-innen/#wege-zur-psychotherapie
Sexualtherapeutisch weitergebildete Psychotherapeutinnen und Berater finden Sie auf folgenden Internetseiten:
www.dgsmtw.de
www.dgfs.info
www.sexologie.org

**Österreich**
www.psychotherapie.at/patientinnen/psychotherapeutinnen-suche
Auf diesem Portal finden Sie eine Formularmaske zur Suche nach Psychotherapeutinnen und Psychotherapeuten, die im Österreichischen Bundesverband für Psychotherapie organisiert sind.

**Schweiz**
www.psychotherapie.ch/wsp/
In der Schweiz bietet die Assoziation Schweizer Psychotherapeutinnen und Psychotherapeuten (ASP) eine kostenlose Vermittlung von Therapieplätzen bei qualifizierten Therapeutinnen und Therapeuten an.
Die Vermittlung ist telefonisch erreichbar: +43 268 937 5 bzw. +43 268 93 00 oder über eine Suchmaske abzurufen.

# Literatur

## Für Betroffene und Angehörige

Boden, M., Feldt, D. (2015): Krisen bewältigen, Stabilität erhalten, Veränderung ermöglichen. 5. Aufl. Köln: Psychiatrie Verlag.

Kanfer, F. H., Schmelzer, D. (2005): Wegweiser Verhaltenstherapie: Psychotherapie als Chance. 2. Aufl. Berlin: Springer.

Weber, M. (2015): Für ein Kinderlachen. Lulu.com (Print-on-Demand und E-Book).

Wengenroth, M. (2016): Das Leben annehmen. Göttingen: Hogrefe.

## Für Fachpersonen

Ahlers, C. J., Neutze, J., Hupp, E., Mundt, I. A., Konrad, A., Beier, K. M., Schaefer, G. A. (2008): Erhebungsinstrumente in der klinischen Sexualforschung – Teil II. Sexuologie, 15 (3 – 4), S. 82 – 103.

Alanko, K., Salo, B., Mokros, A., Santtila, P. (2013): Evidence for heritability of adult men's sexual interest in youth under age 16 from a population-based extended twin design. In: J. Sex. Med., 10 (4), S. 1090 – 1099.

Bange, D. (2007): Sexueller Missbrauch an Jungen. Die Mauer des Schweigens. Göttingen: Hogrefe.

Baur, E., Forsman, M., Santtila, P., Johansson, A., Sandnabba, K., Langström, N. (2016): Paraphilic sexual interests and sexually coercive behavior: A population-based twin study. In: Archives of Sexual Behavior, 45 (5), S. 1163 – 1172.

Beier, K. M. (Hg.) (2018): Pädophilie, Hebephilie und sexueller Kindesmissbrauch: Die Berliner Dissexualitätstherapie. Berlin: Springer.

Beier, K. M., Grundmann, D., Kuhle, L. F., Scherne, G., Konrad, A., Amelung, T. (2015): The German Dunkelfeld Project: A pilot study to prevent child sexual abuse and the use of child abusive images. In: The Journal of Sexual Medicine, 12 (2), S. 529 – 542.

Beier, K. M., Krüger, T. (2020): Anonyme Behandlungsangebote in der Regelversorgung. In: Sexuologie, 28, S. 157 – 158.

Beier, K., Loewit, K. (2008): Lust in Beziehung. Einführung in die Syndyastische Sexualtherapie als fächerübergreifendes Therapiekonzept der Sexualmedizin. Berlin: Springer.

Blanchard, R., Kuban, M. E., Klassen, P., Dickey, R., Christensen, B. K., Blak, T. (2003): Self-reported head injuries before and after age 13 in pedophilic and nonpedophilic men referred for clinical assessment. In: Archives of Sexual Behavior, 32 (6), S. 573–581.

Briken, P., Hill, A., Berner, W. (2010): Forensisch-relevante sexuelle Störungen. In: J. Müller (Hg.): Neurobiologie forensisch-relevanter Störungen. Grundlagen, Störungsbilder, Perspektiven, S. 378–385. Stuttgart: Kohlhammer.

Bundschuh, C. (2001): Pädosexualität. Entstehungsbedingungen und Erscheinungsformen. Opladen: Leske + Budrich.

Cantor, J. M., Kabani, N., Christensen, B. K., Zipursky, R. B., Barbaree, H. E., Dickey, R., Klassen, P. E., Mikulis, D. J., Kuban, M. E., Blak, T., Richards, B. A., Hanratty, M. K., Blanchard, R. (2008): Cerebral white matter deficiencies in pedophilic men. In: Journal of Psychiatric Research, 42 (3), S. 167–183. www.researchgate.net/publicati on/5807375_Cerebral_white_matter_deficiencies_in_pedo philic_men (19. 9. 2015).

Cantor, J. M., McPhail, I. V. (2016): Non-offending Pedophiles. In: Curr. Sex. Health Rep., 8 (3), S. 121–128.

DGPPN – Deutsche Gesellschaft für Psychiatrie, Psychotherapie und Nervenheilkunde, DGfS – Deutsche Gesellschaft für Sexualforschung (Hg.) (2007): Praxisleitlinien in Psychiatrie und Psychotherapie. Bd. 8: Behandlungsleitlinie Störungen der sexuellen Präferenz; hg. von W. Berner, A. Hill, P. Briken, C. Kraus, K. Lietz. Darmstadt: Steinkopff.

Dilling, H., Mombour, W., Schmidt, M. H. (2008). Internationale Klassifikation psychischer Störungen. Klinisch-diagnostische Leitlinien. 6. Aufl. Bern: Huber.

Dilling, H., Mombour, W., Schmidt, M. H., Schulte-Mark-wort, E. (2004): Internationale Klassifikation psychischer Störungen. Diagnostische Kriterien für Forschung und Praxis. 3. Aufl. Bern: Huber.

Dombert, B., Schmidt, A. F., Banse, R., Briken, P., Hoyer, J. Neutze, J., Osterheider, M. (2015): How common is males' self-reported sexual interest in prepubescent children? In: Journal of Sex Research, 52 (4), S. 1–10. www.academia.edu/10709801/How_common_is_males_self-reported_sexual_interest_in_prepubescent_children (19. 09. 2015).

Dover, K. J. (1993): Homosexualität in der griechischen Antike. München: Beck.

Egle, U. T., Joraschky, P., Cierpka, M., Lampe, A., Seiffge-Krenke, I. (Hg.) (2015): Sexueller Missbrauch, Misshandlung, Vernachlässigung. Erkennung, Therapie und Prävention der Folgen früher Stresserfahrungen. 4. Aufl. Stuttgart: Schattauer.

Enders, U. (2003) (Hg.): Zart war ich, bitter war's. Handbuch gegen sexuellen Missbrauch. Köln: Kiepenheuer & Witsch.

Falkai, P., Wittchen, H.-U., Döpfner, M., Gaebel, W., Maier, W., Rief, W., Saß, H., Zaudig, M. (Hg.) (2020): Diagnostische Kriterien DSM-5. Deutsche Ausgabe. Göttingen: Hogrefe.

Finkelhor, D. Araji, L. Baron, Browne, A., Peters S. D., Wyatt, G. E. (Hg.) (1986): A sourcebook on child sexual abuse. Newbury Park: Sage.

Franqué, F. von, Briken, P. (2013): Das »Good Lives Model« (GLM). Ein kurzer Überblick. In: Forensische Psychiatrie, Psychologie und Kriminologie, 12 (7), S. 22–27.

Franqué, F. von, Briken, P. (2017): Psychotherapeutische Behandlung bei pädophiler Störung. In: Verhaltenstherapie & Verhaltensmedizin, 38 (1), S. 26–41.

Gaffney, G. R., Lurie, S. F., Berlin, F. S. (1984): Is there familial transmission of pedophilia? In: Journal Nerv Ment Dis., 172 (9), S. 546–548.

Gannon, T. A., Olver, M. E., Mallion, J. S., James, M. (2019): Does specialized psychological treatment for offending reduce recidivism? A meta-analysis examining staff and program variables as predictors of treatment effectiveness. In: Clinical Psychology Review, 73.

Glöer, N., Schmiedeskamp-Böhler, I. (1993): Verlorene Kindheit. Jungen als Opfer sexueller Gewalt. München: Kunstmann.

Grawe, K. (2004): Neuropsychotherapie. Göttingen: Hogrefe.

Hahn, G. (2007): Rückfallfreie Sexualstraftäter. Salutogenetische Faktoren bei ehemals im Maßregelvollzug behandelten Patienten. Köln: Psychiatrie Verlag.

Hargens, J. (2019): Bitte nicht helfen! Es ist auch so schon schwer genug: (K)ein Selbsthilfebuch. Heidelberg: Carl-Auer.

Heyden, S., Jarosch, K. (2018): Missbrauchstäter. Phänomenologie, Psychodynamik, Therapie. Stuttgart: Schattauer.

Jensen, K. D. (2004): Ich werde es sagen. Geschichte einer missbrauchten Kindheit. Aus dem Dänischen von Walburg Wohlleben. Stuttgart: Klett-Cotta.

Jespersen, A. F., Lalumière, M. L., Seto, M. C. (2009): Sexual abuse history among adult sex offenders and non-sex offenders: A meta-analysis. In: Child Abuse & Neglect, 33 (4), S. 179–192.

Joyal, C. C., Cossette, A., Lapierre, V. (2015): What exactly is an unusual sexual fantasy? In: J. Sex. Med., 12 (2), S. 328–340.

Kuhle, L., Bergner-Koether, R., Beutel, M., Dammertz-Hölterhoff, K., Hajak, G., Huchzermeier, C., Krüger, T., Kruse, J., Pätzel, J. M., Quendler-Adamo, E., Rösing, D., Schönknecht, P., Beier, K. M. (2021): Das Präventionsprojekt Kein Täter werden. Sexuologie, 28, S. 171–180.

Kuhle, L. F., Konrad, A., Scherner, G., Beier, K. M. (2013): Treatment change in undetected child pornography offenders with Pedophilia/Hebephilia. Paper presented at the 32nd Annual Conference of the Association for the Treatment of Sexual Abusers. Chicago, IL.

Kuhnen, K. (2007): Kinderpornographie und Internet. Göttingen: Hogrefe.

Marshall, W. L., O'Brien, M. D. (2013): Balancing clients' strengths and deficits in sexual offender treatment: The Rockwood Treatment Approach. In: R. C. Tafrate, D. Mitchell (Hg.): Forensic CBT: A handbook for clinical practice, S. 281–301. West Sussex: Wiley Blackwell.

Marshall, W. L., O'Brien, M. D., Marshall, L. E. (2009): Modifying sexual preferences. In: A. R. Beech, L. A. Craig, K. D. Browne (Hg.): Assessment and treatment of sex offenders: A handbook, S. 311–327. Chichester: John Wiley.

Marshall, W. L., Marshall, L. E., Serran, G. A., O'Brien, M. D. (2011): Rehabilitating sexual offenders. A strength based approach. Washington, DC: American Psychological Association.

Mcphail, I. V., Olver, M. E. (2020): Interventions for pedohebephilic arousal in men convicted for sexual offenses against children. A meta-analytic review. In: Criminal Justice and Behavior, 47 (10), S. 1319–1339.

Mönig, H., Domm, C., Wegner, J. (2012): Diagnostik und Therapie der Gynäkomastie. In: Journal für klinische Endokrinologie und Stoffwechsel, 5 (1), S. 34–38.

Mokros, A. (2012): Pädophilie. Ätiologie, Prävalenz, Diagnostik. In: Nervenarzt, 83 (3), S. 355–358.

Reinsberg, C. (1989): Ehe, Hetärentum und Knabenliebe im antiken Griechenland. München: Beck.

Rosenberg, M. B. (2016): Gewaltfreie Kommunikation. 12. Aufl. Paderborn: Junfermann.

Schinaia, C. (2018): Pädophilie. Eine psychoanalytische Untersuchung. Gießen: Psychosozial-Verlag.

Schmidt, G. (1999): Über die Tragik pädophiler Männer. In: Zeitschrift für Sexualforschung, 12 (2), S. 133–139.

Seto, M. C. (2018): Pedophilia and sexual offending against children: Theory, assessment and intervention. 2. Aufl. Washington, DC: American Psychological Association.

Seto, M. C., Lalumière, M. L. (2001): A brief screening scale to identify pedophilic interests among child molsterers. In: Sexual Abuse: A Journal of Research and Treatment, 13, S. 15 – 25.

Storch, M., Kanthack, M., Amelung, T., Beier, K. M., Krueger, T. H. C., Sinke, C., Walter, H., Walter, M., Schiffer, B., Schindler, S., Schoenknecht, P. (2022): Hypothalamic volume in pedophilia with or without child sexual offense. In: European Archives of Psychiatry and Clinical Neuroscience. https://doi.org/10.1007/s00406-022-01501-w.

Tenbergen, G., Wittfoth, M., Frieling, H., Ponseti, J., Walter, M., Walter, H., Beier, K. M., Schiffer, B., Kruger, T. H. C. (2015): The neurobiology and psychology of pedophilia: recent advances and challenges. In: Front. Hum. Neurosci. https://doi.org/10.3389/fnhum.2015.00344. www.frontiersin.org/articles/10.3389/fnhum.2015.00344/full (15.08.2019).

Tozdan, S., Briken, P., Dekker, A. (2019): Uncovering female child sexual offenders – needs and challenges for practice and research. In: J. of Clin. Med., 8 (3), S. 401. https://doi.org/10.3390/jcm8030401.

Tozdan, S., Briken, P., Schröder, J. (2022): Women with sexual interest in children – Results from an online survey among a non-forensic female sample. In: Journal of Sex & Marital Therapy, 48 (5), S. 444 – 460.

Vogt, H. (2006): Pädophilie. Leipziger Studie zur gesellschaftlichen und psychischen Situation pädophiler Männer. Lengerich: Pabst.

Wanzeck-Sielert, C. (2013): Sexualität im Kindesalter. In: R.-B. Schmidt, U. Sielert (Hg.): Handbuch Sexualpädagogik und sexuelle Bildung, 2. Aufl. S. 355 – 363. Weinheim: Beltz Juventa.

Ward, T., Maruna, S. (2007): Rehabilitation: Beyond the risk assessment paradigm. London: Routledge.

Wiebking, C. , Northoff, G. (2010): Pädophilie. In: J. Müller (Hg.): Neurobiologie forensisch-relevanter Störungen. Grundlagen, Störungsbilder, Perspektiven, S. 386 – 393. Stuttgart: Kohlhammer.

Wurtele, S. K., Simons, D. A., Moreno, T. (2014): Sexual interest in children among an online sample of men and women: Prevalence and correlates. In: Sexual Abuse, 26 (6), S. 546–568. doi:10.1177/1079063213503688.

# Glossar

**Androgen:** Ein Sexualhormon, das die Wirkung hat, männliche Merkmale zu entwickeln und zu erhalten, auch die Aktivität der Geschlechtsorgane zu ermöglichen. Es wird beim Mann in den Hoden und in der Nebennierenrinde, bei der Frau in den Eierstöcken gebildet.

**Dissoziation:** Wahrnehmungs- und Gedächtnisinhalte, die üblicherweise miteinander verbunden sind, fallen auseinander, dadurch können die Funktionen des Bewusstseins, des Gedächtnisses, der Wahrnehmung und der Identität beeinträchtigt werden.

**DSM-5:** Das DSM-5 ist die fünfte Auflage des Klassifikationssystems »Diagnostic and Statistical Manual of Mental Disorders«, das von der Amercian Psychiatric Association (APA, deutsch: Amerikanische Psychiatrische Vereinigung) herausgegeben wird. Die fünfte Version gilt seit Mai 2013. An diesem Katalog psychischer Störungen und Krankheitsbilder orientiert sich die Fachrichtung Psychiatrie. Das Verzeichnis beeinflusst maßgeblich, welche Störungen von der Weltgesundheitsorganisation (WHO) als Krankheit eingestuft und in das → ICD-11 aufgenommen werden.

**Ejakulation:** Flüssigkeitserguss während des Orgasmus, als Samenerguss beim Mann oder als vermehrte Scheidenflüssigkeit bei der Frau.

**Empirisch:** In der Forschung ein auf der Grundlage von gesammelten Daten erworbenes Wissen; wissenschaftlich erprobt.

**Erektion:** Versteifung des Penis durch Steigerung des Blutzuflusses und Drosselung des Blutabflusses in den Schwellkörpern. Tritt meist bei sexueller Erregung z. B. durch mechanische oder psychische Reizung auf, kann aber auch durch Angst oder während des Schlafs auftreten.

**Hebephilie:** Erotische und sexuelle Präferenz zu frühpubertierenden Jungen oder Mädchen, in Abgrenzung zur → Pädophilie (der Präferenz zu vorpubertären Kindern).

**Hormone:** Biochemische Botenstoffe, die von Zellen produziert und abgegeben werden, dadurch werden Signale an verschiedene Körperorgane weitergeleitet.

**ICD-10/ICD-11:** Die »International Classification of Diseases« (deutsch: Internationale statistische Klassifikation der Krankheiten und anderer Gesundheitsprobleme) wird von der Weltgesundheitsorganisation (WHO) herausgegeben. Neben dem DSM-5 das wichtigste und weltweit anerkannte Diagnosesystem der Medizin. In Deutschland übernimmt das Gesundheitssystem die Behandlungskosten nur für die hier klassifizierten Krankheiten. Die 11. Fassung der ICD trat am 01.01.2022 in Kraft und liegt aktuell in deutscher Übersetzung als Entwurf vor. Da die Einführung in alle Bereiche des Gesundheitssystems sehr komplex ist, gibt es eine flexible Übergangszeit von mindestens fünf Jahren, in der amtlich noch nach ICD-10 diagnostiziert wird.

**Kindesmissbrauchsabbildungen:** Umgangssprachlich findet der Begriff kaum Verwendung, es wird stattdessen von »Kinderpornografie« gesprochen. Anders als bei Erwachsenenpornografie handelt es sich bei der Darstellung sexueller Handlungen an und mit Kindern immer um Missbrauchshandlungen, was durch den Begriff »Kindesmissbrauchsabbildung« zum Ausdruck kommt.

**Kognitive Verzerrung:** Neigung, eine Wahrnehmung, eine Erinnerung oder bestimmte Denk- und Beurteilungsprozesse unbewusst mit subjektiven Inhalten zu versehen. Zum Beispiel können störende Inhalte ausgeblendet oder so bewertet werden, dass sie die eigenen Erwartungen erfüllen.

**Libido:** Der aus der Psychoanalyse stammende Begriff bezeichnet die psychische Energie, die mit den sexuellen Trieben verknüpft ist. Im allgemeinen Sprachgebrauch wird die Libido mit Lust und Begehren gleichgesetzt.

**Ödipale Phase:** Der Begriff »ödipale Phase« geht auf die griechische Ödipus-Sage zurück, in der Ödipus seinen Vater tötet und seine Mutter heiratet, Letzteres ohne es zu wissen. Der Begriff stammt aus der Psychoanalyse. Nach Freud durchlaufen Söhne in ihrer Entwicklung eine Phase, in der sie die eigene Mutter begehren und mit dem eigenen Vater um die Gunst der Mutter rivalisieren.

**Pädophilie:** Sexuelle Ausrichtung auf Kinder, Jungen oder Mädchen, die sich in der Vorpubertät befinden. Man unterscheidet pädophile Interessen und pädophile Störung (→ Sexuelle Präferenzstörung). Für die Diagnose einer pädophilen Störung müssen auf Kinder bezogene Fantasien, sexuell dranghafte Bedürfnisse oder Verhaltensweisen länger als sechs Monate bestehen und ein Leiden bei der betreffenden Person oder deren Umfeld auslösen.

Im ICD-10 wird auch das sexuelle Interesse an frühpubertären Kindern zur pädophilen Störung dazugezählt. Im DSM-5 und ICD-11 wird dagegen ausschließlich das sexuelle Interesse an vorpubertären Kindern als Pädophilie bezeichnet.

**Pädosexualität:** Begriff, der sich nicht auf die sexuelle Ausrichtung, sondern auf das Verhalten, die Missbrauchshandlung eines Erwachsenen an einem Kind, bezieht. Sexuelle Missbrauchshandlungen können eine pädophile Präferenz zum Hintergrund haben, oft finden sich andere Motive für einen Missbrauch. Umgangssprachlich wird der Begriff teilweise synonym zum Begriff der Pädophilie verwendet.

**Paraphilie:** Anderes Wort für → Sexuelle Präferenzstörung

**Persönlichkeit:** Beschreibt die psychische Einzigartigkeit (Individualität) von Menschen. Ältere Fachbezeichnungen sind Temperament oder Charakter.

**Persönlichkeitsstörung:** Schwere Störungen der Interaktion mit anderen Menschen, des Fühlens und Verhaltens, bei denen Persönlichkeitsanteile oder die Persönlichkeitsstruktur unflexibel oder wenig angepasst sind. Dadurch kommt es zu bestimmen typischen Erlebens- und Verhaltensmustern (z. B. Ängstlichkeit). Ursachen sind biografische und genetische Faktoren oder erworbene Hirnschäden. Die persönliche und insbesondere die soziale Funktionsfähigkeit, manchmal auch die Leistungsfähigkeit sind beeinträchtigt.

**Perversion:** Der Begriff bezeichnet eine (meist) im Bereich des Trieb- oder Sexualverhaltens bestehende Eigenschaft oder eine Handlung, die den vorherrschenden Moralvorstellungen widerspricht. Sexuelle Perversionen werden mit dem Begriff der Y Sexuelle Präferenzstörung bezeichnet.

**Psychiater, Psychiaterin:** Berufsbezeichnung für Absolventen eines Medizinstudiums mit anschließender psychiatrischer Facharztausbildung. Ihr Arbeitsfeld ist die medizinische Diagnose und die Behandlung psychischer Störungen, einschließlich ihrer medikamentösen Behandlung.

**Psychologe, Psychologin:** Berufsbezeichnung für Absolventen eines Psychologiestudiums. Psychologen sind Experten für die Beschreibung, Erklärung und Vorhersage menschlichen Erlebens und Verhaltens.

**Psychotherapeut, Psychotherapeutin:** Psychologen oder Ärzte, die Psychotherapie im Sinn des Psychotherapeutengesetzes ausüben. Gegenstand einer Psychotherapie sind die Diagnose und Behandlung psychischer Störungen unter Anwendung wissenschaftlich und von den Krankenkassen anerkannter Verfahren: der Verhaltenstherapie, der tiefenpsychologisch fundierten Psychotherapie und der Psychoanalyse.

**Pubertät:** Phase der körperlichen und psychischen Entwicklung und Geschlechtsreifung, etwa zwischen dem zehnten (bei Mädchen) bzw. zwölften (bei Jungen) und dem zwanzigsten Lebensjahr. Verstärkte Ausschüttung von Geschlechtshormonen, Ausprägung von sekundären Geschlechtsmerkmalen, Beginn der Menstruation bei Mädchen mit Bildung befruchtungsfähiger Eizellen, Spermienproduktion in den Hoden bei Jungen.

**Ressource:** Materielle oder immaterielle Güter, Fähigkeiten, Potenziale, Beziehungen und Kontakte, die bei der Bewältigung von Anforderungen eingesetzt werden können.

**Schuldfähigkeit:** Das Mindestmaß an Selbstbestimmung, das vom Gesetz für die strafrechtliche Verantwortlichkeit verlangt wird. Beeinträchtigungen der Schuldfähigkeit und die Schuldunfähigkeit können sich aus dem Alter eines Menschen (Kind), aus mangelnder Einsichtsfähigkeit (Fähigkeit, Unrecht als solches zu erkennen) oder mangelnder Steuerungsfähigkeit (Fähigkeit, aus Einsicht zu handeln) ergeben.

**Serotonin:** Ein biochemischer Stoff, der im Blut vorkommt, für die Regulation des Blutdrucks zuständig ist und als Neurotransmitter (Botenstoff) für die Weiterleitung von Nervenreizen sorgt. Ein erhöhter Serotoninspiegel kann zu Übererregbarkeit, Unruhe und Impulsivität, auch zu erhöhter Aggressivität führen. Depressive Verstimmungen stehen oft im Zusammenhang mit einem Mangel an Serotonin.

**Sexualpräferenz oder sexuelle Präferenz:** Oberbegriff für die sexuelle Ausrichtung (Alter des Sexualpartners), die sexuelle Orientierung (Geschlecht des Sexualpartners) und die sexuelle Neigung (bevorzugte Praktiken) einer Person. Es wird unterschieden zwischen unauffälligen, von der Norm abweichenden und krankhaft gestörten Sexualpräferenzen (→ Sexuelle Präferenzstörung).

**Sexuelle Präferenzstörung:** Ausgeprägte, immer wiederkehrende oder ständig vorherrschende, von der Norm abweichende sexuelle Fantasien, dranghafte Bedürfnisse und / oder Verhaltensweisen, die mindestens über einen Zeitraum von sechs Monaten auftreten. Die sexuelle Vorliebe kann sich auf unbelebte Objekte (z. B. Wäsche), Schmerz, Demütigung oder nicht zustimmungsfähige Personen (z. B. Kinder) beziehen. Diese abweichenden sexuellen Interessen werden nur dann als Störung bezeichnet, wenn die betroffene Person oder das soziale Umfeld darunter leiden.

**Sozialisation:** Prozess der Anpassung von Individuen an gesellschaftliche Rahmenbedingungen, vor allem durch Verinnerlichung und Verarbeitung allgemeiner Denk- und Gefühlsmuster, kultureller Gegebenheiten sowie sozialer Normen. Die Sozialisation trägt zur Entwicklung der Y Persönlichkeit auf Grundlage der Interaktion zwischen Person und Umwelt bei, vor allem im Rahmen sozialer Beziehungen.

**Trauma:** Ein bedrohliches Erlebnis, das mit Gefühlen von Hilflosigkeit, Schutzlosigkeit und starken Angstgefühlen verbunden ist und eine dauerhafte Erschütterung der betroffenen Person bewirkt.